大学生命教育

主　编　刘　慧

副主编　任芳德　张志坤

编　委（按姓氏笔画排序）

马洪丽　马雪莉　王　丽

吕晓慧　任芳德　刘　映

刘　慧　李　贺　肖杏烟

吴　凯　张权力　张志坤

陈　源　苗光宇　谢　祎

南京大学出版社

图书在版编目(CIP)数据

大学生命教育 / 刘慧主编. —— 南京：南京大学出
版社，2022.11
ISBN 978-7-305-26037-7

Ⅰ.①大… Ⅱ.①刘… Ⅲ.①大学生-生命哲学-教
学研究 Ⅳ.①B083

中国版本图书馆 CIP 数据核字(2022)第 143335 号

出版发行　南京大学出版社
社　　址　南京市汉口路 22 号　　　　　邮　编　210093
出 版 人　王文军
书　　名　**大 学 生 命 教 育**
　　　　　Daxue Shengming Jiaoyu
主　　编　刘　慧
责任编辑　钱梦菊　　　　　　　　编辑热线　025-83592146
照　　排　南京南琳图文制作有限公司
印　　刷　南京新洲印刷有限公司
开　　本　787×1092　1/16　印张 16.75　字数 360 千
版　　次　2022 年 11 月第 1 版　2022 年 11 月第 1 次印刷
ISBN 978-7-305-26037-7
定　　价　45.00 元

网址：http://www.njupco.com
官方微博：http://weibo.com/njupco
官方微信号：njupress
销售咨询热线：(025) 83594756

自序
中国生命教育发展回顾与未来展望

生命教育,诞生于人类社会由工业向后工业转型之际,是中国社会转型期之教育转型的标志之一,是由"知识本位"转向"以人为本"教育的体现与深化,是本真教育的回归,是教育的本质所在,也是送给未来社会、未来人的礼物。回顾、分析中国生命教育诞生与发展的脉络与原由,展望生命教育未来可能的发展趋势,有助于更好地推动我国生命教育的研究与实践。

一、中国生命教育发展历程回顾

中国生命教育的诞生是否有准确的时间、事件、标识? 从考察资料看,内地生命教育"萌动"于 1996 年,在一个县级小学科研课题中首次出现"生命教育"。从研究成果问世的角度看,系统研究生命教育的论著诞生于 2002 年的博士论文;从政府文件的角度看,2004 年辽宁省教育厅颁布的《中小学生命教育专项方案》是内地第一个生命教育政策文件。我国台湾地区生命教育起步较早,1997 年底前台湾省教育厅厅长在全台湾推动中等学校生命教育计划。香港地区的生命教育,一般说法是 1996 年,由一所中学首先推行"生命教育"课程。① 由此可见,中国生命教育诞生于 1996 年前后,其标志从不同的角度和层面看有所不同,如课题项目、理论研究成果、政府政策文件等。

中国内地生命教育发展历程,依据生命教育研究论文的问世、生命教育政策的出台,可大致分为酝酿、起步和发展三个时期。

(一) 酝酿期:生命教育以"个别人""个别行动"为特征

从时间的角度看,内地生命教育的第一阶段为 1996—2003 年。这一时期主要是个别学者、一线教师提出生命教育命题,对生命教育展开初步探索,为生命教育的实

---

① 中国陶行知研究会生命教育专业委员会. 中国生命教育蓝皮书[M]. 长春:东北师范大学出版社,2016:22 - 23,41.

践做准备,故称为"酝酿期"。

1. 有近 50 篇有关生命教育的论文问世

在 1996—2003 年期间,以生命教育为篇名查找,在"中国知网"上仅有 46 篇论文,有关生命与教育的学术论文初见于 1996 年[①],其中具有标志性的论文有:叶澜的《让课堂焕发生命的活力》、钱巨波的《生命教育论纲》、刘慧、朱小蔓的《多元文化的学校道德教育:关注学生的个体生命世界》以及刘慧等《寻找教育的元基点——生命教育》。上述论文主要是针对知识的课堂、"无人"的德育、教育与生命的关系等问题展开的初步探索。在此期间,还有些学者撰文介绍我国港台地区和国外有关生命的教育,呼吁教育要关注生命。[②] 另有 2 篇博士论文问世,一是刘慧的《生命道德教育论——基于新生物的范式》,首次从生命的立场与视角系统地研究了生命教育;另一是李家成的《生命关怀:当代学校教育价值取向探索》,从教育的立场与角度探讨了生命与教育问题。

2. 覆盖各级的少量生命教育课题相继出现

有关生命教育的课题研究,最早见于 1996 年江苏省泗洪县教研室启动的由钱巨波主持的"小学'生命教育'实验研究"课题,此课题于 1997 年被江苏省教育学会批准为立项课题,2002 年被江苏省教育科学规划办公室批为省"十五"重点课题。此外,2001 年由张文质主持的以"生命化教育"为题的实验在福建省城乡小学开展。

2003 年,刘慧申报的"关爱生命:新时期学校德育有效性问题研究",获全国教育科学"十五"规划教育部重点课题立项。该课题针对学校德育中生命"空场"现象,呼唤学校德育关注生命意识,树立关注生命的学校德育新理念,探索行之有效的关注生命德育的方法,切实提高学校德育的实效性。这一课题的立项,表明生命德育得到了教育学界的认可。

3. 已有高校开设"生命教育"选修课程或讲座

在此期间,内地已有大学开设生命教育课程或讲座。如,2003 年,刘慧在沈阳师范大学面向全校学生首开"生命教育"通识选修课程,内容包括生命教育的价值、生命教育的基本概念、生命教育的理论支撑、关爱生命、生命需要、成为自己、死亡教育、生命之爱、生命叙事等九个主题。2000 年,胡宜安在广州大学开设了"生死学"选修课。

---

① 郑新蓉.尊重生命应是道德的基本内容和原则之一[J].江西教育科研,1996(5):29 - 31.

② 刘济良.论香港的生命教育[J].江西教育科研,2000(12):24 - 25;王学风.台湾中小学生命教育[J].现代中小学教育,2002(7):5 - 7.

还有个别高校开展了相关讲座,如 2003 年武汉大学面向学生开设了生命教育讲座。

4. 教育部颁布针对高校学生心理健康教育的文件

这一阶段,教育行政部门制定了与生命教育相关的政策文件。2003 年 12 月,针对当时个别高校接连发生学生由于心理异常等致伤或致死他人的严重事件,颁布了《教育部办公厅关于进一步加强高校学生管理工作和心理健康教育工作的通知》,为防止此类事件的发生,要求各高校根据实际情况和有关经验,进一步加强学生管理和心理健康教育。这是推动高校生命教育的重要文件,引起了教育界特别是高校对大学生心理健康状况的关注,继而引发了有关大学生生命教育论文发表的"小高潮"。

(二) 起步期:以教育行政部门区域性推进生命教育为主要特点

2004—2009 年,是内地生命教育发展的起步期。这一阶段主要以省市教育行政部门颁发生命教育政策文件及开展学校生命教育实践探索为重要标志。

1. 部分省、直辖市教育行政部门相继颁布生命教育政策文件

2004 年 11 月,辽宁省教育厅颁发的《辽宁省中小学生命教育专项工作方案》是内地第一个生命教育政策文件。2005 年 6 月,上海市科教党委和上海市教委颁布《上海市中小学生命教育指导纲要》。之后,诸多地区教育行政部门陆续出台有关生命教育的指导性文件,如浙江省、江苏省、河北省等;直至 2009 年 5 月,云南省教育厅在人民大会堂召开"生命·生存·生活"论坛,召集与生命教育相关的众多专家学者、一线教师,共同探索生命与教育问题,此举将区域性生命教育推向了一个高潮。值得一提的是,2006 年浙江省舟山市普陀区教育局研制了《生命教育课程标准》,包括幼儿园、小学、初中和高中四个学段;2008 年黑龙江省教育厅研制了 1～9 年级《生命教育课程标准》。

2. 区域性学校生命教育实践陆续展开

在有关生命教育政策与课题的引领与推动下,区域性学校生命教育实践陆续出现,生命教育进课堂、进校园,开发生命教育校本教材等活动在学校系统不同程度、不同范围地开展。比如,2004 年浙江省舟山市普陀区教育局开展"中小学生命教育的理论与实践研究",2004 年辽宁省鞍山市铁东区教育局启动"铁东区中小学生命教育的实践研究"课题,成为教育部重点课题"关注生命:新时期学校德育有效性问题研究"实验区。其中有 16 所中小学成为生命教育实验学校,分别从校园文化、主题活动、学科体现生命、生命化评价、教师生命叙事等方面展开生命教育活动。2005 年起,辽宁省、上海市设立生命教育课题,在中小学不同程度地开展生命教育课堂教学

与主题活动。2008 年秋季起,云南省在部分各级学校及幼儿园开展了"三生"(生命、生存、生活)教育试点,从 2009 年秋季学期起,在全省各级各类学校全面实施"三生"教育。

3. 部分高校开设生命教育课程并成立生命教育研究机构

这期间,一些高校相继开设了"生命教育"选修课、必修课。比如,2006 年 9 月起,江西师范大学开设了"生命教育与生死哲学"本科生选修课;2007 年 9 月起,首都师范大学初等教育学院将"大学生命教育"作为选修课列入课程方案,从 2006 级本科生开始实施生命教育;同年,长春医学高等专科学校设置"生命教育"必修课程;2008 年春,浙江传媒学院开设全校公共选修课"生命学与生命教育",2009 年本门课程作为下沙高教园区校际公选课;同年,韩山师范学院面向全校学生开设"生命教育"课程;2007 年,广州大学生命科学学院将大学生思想政治教育、心理健康教育、生命教育三者有效结合,把大学生生命教育有效融合在平时的学生校园文化活动中。

部分高校和研究机构成立生命教育研究所(中心),以推动生命教育理论研究与实践探索。比如,2008 年浙江传媒学院成立"生命学与生命教育研究所"和"心理健康与生命教育中心",并于 2009 年主办了首届"海峡两岸大学生生命教育高峰论坛暨中华青少年生命教育教师高级研修班"。2008 年吉林省教育科学研究所成立生命与安全教育研究中心,迄今已先后组织六次全省大型教师培训活动、数十次地区及市(县区)级教师培训。

4. 一批生命教育的研究成果和教材问世

在中国知网上以"生命教育"为篇名检索,2004—2009 年发表的论文共有 1275 篇,其中《教育研究》2004 年第 5 期刊登了一组"生命教育笔谈";《新华文摘》2007 年第 24 期以"生命教育与青少年成长"为题转载了"大学生生命教育研究——对广州地区大学生的调查"等两篇文章。

与此同时,一批研究专著和教材陆续出版。按专著出版的时间顺序,主要有刘济良的《生命教育论》(2004)、冯建军的《生命与教育》(2004)、刘慧的《生命德育论》(2005)和《陶养生命智慧》(2008)等。2005 年,人民教育出版社出版了《生命教育》(小学低、中、高年级)教材,人民出版社出版了《生命教育——大学生读本》;中国青年出版社出版了一套小学一年级至初中三年级的《生命教育》系列教材;广东高等教育出版社出版了《生命教育概论》;云南教育出版社出版了《生命生存生活》系列教材,分别供幼儿园、小学、中学、中职、高校使用。

5. 个别社会团体的生命教育活动"活跃"

这一时期,社会团体对生命教育的关注与行动,成为推动生命教育发展的一支重要力量。其中影响最广的是中国宋庆龄基金会。自 2005 年起,该基金会每年主办一次"中华青少年生命教育论坛",邀请海峡两岸生命教育工作者参会,这对推进内地的生命教育发展具有重要意义。此外,还有一些民间社团积极开展生命教育活动,如北京甘霖智慧国际培训机构从 2003 年起在国内积极推广生命教育运动,举办生命教育大型讲座;中国生命关怀协会积极组织自杀干预、心理咨询热线、生命教育论坛等活动。

6. 汶川地震唤醒国民的生命意识

2008 年 5 月 12 日,汶川地震引发了国人对生命的普遍关注,"生命价值高于一切"的理念"浮出水面"。其间,由朱小蔓教授领衔撰写的一组有关汶川地震引发生命及其教育思考的文章在 5 月 27 日《中国教育报》上刊发;2008 年 9 月 1 日,中央电视台经济频道举办《开学第一课》"知识守护生命"大型公益活动,旨在以生命意识教育为主题,倡议全国中小学学生每年每学期都进行应急避险教育。8 月 28 日,教育部就已向全国中小学校发出通知,要求全国各地学校组织学生和家长收看这一节目。可以说,国家媒体的这一特别行动引发了社会对生命教育的广泛关注。

(三) 发展期:生命教育成为学校教育的"规定动作"

2010 年至今,生命教育进入"发展期"。其重要标志是《国家中长期教育改革与发展规划纲要(2010—2020 年)》的颁布。在此文件中,生命教育成为"四个重视"之一。此后,内地生命教育迅速发展。

1. 生命教育理念"走进"《教师专业标准》与中小学德育教材

2012 年,教育部颁布中小学幼儿园《教师专业标准》,将生命教育作为一个重要理念,体现在"师德为先、学生为本、能力为重、终身学习"四个基本理念之中。其中,"师德为先"的内涵是"教师要关爱小学生,尊重小学生人格,富有爱心、责任心、耐心和细心;做小学生健康成长的指导者和引路人"。在其"基本要求"中,生命教育的内容也多处体现,如"关爱小学生,重视小学生身心健康,将保护小学生生命安全放在首位"。

不仅如此,在修订的义务教育课程标准中,无论是在初中《思想品德》,还是小学《品德与生活》和《品德与社会》课程标准中,都体现了生命教育理念。如在《义务教育思想品德课程标准(2011 年版)》基本理念的第一部分"帮助学生过积极健康的生活,做负责任的公民是课程的核心"中指出,"思想品德课程的任务是引领学生了解社会、参与公共生活、珍爱生命、感悟人生";在课程目标之"情感态度和价值观"中,第一条就是"感受生命的可贵,养成自尊自信、乐观向上、意志坚强的人生态度";在内容标准之"成长中的我"中,第二部分"自尊自强"的课程内容与活动建议有 7 条,其中各有 3 条明确写出了有关生命教育的内容;在教材中也设有专门的生命教育单元。

在 2017 年实施的《道德与法治》统编教材中,生命教育是教材坚持与倡导的基本理念与主要内容之一。首先,生命教育是作为贯通课程学习整体之基调和底色渗透三年六册。其次,开设专门的生命教育单元,如在七年级上册第四单元《生命的思考》中,设计了"探问生命""守护生命"与"绽放生命之花"三课。

2. 生命教育理论研究与实践探索成果显著增加

在中国知网上,以"生命教育"为篇名检索,2010—2016 年共计 4 003 篇,平均每年 600 多篇。其中,以"生命教育专栏"形式刊发论文的期刊明显增多,几乎每年都有,内容涉及生命教育理论与实践多个角度与层面。

例如,《郑州大学学报》(哲学社会科学版)2011 年第 3 期头版专栏"生命教育研究(笔谈)"刊登了郑晓江、刘慧、马九福、林思伶撰写的四篇文章,分别从生命教育事业的回顾与前瞻、生命的价值及其教育、生命教育学的构建和发展、生命教育事业的再思考展开论述;《南昌大学学报》(人文社会科学版)2012 年第 2 期辟有"道德与人生"专栏,刊登了刘慧的《生命教育的涵义、性质和主题》、欧阳康的《在爱心体验与责任担当中践履和提升生命价值》和郑晓江的《生命困顿与生命教育》三篇学术论文;《当代教育科学》2012 年第 9 期头版专栏刊登了刘慧、李敏等撰写的四篇论文,该专栏围绕基于儿童生命的小学教育展开论述。

又如,《课程·教材·教法》2013 年第 9 期设"生命教育"专栏,刊载了以顾明远先生领衔的七位学者撰写的论文,分别论述了教育的本质是生命教育、生命教育的内涵解析、生命化课堂教学、课程观、课程实践及生命教育学的构建等。《当代教育科学》2015 年第 8 期和 2016 年第 19 期设生命教育专栏,分别刊出《推进学校生命教育的实践理路》等四篇论文,集中探讨学校生命教育实践的议题;《学校应注重"生命之美"的教育》等五篇论文,主要内容关涉陶养生命的学校生命教育、教师生命之美的教育价值、仪式之美与学校审美的仪式实现,这也是全国首个将生命教育与审美教育相结合的一组文章。《现代教学》2017 年第 9 期设专栏,刊登五篇有关生命教育绘本教学的论文,从生命教育绘本教学的基础、特性、"三步曲"、绘本教学怎么上、绘本教学中图画资源、音乐、课程组织等方面进行论述,这是基于实践探索的理论论述。

此外,又有一些生命教育论著、教材等相继出版,为学校生命教育实践提供了依据与抓手。其中,大学生命教育教材有多部,如何仁富等主编的《大学生命教育论》(2010)、刘慧主编的《生命教育导论》(2015)、纪洁芳等主编的《生命教育教学》(2014)。中小学幼儿园教材系列有多个版本,如王野川主编的《生命教育》(2013)中小幼系列教材,朱永新等主编的《新生命教育》(2016),王定功、张文质主编的《生命教育》(2017)等。

值得指出的是,2016年中国陶行知研究会生命教育专业委员会组织内地和港台学者编写的首本《中国生命教育发展蓝皮书—2015》问世,该书系统梳理了2015年之前我国部分省直辖市、港台地区生命教育的发端、发展状况,这是第一部集中的中国生命教育资料。同年,由王秉豪等主编的《生命教育的知情意行》出版,该书主要介绍了中国内地、香港地区、台湾地区的生命教育状况,尤以后两者为主。

3. 更多的高校、民间学术团体成立生命教育研究机构

相比于起步期,这一时期有更多的高校成立了生命教育研究机构。例如,2010年北京师范大学成立了生命教育研究中心、2011年首都师范大学成立了儿童生命与道德教育研究中心、2013年韩山师范学院设立了生命教育研究所、2015年北京社会管理职业学院成立了生命文化学院、2016年四川大学体育学院成立了生命教育与健康促进中心。这些研究机构成立后,都有计划、有组织地开展了学术研讨会、课题研究、教师培训等活动,从理论研究与实践两个方面推进了生命教育的发展。

不仅如此,这些机构还联合民间团体召开生命教育论坛培训教师。如首都师范大学儿童生命与道德教育研究中心连续两年与宋庆龄基金会联合举办中华青少年生命教育论坛(2012—2013),浙江传媒学院生命教育研究所与台湾高校生命教育研究机构联合举办多届"海峡两岸大学生命教育高峰论坛"。四川大学体育学院生命教育与健康促进中心举办了两届"生命教育与健康促进论坛"。

2013年12月,中国陶行知研究会生命教育专业委员会成立。这是在一级学会下设立的生命教育专业委员会二级学会,由"两岸三地"的生命教育学者和工作者组成常务理事会,共商、共促生命教育事业。自成立以来,该委员会每年主办一届学术年会和生命教育骨干教师培训,前后五届的主题分别是"陶行知与生命教育""生命教育理论与实践""生命教育与品德教育""生命教育与学校美育""生命教育与情感教育",年会通过主题报告、观摩课、工作坊、专题论坛等多种形式围绕会议主题进行多维度、多层面探讨、展示与诠释,对推动中国生命教育起到了重要作用,在海内外产生了广泛影响。

4. 以生命教育为主题的教师研修培训项目逐渐增多

这一时期,有关生命教育的课题仅全国教育科学规划立项的就有10项,其他各

级课题立项的更多,教师生命教育仍是重点。如首都师范大学初等教育学院 2010 年起连续三年承担北京市顺义区特色学校和优质学校建设项目,其中赵全营中心小学以生命教育为办学指导思想开展优质校建设,探索出了生命教育校本培训的有效模式;2012 年受北京市教委委托承担为期一年的市级学科带头人和学科骨干教师培训项目,生命教育成了"小学品社工作室"培训内容。

又如,2013 年 8 月,吉林省教育科学研究院召开全国教育科学"十二五"规划课题"生命与安全教育"研讨会;自 2014 年起,南京师范大学班主任研究中心、江苏省教育学会班主任专业委员会连续四年举办南京市中小学卓越班主任、德育骨干教师培训,都设有生命教育主题,主要围绕活动课程中体验生命意义开展培训。自 2015 年起,江苏省泰州市教育局连续三年分别举办小学、初中、高中班主任"生命教育"暑期研修班。2016 年,中国陶行知研究会生命教育专业委员会与首都师范大学儿童生命与道德教育研究中心联合申请了香港田家炳基金会资助项目"小学教师生命教育研修及校本培训计划",北京、长春和深圳三地小学教师 100 余人参加了此项目。

5. "两岸四地"生命教育交流更为紧密深入

伴随生命教育的推进,"两岸四地"的生命教育交流更为深入。不仅台湾学者纪洁芳、林绮云、孙效智、钮则诚、吴庶深,香港学者王秉豪、郑汉文等生命教育学者来内地参加生命教育会议、开展生命教育培训活动,推动了内地的生命教育,而且内地学者也多次应邀参加港台澳的生命教育活动。如,2013 年 10 月,台湾"2013 第九届生命教育学术研讨会——生命教育与十二年国教",刘慧、张志坤应邀出席并在大会上分别报告"2010 年前后大陆生命教育及师资培育状况分析""生命教育在教育人类学助力下的创新与丰富";2013 年 12 月,澳门举办"2013 年两岸四地教育发展论坛——生命教育:与生命同行",刘慧、何仁富应邀参加并分别介绍内地生命教育推行情况与发展趋势;2015 年、2017 年台北护理大学主办大学生命教育高峰论坛,朱小蔓、欧阳康、刘慧、何仁富等应邀出席并发表论文。两岸四地的生命教育学者交流分享华人生命教育理论与实践,共同促进生命教育事业的发展。

二、中国生命教育诞生原因与发展动力分析

尽管内地推行生命教育的时间不长,但其发展非常迅速。这既反映了时代对生命的关注、对生命教育的需要,也表明了人类社会文明与进步的程度。

(一) 生命教育诞生的原因探析

从现象的层面看,引发我国生命教育的直接因素首选学生自杀与意外伤亡现象

的增多,深层的原因是生命意义与价值问题的时代凸显。具体考察生命教育诞生的缘由,可归为以下四个方面:

1. 危害生命存在的问题

生命的丧失与伤害是内地生命教育诞生的直接因素。生命的丧失,不是指自然死亡,而是自杀、意外死亡。考察学生自杀的原因,主要有活着的意义缺失、生活窘迫、心理问题、身体疾患等问题。而造成意外死亡和伤害的原因,主要由环境所致,包括人为环境和自然环境。如交通事故、溺水、食物中毒、房屋倒塌、公共设施不安全等,以及地震、水灾、火灾等自然灾害。不仅如此,作为个体生命的人,面对危害生命存在的问题,普遍缺乏应有的保护意识与能力,同时现实社会中存在的一些安全隐患,也威胁着人的生命存在。以学校为例,如校舍、校车、学校饮食等安全隐患等。没有什么比生命的失去更为严重的问题,教育对此不能无动于衷,必须对自杀者进行救助,并能预先排除安全隐患,这也是内地生命教育一定将安全教育纳入生命教育的缘故。

2. 教育中生命的"空场"现象

教育中生命"空场"现象的发现,是导致生命教育诞生的教育学本身的因素。20世纪90年代,教育学者在反思教育问题、追问本真教育的过程中,发现了教育中生命的"空场"现象。这种现象,首先表现为教育的"目中无人"。教育长期被功利包围,为升学、考分左右,造成了知识主宰师生生命、课堂教学、评价等,导致人的生命本身成为考试的工具,师生沦为知识的"奴隶";教育注重人的工具性价值,忽视或无视人的主体性价值,混淆了人的存在"目的"与"目标"的关系。不言而喻,对个体生命而言,生存是根本目的所在,为了更好地生存,需要实现一系列的目标,如考试、升学等。但现实中错将"目标"作为个体生命存在的"目的",导致因"目标"没有实现而放弃"目的"的现象频频发生。可见,若想从根本上改变这种状态,唯有将生命"请回"教育之中,使教育成为生命的栖居之地。

再有,德育是教育中生命"空场"现象的"重灾区"。"假大空"的德育脱离学生的品德发展规律及其现实生活,不仅不能促进生命的健康成长,反而成了学生发展的桎梏。如何改进德育、提高其有效性,成为当时德育研究的重点。当《中共中央国务院关于进一步加强和改进未成年人思想道德建设的若干意见》出台之后,生命教育成为一些省市教育行政部门落实这一文件精神的"抓手"与"切入点"。

3. 有关生命问题的追问

世纪之交,人类面临一系列严峻的危机。无论是人类生存环境的破坏,还是人类精神家园的失落;无论是不可再生资源的迅速消耗,还是局部战争的持续不断;无论是贫困与疾病,还是道德价值观的旋转与某些社会腐败现象的滋生与蔓延,都直接或间接地销蚀和剥落人的生命感,威胁着人的生命存在。在这样的时代,人该如何生存、人的生存力表现在哪里、人如何才能生存得更好、什么样的生活是美好的生活、人是否有过美好生活的能力、人如何才能活得更精彩等问题,关涉人的存在与发展,对每个人而言都是现实的、真实的挑战。

另一方面,伴随着个体生命被关注和个体生命意识的觉醒,人开始对自己的生命追问:"我是谁?""我能成为什么样的人?""我怎样才能成为我想要成为的人?"这些问题随之凸显出来。在这喧闹的世界中,一个人如果不能找到自己的心安之路,其生命就无所皈依。所以说,新时代对人之生存的挑战、人对生命的追问等成为生命教育诞生的深层因素。

4. 人与生命的关系

回首 20 世纪,人类在享受自身发明创造的成果的同时,也承受着前所未有的生存灾难与威胁:人类历史上规模最大、杀人最多的两次世界大战和连绵不断的局部战争,使得非正常死亡人数多达 1.6 亿至 1.75 亿;对自然的狂妄之举使得人类赖以生存的自然遭到了毁灭性的破坏;人的精神空虚、暴力犯罪、"道德堕落"等问题,使得人类自身的"熵增"迅猛。而在一定意义上说,这一切正是人类轻视、无视和蔑视生命的必然结果。

那么,如何解决人与生命的关系问题呢?道德存在于关系之中,人与生命之间也是一种关系,也有道德可言。以往谈到人的关系世界时,只指人与自我、他人、社会(群体、集体)、自然之间的关系,并没有将人与生命之间的关系纳入其中。生命是一种独特的现象,人与生命之间的关系,包括人与自己生命、他人生命、他类生命之间的关系。现实中的生命问题表明,既有的关系并不能有效地调节人怎样对待生命这一道德问题,如个体生命的非自然丧失、生命意识淡漠、生命意义迷失,它类物种的生存危机等。因此,需要有一个明确的道德范畴来调节人与生命之间的关系,即"生命道德",可以说,这是生命教育诞生的更为深层的因素所在。

(二) 推动生命教育发展的主要社会力量

推动生命教育发展的因素很多,既有教育自身因素,也有社会的因素。概而言之,主要有以下三方面。[1]

---

[1] 刘慧. 近十年我国生命教育的回顾与展望[J]. 思想理论教育,2010(10):4-8.

1. 党和国家政策引发与推动生命教育

2003 年 12 月发布的《教育部办公厅关于进一步加强高校学生管理工作和心理健康教育工作的通知》，针对内地当时个别高校接连发生学生由于心理异常等致伤或致死他人的严重事件，要求各高校为防止此类事件的发生，进一步加强高校学生管理和心理健康教育工作。此文件虽未直接提及生命教育，但其出台引发了高校从学生心理健康的角度开展生命教育的一个"小高潮"。

2004 年 3 月发布了《中共中央国务院关于进一步加强和改进未成年人思想道德建设的若干意见》，其后《教育部关于学习贯彻〈中共中央国务院关于进一步加强和改进未成年人思想道德建设的若干意见〉的实施意见》出台，这对推动全国中小学开展生命教育具有决定性作用。之后各省市教育行政部门陆续制定了有关生命教育的贯彻落实文件，如辽宁、上海等地为落实上述文件精神，以生命教育为切入点，积极探索更为科学、有效的德育工作理念与实施途径。

2006 年 10 月，中国共产党第十六届六中全会做出了《关于构建社会主义和谐社会若干重大问题的决定》，强调建设和谐社会，以人为本，科学发展，明确指出要"注重促进人的心理和谐，加强人文关怀和心理疏导，引导人们正确对待自己、他人和社会，正确对待困难、挫折和荣誉。"这一精神与生命教育理念相契合，为推动生命教育提供了坚实的政策基础，推动生命教育的理论研究与实践探索进入一个快速发展阶段。

2010 年 7 月国务院颁布的《国家中长期教育改革与发展规划纲要（2010—2020年）》（以下简称《教育规划纲要》），将"重视安全教育、生命教育、国防教育、可持续发展教育"作为全面发展之战略主题的内容。可以说，这"四个重视"都是围绕生命而言的。如果说在此之前，内地的生命教育在教育界还属于"自选动作"，那么在此之后就成为"规定动作"。这是推动内地生命教育全面、深入发展的决定性力量。

2016 年 8 月，中共中央、国务院印发了《"健康中国 2030"规划纲要》，这是一个体系完备的"健康中国"规划纲要，全民健康是建设健康中国的根本目的，核心是以人民健康为中心，基本路径是共建共享。生命健康教育是生命教育的重要组成部分，可以说这是中国生命教育的又一重要文件。

如果说上述的《通知》和《意见》是从当前大中小学生存在的现实问题出发，从而提出加强青少年德育工作的话，那么《决定》则是从促进社会发展的角度为青少年德育指明了积极建设的方向。至于《健康中国》，则关乎每个中国人，必将生命教育引向更为广阔的领域。正是在这些政策的推动下，我国生命教育才得以迅速发展。

2. 教育改革为生命教育奠定了基础

我国生命教育发展，离不开教育改革的深入推进。伴随改革开放、社会转型的脚步,教育理论与实践也逐步发生了深刻的变化。对现代教育的反思,对社会转型期教育的探索,素质教育的提出与推进、新课程改革的推行、教师专业发展的提出等都引发了人们教育理念、思维方式与行为方式的变化。正是这些变化为人们接受生命教育奠定了基础,为探索生命教育创造了可能。

1996年出版的联合国教科文组织国际教育发展委员会编著《学会生存——教育世界的今天和明天》,将"学会生存"作为21世纪教育的主题,引起了教育学界广泛而深切的关注。反思现代教育的弊端,探寻我国教育改革之路,成为教育工作者的重要使命。许多学者从多角度、多层面反思,揭示了现代教育只有科技的影响,缺乏人文的关怀;只有成材的训练,缺乏做人的培养等诸多问题及其根源,并针对"一半的教育",提出了"另一半的教育",如针对智力因素的培养,提出非智力因素的培养;针对工具性的教育,提出精神教育;针对客体性教育,提出主体性教育;针对规训性教育,提出发展性教育;针对科学教育,提出人文教育等。这些主张为弥补现代教育的缺欠,为深化教育改革提供了方向与理论指导。

伴随当代哲学的发展与人学的凸显,教育研究也开始向人本身回归。从人的视界理解、反思、构建当代教育已成为推动教育理论研究的重要基础。关注学生的生命、生活成为世纪之交教育研究的一个兴奋点或关注点。在此期间,许多学者贡献了他们的才智。其中,鲁洁发表的系列论文引领了这一研究的方向与进程。素质教育的提出与推进,使得教育向人回归在实践层面上得以落实。在理论界反思现代教育的同时,学校也在积极地探索情感教育、主体性教育、成功教育、愉快教育、理解教育、绿色教育、心理健康教育、性健康教育、安全教育等,正是在这样的实践过程中,尤其在新课程改革推进的过程中,中小学教师的思想观念、思维方式、行为方式不同程度地发生了改变。

3. 社会转型期的多因素"促发"了生命教育

人类的生存方式不断发生转型。从宇宙观的变化看,伴随着以基因学、脑科学、生态学等学科为主要支撑的新生物学的迅猛发展,物理学的"霸主"地位受到挑战;受生态观的影响,对自然的关照,必然带来对人的生命的关照,对动植物生命的珍惜。从当代哲学的发展看,生命哲学、身体哲学、体验哲学、存在主义哲学、生存哲学、交往理论等凸显,为重新理解人、社会与教育提供了一个新的视角。从伦理学的发展看,敬畏生命伦理学、叙事伦理学、境遇伦理学、关怀伦理学等将生命、个人、叙事、境遇与关怀等纳入了伦理学的视野,影响着伦理学的时代走向,也影响着教育的价值取向。从思维的角度看,复杂的非线性思维正在取代简单的线性思维,对生命、社会、自然的认识已跳出简单的、确定的、可预测的、叠加的、非此即彼的线性思维方式,转而以复杂的、不确定的、不可预测的、有机整体的非线性思维方式进行。

从负向因素看，人口爆炸、环境恶化、资源短缺等严重威胁着人类的生存，人类的生存处在危机之中；生活在多元社会中，人们面临着诸多的生存困惑，物质与精神、科技与人文的失调，使人类陷入了被科技物质所主宰的困境中，人们逐渐被奴役、物化、机械化、工具化，生命价值失落，迷失了自我；天灾人祸带来了生命的焦虑与不安，恐怖主义依然存在，时刻提醒着人们生命何其短暂，也促使人们思考生命的意义。所有这些使生命得以"凸现"，并对人们的生存方式产生极其深刻的影响。人应该怎样生活，人应该成为什么样，人与自己、他人、社会、自然、生命之间的关系是怎样的等，所有这些问题都需要重新审视并做出理性回答。

三、生命教育意涵的多维理解

自"生命教育"一词出现以来，人们对其内涵的理解、概念的界定多种多样。分析可见，有的是针对现实生命问题，有的是反思教育目的与内容，有的则是审视教育性质与教育方式等。

（一）生命教育内涵的多视角分析

1. 从生命教育诞生与发展脉络的角度看，生命教育的内涵是变化的

由于引发生命教育的原因有多种，故而对其内涵的理解也多种多样，且在发展过程中，生命教育的内涵并非一成不变，而是随发展阶段的不同而有所变化。在生命教育酝酿期，由自杀、意外死伤等生命问题引发，生命教育多涉及救助、预防、安全、心理健康教育方面，尤其注重心理教育。而在理论方面，教育理论工作者在反思教育异化之根源、追问本真教育之所在、分析人与生命关系等问题时，对生命教育的理解呈现为多个层面，如生命是教育的基点，生命教育是本真教育的回归；教育要生命化，让课堂焕发生命活力；生命道德是道德体系的核心之维，生命德育是生命教育的重要内容等。

进入起步期，生命教育成为德育的一部分，学校的安全教育、心理健康、道德教育、生涯教育、"三观"教育等纳入生命教育，生命教育与德育实现"一体化"。汶川地震唤醒了国人的生命意识，生命价值得以凸显，生命教育也不再只属于德育的范畴，而是更加彰显出自身的价值与意义。生命教育是本真教育的回归等理论研究成果，开始为更多人所认同。

在发展期，通过对生命教育内涵的多样表述进行理性分析，明确了生命教育是一个集合概念，包涵多个维度与层次。从个体生命的角度分析，生命教育贯穿个体生命的全过程、涵盖个体生命的全方位；从真善美的角度分析，生命教育包括生命之真、善、美的教育。

2. 从个体生命的角度看，生命教育的内涵是多层次的

个体生命是持续一生的，在终身教育理念下，生命教育不是阶段性的，而是贯穿个体生命全程的，是关注个体一生的终身教育。个体生命是一个整体，个体生命的发展应该是全方位的，所受到的教育应该是完整的，生命教育要为人提供完整的教育，是全人教育。可见，从个体生命的角度看，生命教育包含了生命纵向与横向之维的教育。从生命的纵向之维看，生命教育即终身教育，但终身教育并不只是生命教育，生命教育是终身教育的核心。从生命的横向之维看，生命教育即全人教育，但全人教育并不只是生命教育，生命教育是全人教育的基础。

对个体生命而言，其目的性与工具性虽然并在，但首要的是目的性存在。然而，现实生活中，个体生命所受的教育更多的是功利性、工具性的，而本体性、意义性的教育缺失。这对作为个体生命存在的人的发展极为不利，现实存在的诸多生命问题恰恰是这种缺失性教育的反映，故而生命教育强调的是"眼睛向内"的教育，是心灵的教育、意义的教育。

3. 从生命特性角度看，生命教育的内涵是丰富的

生命复杂而丰富、神奇而神圣、绵延而智慧。当代生命科学与人文科学对生命特性的认识与理解，给了我们众多本体性、本源性的启示。从生命特性来看，生命有价值、尊严、潜能、智慧、追求，生命需要爱，生命充满抉择、生命能体验等。由此来认识与理解生命教育，主要内容包括敬畏生命、尊重生命、遵循生命、相信生命、关爱生命、责任生命、丰富生命、享受生命、精彩生命等的教育。

4. 从真善美的角度看，生命教育关涉生命之真、善、美

从真善美的角度分析，生命教育则是将生命之"真""善""美"教育集于一身，帮助人们认识生命之真、践行生命之善、悦享生命之美的活动。所谓生命之真的教育，是认识与遵循生命的教育，包括认识生命本身所具有的特性，生命的诞生、发展与死亡，类生命与个体生命之间的关系、个体生命差异，还有生命安全是什么和怎么能、生命健康是什么和怎么能，生命意义是什么以及如何实现等。所谓生命之善的教育，是如何善待生命的教育，即生命德育，主要体现为生命价值的教育和关爱生命的教育，如生命价值高于一切，关爱生命包括给予生命、保护生命、关心生命、珍惜生命、尊重生命、责任生命、相信生命、感恩生命等。所谓生命之美的教育是以"悦享生命"为价值内核的生命教育实践形态。"悦享生命"是指享受生命、丰富生命与优质生命的三者共在,是从生命的长度、宽度、深度三维的立体关注,是追求与实现生命意义的体现。生命之美的教育就是引导人们从生命之美的视角、立场来理解生命的意义,找寻当下生活的意义;引导人们有意识地回到生命本身,认识、理解、感受、体验、践行生命之美,积蓄生命正能量,优化生命的样态,活出生命的精彩。①

5. 从教育的角度分析,生命教育是教育的本质

从教育的角度看,生命教育诞生之初既是在探索本真教育的回归、克服教育中生命"空场"现象、落实"未成年人思想道德建设"的"切入点",也是将生命教育作为教育的一种价值追求。生命教育重新回答了"教育与生命"的关系:生命是教育的基点,教育是为了生命的。顾明远明确指出,"教育的本质是生命教育"。②

(二) 生命视域下生命教育概念的界定与解读

一般而言,对生命教育概念的界定多从综合的角度,整合多个维度为一体,但主线明确,即基于生命、围绕生命、为了生命。从生命视域看③,生命教育是以生命为基点,遵循生命之道,借助生命资源,唤醒、培养人们的生命意识与生命智慧,引导人们追求生命价值,活出生命意义的活动。对这一界定可做如下解释:

1. 以生命为基点——生命教育的逻辑起点

基点为出发点、落脚点之意。以生命为基点,意味着以生命为本,既从生命出发,又以生命为目的。生命教育不是为了生命之外的某物,而是为了生命本身。在此,生命不仅指人的生命,而且包括动植物的生命,是整个生命世界。如果仅仅立足人的世界,是难以真正认识与理解生命的,只有立足生命世界,才有可能真正认识与理解人的生命。

2. 遵循生命之道——生命教育的基本原则

生命不是抽象的概念,而有其存在发展之道。人类的生命、个体生命各有自身的规律与特性,如人的生命是生理—社会的整体,每个个体生命都是独一无二的,兼具生命、类生命、自身生命的规律与特性,都有其优质潜能。因此,为了生命的教育就不能"肆意妄为",而必须遵循生命之道,"顺"生命之道而行,"适"生命之道而动。遵循

---

① 刘慧. 生命之美:生命教育的至臻境界[J]. 教育研究,2017(9).
② 顾明远. 教育的本质是生命教育[J]. 课程·教材·教法,2013(9).
③ 刘慧. 生命教育的涵义、性质与主题——基本生命特性的分析[J]. 南昌大学学报,2012(1).

生命之道,就要回到生命之中,即回到个体生命的独特性、关系性、整体性之中,关注个体生命的遗传、潜能、需要,关注其经历、经验、感受与体验,关注其生存环境、境遇、关系,就要顺应生命需要、开发生命潜能、关注生命体验、开启生命智慧;遵循生命之道,也意味着尊重个体差异,在目标设定、内容提供、方法选用等方面就不能"一刀切""齐步走",而应为个体生命"量身定做"适合的、能为其生命健康成长助力的教育。

3. 借助生命资源——生命是最佳的生命教育资源

生命不仅是人类关爱的对象,更是学习的对象、借助的力量。生命具有向上性、向善性,有价值、有智慧、有能量,生命教育主要不是从生命之外开发教育资源、获得教育力量,而是借助生命本身的力量来实现。正如华特士所言,生命教育,顾名思义就是从生命中学习。生命是通向圆熟的境界,圆熟意味着内在均衡的状态,处于这种状态下,没有任何事物可以摇撼一个人的平静安详,生活不再慌乱,生命不再迷惑。生命教育旨在引导人们回到生命之中,生命本身就是一个大教室,不只是孩子,包括我们自己,都应该听听生命怎么说。①

4. 唤醒与培养生命意识、生命道德与生命智慧——生命教育的过程性目标与内容

生命意识、生命道德与生命智慧,并非存在于人的个体生命之外,而为其本身所拥有。在个体生命之中,生命意识、生命道德与生命智慧并非处于"活跃态",而是"基态",需要能量来激活、唤醒。生命教育就是要给个体生命"注入"能量,为其激活、唤醒助力。但对个体生命而言,仅仅如此是不够的,还需要不断地培养,使之提高与提升。这是人们追求生命价值、活出生命意义的必要条件。

5. 引导人们追求生命价值、活出生命意义——生命教育的目的所在

生命意义的寻求、发现与实现是每个个体生命的生存使命。生命教育关注个体生命之人,就必然关注人对生命意义的追求,这是其目的所在。

那么,人的生命价值与意义何在?对此,不同的人有不同的理解,如活着、需要、希望、愿望、体验、幸福等。阿德勒认为,生命的基本意义在于对他人的兴趣以及与他人合作;②泰戈尔则表达为"生如夏花之绚烂,死似秋叶之静美"。从生命的角度看,每个生命都是独一无二的,出生时又是未完成态,个体生命的价值与意义在于成为他

---

① [美]杰·唐纳·华特士. 生命教育[M]. 林莺,译. 台北:张老师文化事业股份有限公司,1999:序3.

② [奥]阿尔弗雷德·阿德勒. 生命对你意味着什么[M]. 周朗,译. 北京:国际文化出版公司,2001:6.

自己。但成为怎样的自己是有多种可能的,是可以选择的,其价值与意义就在于实现生命中优势潜能,成为优质的自己。

(三)生命教育实践的多维多层

生命教育是一个多元的集合概念,包含多个维度与层次。在生命教育实践中,就生命的一般性议题而言,生命教育是围绕着"生老病死""得失寿夭""顺逆喜悲"等生命议题展开;从个体生命的存在状态而言,生命教育包含生命安全、生命健康、生命意义三大层面;从个体生命的一生历程看,生命教育包括生存教育、生活教育、生涯教育、生态教育、生死教育等"五生"教育。从生命和教育的角度看,生命教育包括有关生命的教育和生命化的教育两大方面,这也可以称为广义的生命教育,而狭义的生命教育仅指有关生命的教育。

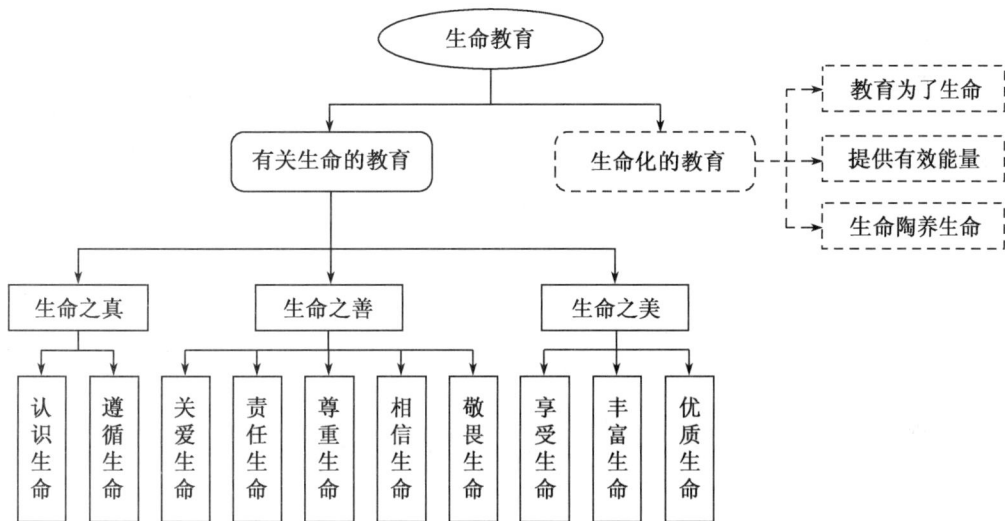

生命教育结构图①

四、中国生命教育发展的未来展望

中国生命教育诞生20多年来,尤其近几年发展迅速。其中,教育政策成为全面推动生命教育的决定性力量,课题领衔使生命教育理论与实践互动前行,生命教育内涵多层多样,多地开展的生命教育略有侧重。② 尽管生命教育在教育界已广为知晓,但还没有达到全面普及程度。也存在一些问题,主要有生命教育理论研究缺乏,学校

---

① 刘慧.生命教育导论[M].北京:人民教育出版社,2015:前言8.
② 中国陶行知研究会生命教育专业委员会.中国生命教育蓝皮书[M].长春:东北师范大学出版社,2016.

生命教育实践不普遍、不均衡及专业的生命教育师资培育缺乏等。① 未来，伴随着生命、生命意义的时代凸显，生命教育必将被越来越多的人认可、接受，也必将取得更大的发展。

（一）多视域生命教育研究与实践模式将渐渐形成

多视域、多维度的生命教育研究与实践范式逐渐形成。如从人生视域看，生命教育指向全人教育、终身教育，关涉生存、生活、生涯、生态等；从生死视域看，生命教育主要指向死亡本身及相关问题，关涉自杀防御、悲伤辅导、临终关怀、殡葬文化等；从生命视域看，生命教育旨在生命之真、善、美的教育，关涉认识生命、遵循生命、关爱生命、相信生命、敬畏生命、享受生命、丰富生命、精彩生命等；从安全视域看，生命教育重在人的身体安全、心理安全及生活环境安全等；从健康视域看，生命教育围绕着人的生命健康，关涉运动、保健、医疗、养老等；从教育视域看，生命教育主张教育要以生命为基点，遵循生命之道，以人的生命为本，为人的个体生命的健康成长提供有效能量等。

当然，无论什么视域的生命教育研究都应是多学科、跨学科的。生命是生命教育理论研究的逻辑起点，任何生命教育理论系统的构建都离不开对生命的认识与理解，而生命是诸多学科的研究对象，对生命的研究并不独属于某一学科领域。这就从根本上"限定"了生命教育理论的构建是多学科的，而且应是基于当代对生命多学科研究成果。

（二）以生命意义为核心的生命教育将成为"主旋律"

尽管生命教育围绕生命关涉诸多方面，但其出现必然有其核心主张、特殊意义，即聚焦于生命意义。这是时代的需要，是未来社会之人的需要。伴随物质财富的充裕、科技发展，人们不再为生存奔波，生命意义的问题便随之"浮出水面"。如何帮助人们探寻生命意义的问题，成为生命教育的主旋律。

生命教育帮助人们探寻生命意义的路径很多，其中，生死教育和生命之美教育是两种重要路径。前者是最常见的，未来的生命教育将会更为重视从生命之美的视野唤醒、引发人们对生命意义的追寻。人们对美之事物、美之人的肯定与渴望，其实是人的生命需要美、体验美的显现。生命之美在人的心中具有重要的位置与价值，美的体验带给人的是积极、正向与美好，带给人的是温暖与喜悦，给人以生命存在与发展的正能量。从美的层面思考、理解活着的意义，从美的角度唤醒、引发人们对生命意义的探寻，更符合中国人的观念、情感与思维方式。②

---

① 刘慧. 中国大陆生命教育发展状况分析[J]. 生命教育研究, 2014(6).
② 刘慧. 生命之美: 生命教育的至臻境界[J]. 教育研究, 2017(9).

（三）生命教育五大侧重点逐渐凸显

随着生命教育理论研究的深入，对生命教育意涵的理解也必将更为深刻，生命教育的侧重点也将逐渐集中与凸显，这主要体现在以下五大方面。

一是生命价值观的传递。生命同时具有功用价值和内在价值，而后者是指生命本身所具有的价值，也称为生命的本体价值，这是生命价值的核心体现。长期以来，人们过多地关注生命的工具价值，忽视生命的本体价值，现实中一些戕害生命现象的根源正在于此，忽视或抛弃生命内在价值，必然导致生命价值的失落。生命教育就是要传递生命价值高于一切，关爱生命、相信生命、敬畏生命的价值观。

二是生命整体观的培育。每个个体生命都是独一无二的，但都不是孤立存在的，而是存在于生命关系之中，与其他生命共生共在。生命教育要帮助个体生命以生命的视界来重新审视人与自身、人与人、人与自然之间的关系，从而树立生命整体观，协调好生命关系。

三是生命道德的养成。生命道德是人对待生命的行为规范的总和，其最基本、最核心的内容是关爱生命，关爱生命不仅是关爱自己的生命、他人的生命、人类的生命，而且也包括动植物的生命。

四是生命智慧的陶养。生命智慧是生命所具有的指向生存与发展的智慧，是由生命内在的特性与生存的外在环境相互作用而生成的"活物"。人的生命智慧具有保障存活、突破限制、生发智慧、安顿心灵、呈现希望、成为自己等价值，当代人应对可能性生存最为需要的是生命智慧。

五是生命能量的管理。个体生命的存在与发展都离不开生命能量，每个人在生命成长中都需要不断地寻求能量、补充能量。同时，个体生命自身的能量也需要调控，人的生命是有欲求的，这对人的存在与发展有利有弊，因此需要调控。一个人调控"欲求"是需要能量的，尤其是心灵的力量。人的心灵是一个巨大的能量场，生命教育就是要引导人们"眼睛向内"，开启心灵智慧，为生命健康成长提供有效能量。

（四）在操作层面上，注重营造生命体验场、优化生命样态

认识与理解生命，是人一生的功课。但对生命的认识与理解，不能简单地采用获取知识的方式，而是要在生命体验中完成。在学校生命教育实践中，可采用"三方"联动、"三课"共在、"三活"共融的形式将师生带入生命体验场，使师生在关系中、活动中、互动中认识与理解生命。所谓"三方"联动，是指教育行政部门、高校和研究院所与幼儿园中小学联合开展生命教育活动。所谓"三课"是指课题、课程与课堂，以生命教育课题为引领，开展生命教育课程建设，包括生命教育专题课程和学科生命教育课

程,开发校本教材,打造生命课堂。所谓"三活"是指教学活动、创作活动、种植与饲养活动,在教学活动中有关生命主题的体验教学、绘本教学、叙事教学,种植植物、饲养小动物的活动,撰写故事、戏剧、微电影等创作活动以及将三者的相互融合,均能为师生提供亲近生命的体验场。

成为优质自己是个体生命成长的价值追求,也是个体生命的意义体现。优化生命样态是促进个体生命不断接近优质自己的途径与方式。从生命的纵横角度看,主要路径有两条:一是回到个体生命之中,存养、激活、唤醒个体生命潜能,开发生命潜能,发现优势潜能并使之实现,即通过生命潜能的实现优化生命样态,这是纵向的优化;二是促进个体生命的身、心、灵和谐,这种和谐不仅指向自身,而且包括与他人、自然的和谐,实现元生态(人与自然)、类生态(人与人)和内生态(人与自己)之"三重生态圆融互摄",[1]即通过关注、顺应、满足个体生命需要,相信、等待、期望个体生命成长,提供生命榜样、分享生命经验,促进身、心、灵的和谐,来优化生命样态,这是横向的优化。

(五) 在管理层面上,需要国家级的生命教育政策指导

未来进一步推动生命教育,急需有国家层面的政策引导与支持,需要有科学的管理与监督。从生命教育发展历程看,国家教育政策的影响力量是巨大的,但至今缺乏专门的国家层面的生命教育指导性文件,虽然在《国家中长期教育改革与发展纲要(2010—2020年)》中提到了"生命教育"四个字,但并没有论述具体内容,因而还难以有效地推动生命教育。因此,首先,应尽快研制国家级生命教育指导纲领、课程标准,为全面深入推进生命教育健康发展提供有力的政策保障。其次,一些省市教育行政部门虽然已出台有关生命教育指导文件,但落实情况差异很大,多不如人意;同时还需要进一步修订完善政策,跟上生命教育发展的形势。再有,教师的生命教育素养是推动生命教育的关键所在,但目前教师接受生命教育还十分有限,未来需要将生命教育培训纳入教师在职进修学分之中,研制生命教育的教师培训课程标准,以确保有目的、有计划、有组织地开展教师生命教育。最后,高校生命教育研究机构、社会生命教育团体仍将是推动中国生命教育的重要力量,不仅对于建构生命教育理论,而且在推动学校、社会、家庭生命教育实践层面上,都将继续发挥主力军的作用。

(本文发表于《中国教育科学》2018年第1期)

---

[1]　刘惊铎,刘慧.德商:生命的生态导航系统[J].思想理论教育,2015(10).

前　言

本书是为大学生而写,旨在引导大学生"立生命于心、爱生命于行、成生命于意",帮助大学生"认识生命之真、践行生命之善、创造生命之美",助力大学生生命健康成长。同时也适用于生命教育初学者、从事生命教育的研究者与实践者,以及大学中生命教育的实践者和学习者。

生命教育,诞生于人类社会由工业向后工业转型之际,是中国社会转型期之教育转型的标志之一,是由"知识本位"转向"以人为本"教育的体现;是素质教育的深化,是本真教育的回归,是教育本质之所在,也是送给未来社会、未来人的礼物。中国内地生命教育,自 20 世纪 90 年代诞生以来不断发展,走过了酝酿期、起步期、发展期。2020 年初突发新冠疫情,"生命至上、健康第一"成为社会共识,生命教育备受重视,尤其是 2021 年 11 月教育部颁布了《生命安全与健康教育进中小学课程教材指南》,这是国家层面第一个明确的学校开展生命教育的文件,紧接着出台的《义务教育课程方案和课程标准(2022 年版)》将此文件精神落实其中。由此,生命教育发展也进入了高潮期。

生命教育是以生命为基点,遵循生命之道,借助生命资源,唤醒、培养人们的生命意识、生命道德与生命智慧,引导人们追求生命价值,活出生命意义的活动。其中,以生命为基点是生命教育的逻辑起点,遵循生命之道是生命教育的基本原则,借助生命资源是生命教育资源的重要特性,也是生命教育的主要方式,唤醒与培养生命意识、生命道德与生命智慧是生命教育的过程性目标与内容,引导人们追求生命价值、活出生命意义是生命教育的目的所在。从不同角度看,生命教育有不同侧重,如:视域方面,有人生、生死、生长、安全、健康、教育之维;实践方面,有技、术、道三个层面,等。

生命教育是每一个人的必修课。大学生需要什么样的生命教育?这是在创编本教材时最需要清晰明确的问题。我于 2002 年完成《生命德育论》博士论文后,便于 2003 年 9 月在沈阳师范大学为全校本科生开设"生命教育"通识选修课,之后又于 2007 年在首都师范大学初等教育学院为本科生开设"生命教育"通识选修课,至今每届均有百余人选课;还在初等教育学硕士生、小学教育专业硕士生中开设"生命教育"课。在多年的生命教育教学过程中,不断探索大学生在有限的教学时间内应接受怎么样的生命教育内容并渐渐明晰。从人接受生命教育的阶段而言,大学生命教育更为注重生命之"道"的教育,依据大学生生命发展阶段的特点与需求,其生命教育应侧重于引导大学生对生命本身的体认,对自身生命发展的认识与理解,体现理论性、凸显理性。

本书不仅是《生命德育论》(2005)、《生命教育导论》(2015)等理论的应用,而且更为注重有关生命之本体性与关系性存在的研究、大学生生命发展阶段所需的生命教育内容及方式探索等的呈现,也由此形成了本书的主要特点:

本书以生命的本体性和关系性为主线展开论述,引导大学生比较全面、系统地认识与理解生命及其自身生命发展的议题。本书主要关注了生命之本体性存在的七个方面,包括生命需要、生命情感、生命体验、生命智慧、生命表达、生命价值、生命死亡。由此引导大学生认识与理解,生命需要是生命的动力源、生命情感是生命的"晴雨表"、生命体验是生命的存在方式、生命智慧是生命的"守护神"、生命表达是生命样态的展现、生命价值具有自足型与关系型、生命死亡赋予生命意义。同时,关注了生命之关系性存在的六个方面,包括挑战、适应、生涯、责任、尊重、生态。由此引导大学生知晓,挑战是生命的存在常态、适应是生命的存在保障、生涯是生命的职场展现、责任是生命的内在使命、尊重是生命的尊严所需、生态是生命的存在之家。

本书以生命之真善美为理论指导,引导大学生在生命成长中呈现生命的真善美。大学生在生命成长过程中,面临各种生命困惑、问题,如何认识生命、如何处理生命困惑、如何进行生涯规划、如何追求人生意义等。可以说,有关生命的困惑、问题与生命成长相伴相生。同时,生命成长的过程就是不断直面与解决生命困惑、问题的过程。那么,到底如何解决好这些困惑、问题呢?本书注重引导大学生回到生命本身,认识生命本身具有真善美,学习生命之真善美,以生命真善美为指导,在处理各种生命问题中能够"认识生命之真、践行生命之善、创造生命之美"。以此唤醒大学生对生命状态的关爱,让大学生感受到生命中随处可见的温暖,感受到生命中源源不断的能量。同时,本书的写作不仅表达有关生命的知识与观点,也在抒发我们自己对生命的理解和思考,这使本书具有生命的温度与厚度。

本书以真实性、向上性、向善性、智慧性为基调,通过多个栏目为大学生提供生命成长能量。生命教育就是要向生命学习,生命影响生命。本书写作思路为"生命叙事、理论分析、关注实践"。生命叙事本身蕴含着丰富的生命体验或生命经验,包含着人们的生命态度和价值追求,是生命教育的重要载体。每一章都选择与本章节主题相关的生命叙事,使大学生随着故事的展开直观地感受生命的力量,这无形中赋予大学生生命的榜样与能量。接下来结合叙事展开分析与讨论,进行意义诠释,引导大学生明晰本章的主题内容。同时,在写作过程中重视为大学生提供体验式、案例分析式、情景再现式、讨论式、任务驱动式等学习方法,"知行统一"注重生命教育实践活动设计。

本书编写思想、结构框架、编写提纲、主要观点、全书统稿等由我完成,任芳德博士在书稿修改过程中承担大量工作,给出各章修改意见,并协助完成全书统稿工作;刘映博士参与了部分章节的修改工作。各章撰写具体分工如下:

刘慧(首都师范大学教授):前言、第四章;

吕晓慧(珠海城市职业技术学院教师):第一章;

张志坤(首都师范大学副教授):第二章;

马雪莉(泰山职业技术学院副教授):第三章;

任芳德(首都师范大学博士后)、刘映(广东财贸职业学院教师):第五章;

刘慧、李贺(鞍山职业技术学院副教授):第六章;

张权力(盐城师范学院副教授):第七章;

马洪丽(哈尔滨学院副研究员):第八章;

苗光宇(哈尔滨学院教师):第九章;

陈源(首都师范大学教师)、任芳德:第十章;

王丽(张家口学院教师):第十一章;

刘慧、谢祎(豫章师范学院副教授):第十二章;

吴凯(首都师范大学教育学院博士后)、肖杏烟(广州大学副教授):第十三章。

本书的写作过程与教学活动息息相关。本书写作于 2018 年 5 月启动,2020年完成初稿。之后,我组织写作团队教师在首都师范大学初等教育学院本科生的生命教育课堂教学中进行实践,经过两轮教学实践,对本书初稿的结构框架、具体内容进行修改、补充与完善。我在研究生的生命教育课上组织讨论,征求他们对本书初稿的修改意见及参与修改工作,其中,李楚楚、丁功林硕士生协助完成了第四章、第六章和第十二章的修改,王珊、刘昱辰、杨梅、仵慧敏、袁婷、管彤、王珂等研究生都不同程度地参与了修改、查阅和整理资料等工作。在此,对他们的付出表示感谢,也感谢首都师范大学初等教育学院对开设大学生命教育课程教学的支持。在此,还特别感谢刘惊铎教授为本书框架及目录文字表达所给予的指导。

感谢南京大学出版社对本书出版给予的大力支持。特别感谢本书责任编辑钱梦菊女士对本书的推动和坚持,感谢她在 4 年前的邀约,使本书从雏形到完善,感谢她非常认真地审阅书稿,并提出许多宝贵的修改意见,使这本教材更为接近大学生的实际需要。

本书的写作,无论是体例框架,还是具体观点表达,是一次初创性探索,整个研究过程和呈现形态也还存在一些不足。同时在书稿写作过程中,参考的文献和生命叙事绝大部分已注明出处,但也难免存在一些疏漏。对此,请原作者谅解,也由衷地向原作者表示深深的歉意、敬意与谢意。期待未来深化研究后再做新的修正与完善,也恳请读者朋友批评指正,期待同仁不吝赐教。

刘慧

2022 年 10 月

目 录

第一编　生命的本体性存在

第一章　生命需要:生命的动力源 …………………………………… 3

一、理解生命需要 …………………………………………………… 4

二、自爱是生命的需要 …………………………………………… 12

三、审美式生存 …………………………………………………… 17

第二章　生命情感:生命的"晴雨表" ……………………………… 23

一、理解生命与情感 …………………………………………… 24

二、生命与亲情 …………………………………………………… 29

三、生命与友情 …………………………………………………… 34

四、生命与爱情 …………………………………………………… 39

第三章　生命体验:生命的存在方式 ……………………………… 49

一、体验是生命的存在方式 …………………………………… 50

二、生命在体验中生成德性、智慧与美 …………………… 55

三、在生命历程中体验生命真善美 ………………………… 59

第四章　生命智慧:生命的"守护神" ……………………………… 70

一、理解生命智慧 ………………………………………………… 71

二、生命智慧的显现与价值 …………………………………… 77

三、生命智慧的陶养路径 ……………………………………… 86

第五章　生命表达:生命样态的展现 ……………………………… 94

一、生命表达及其意义 ………………………………………… 96

二、大学生生命表达的方式 ………………………………… 105

三、追求生命真善美之表达 ………………………………… 112

第六章　生命价值:生命高于一切 ……………………………… 118

一、理解价值与生命价值 …………………………………… 119

二、生命价值的表现样态 …………………………………… 123

三、大学生生命价值的实现 ·· 129

第七章　生命死亡:赋予生命意义 ································· 133

一、死亡、死亡意识与濒死体验 ···························· 135

二、传统文化中的死亡及其意义 ···························· 142

三、死亡敬畏与生命伦理 ·· 145

第二编　生命的关系性存在

第八章　挑战:生命的存在常态 ································· 153

一、挑战与生命相伴相生 ·· 154

二、挑战是生命成长的机遇 ···································· 157

三、拥抱挑战是生命的靓丽姿态 ···························· 159

第九章　适应:生命的存在保障 ································· 165

一、理解生命与适应 ·· 166

二、大学生生命适应困惑 ·· 169

三、大学生生命适应的路径 ···································· 173

第十章　生涯:生命的职场展现 ································· 178

一、生涯与生命的关系 ··· 180

二、大学生生涯规划现状与分析 ···························· 183

三、大学生做好生涯规划 ·· 186

第十一章　责任:生命的内在使命 ···························· 194

一、生命与责任的关系 ··· 196

二、大学生的生命角色与生命责任 ························· 198

三、大学生责任生命形成的策略 ···························· 203

第十二章　尊重:生命的尊严所需 ···························· 206

一、尊重生命和生命尊严 ·· 207

二、尊重生命就是尊重生命的特性 ························· 214

三、尊重生命满足生命成长的需要 ························· 216

第十三章　生态:生命的存在之家 ···························· 223

一、生命与生态的关系 ··· 225

二、人的三重生态 ··· 229

三、大学生"三重生态圆融"的实践路径 ················ 235

参考文献 ··· 241

第一编

生命的本体性存在

第一章 生命需要:生命的动力源

【生命格言】

"一个能够实现自我的人首要的素质就是完全的诚实和客观地对待自己。"

——亚伯拉罕·马斯洛

他们(人)的需要即他们的本性。

——马克思

【知识导图】

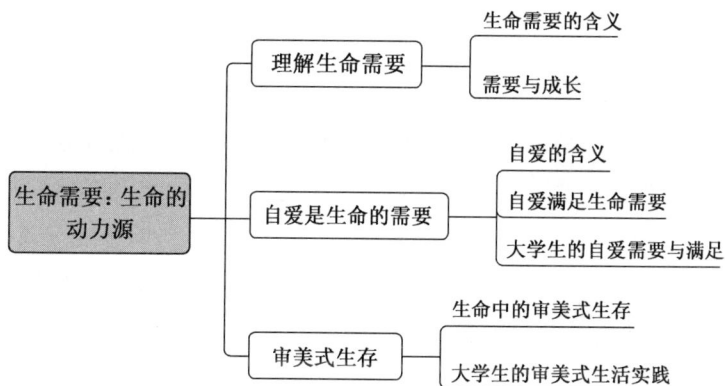

【生命叙事】

马斯洛的生命故事①

马斯洛出生于美国纽约市布鲁克林区的一个犹太家庭。他是家中七个孩子的老大,父亲酗酒,对孩子们的要求十分苛刻,母亲极度迷信,而且性格冷漠残酷

---

① 来源:http://www.cqtywjj.com/mrxgs/7165/,2018－07－23.

暴躁。马斯洛童年生活痛苦，从未得到过母亲的关爱。他童年时体验了许多的孤独和痛苦。不仅如此，作为犹太人，他们住在一个非犹太人的街区，上学后又是学校少有的几个犹太人之一，这一切使马斯洛成为一个害羞、敏感并且神经质的孩子，为了寻求安慰，他把书籍当成避难所。

马斯洛从五岁起就是一个读书迷，他经常到街区图书馆浏览书籍。几十年以后，当他开始发展自我实现理论时，这些则成了他研究的自我实现者的基本范例。青少年时期他曾因体弱貌丑(鼻子太大)而极度自卑，借锻炼身体冀求得到补偿。进入大学后读到 A. 阿德勒著作《自卑与超越》中的概念，得到启示，从此改变了他的一生。

他的父母未受过教育，但他们坚持让他学习法律。起初他满足他们的愿望于 1926 年进入纽约市立学院专修法律。但仅仅两个星期，他就断定自己的兴趣并非在法律上。三个学期之后，他转往康奈尔大学。1928 年，马斯洛不顾父母的反对，和他的表妹，也是高中同学贝莎结婚，他们有两个女儿。马斯洛宣称，他真正的生命是从结婚和转学威斯康星大学时开始的。婚后，马斯洛和贝莎迁往威斯康星州的威斯康星大学麦迪逊分校继续他的学业，这是他真正进入自己的学术研究领域的一个重要转折点。

马斯洛于 1930 年获威斯康星大学心理学学士学位，次年获得心理学硕士学位，1934 年获心理学哲学博士学位。其间另一位著名格式塔心理学家 M. 魏特海默曾任马斯洛的老师。至此，他渐渐对猿猴产生了兴趣，并自信找到了自己的研究领域。1932 年 2 月至 1933 年 5 月，马斯洛每天花数小时，在不惊扰动物的情况下，对不同种类的 35 个灵长目动物悄悄进行观察，并做详细的笔记，后完成了题为《支配驱力在类人猿灵长目动物社会行为中的决定作用》的博士论文。他注意到支配似乎源自一种"内在的自信心"或"优越感"，而不是通过肉体攻击取得的。在某种意义上，他正在构思一个建立在支配驱力之上的初步理论，用来解释高级动物中的许多社会行为。

一、理解生命需要

(一) 生命需要的含义

1. 何谓需要

谈及"需要"一词，我们首先在头脑中闪过的可能是我们自身的各种吃、穿、用的需要，或心理的需要(如爱与被爱的需要、获得认可的需要)，或自身发展的需要，等等。那么，什么是需要的内涵？《辞海》中这样定义"需要"这一词："人脑对生理需求和社会需求的反映。人类在种族发展过程中，为维持生命和延续种族，形成对某些事物的必然需要，如营养、自卫、繁殖后代等的需要。在社会生活中，为了提高物质和精神生活水平，形成对社交、劳动、文化、科学、艺术、政治生活等的需要。人的需要是在社会实践中得到满足和发展的，具有社会历史性。它表现为愿望、意向、兴趣，而成为行动的一种直接原因。"从这个定义我们可以看出，对需要的解释包含两个方面：一是满足人自身生存的生存需要，另一个是满足人进行社会实践的社会性需要。生存需要对于我们人类来说是最基本的需要，而社会性需要是人类在社会中得以维系自身生存发展的需要。

马斯洛根据研究提出了著名的需要层次理论。马斯洛在 1943 年出版的《调动人的积极性的理论》一书中首次提出需要层次理论，他将人的需要分为五个层次：生理需要、安全需要、归属和爱的需要、尊重的需要以及自我实现的需要。在 1954 年出版的《动机与人格》一书中，又对需要理论进行了进一步的丰富，在尊重需要与自我实现需要之间增加了认知和理解的需要以及审美需要。[1] 对自我实现的人的研究是马斯洛的一项个人探索，也是他毕生的研究兴趣所在。通过研究，他发现人的内在都有着向某个方向成长的趋势和需要，这个方向就是人的自我实现。罗杰斯也认为人内心最深层的、最强烈的趋向就是人的全面发展，它使个体的发展更复杂、更独立、更有创造性，也更富有社会责任感。决定着人积极、向上、前进、发展的根本驱动力就是人内在的潜能，这种潜能使我们在发展的道路上做出正确的选择，也决定了人有全面发展自己的能力。人的这种内在潜能是美好的、善良的、值得信赖的。一言以蔽之，人的内心中都有渴望发展的潜能和需要。

马斯洛需要层次理论中的需要由低到高分别代表着人的不同需要层次。生理需要在需要层次理论中处于底层，是人的最基本的需要。它受人类在生存环境中自身改变产生的遗传进化的生理基础影响，是人类一切需要的自然基础和前提。在人的所有需要都没得到满足，并且人的身体受生理需要主宰的状态下，人的其他需要可能会全然消失，甚至关于未来的人生观都会受到影响。譬如，对一个长期处于饥饿状态的人而言，爱、归属感、尊重、自由、理想都被放在一边，现阶段最重要的事情是填饱肚子。因此，在需要层次理论中，生理需要是人的优势需要，只有当优势需要被满足后，其他层次的需要才会逐渐出现。理论上而言，某种需要的出现是以其前一种需要达到一定的满足程度为基础的。正如诗人流沙河写道："饥寒的年代里，理想是温饱；温饱的年代里，理想是文明。"称其为理想，其本质是人的需要，人的需要因为其所满足的情况不同，影响着个体的行为和追求。

有机体需要得到满足后，才能维持肉体组织的健康和生存，这是人生存的基本需要。同时，社会和文化因素在有机体需要的表现上起着重要的作用。这表明人的需要产生的复杂性，人的需要不仅有其自然生理基础，因为人有着其社会属性，其需要

---

① ［美］亚伯拉罕·马斯洛. 动机与人格［M］. 3 版. 许金声，等译. 北京：中国人民大学出版社，2012：30－34.

也无法脱离社会环境而独立存在。有机体在满足其生存发展的生理需要时必然与其他人进行社会联系,而其行为受到社会环境、社会文化的规定和制约。总之,有生命的存在,就必定会有生命需要,生命的需要是人的生命过程中的缺乏状态在社会生活中的表现。

2. 需要与需求

在生活中,我们有时把需要和需求两个词混用。但是这两个词表达的内涵实际是有区别的,与需求相比,需要的内涵更加根本。需求在《辞海》中的解释是"心理学上指引起个体行为的内在动力"。这可以理解为人存在未满足感,个体因为满足感的缺乏而产生了获取特定目标的动机。需求也常被用于经济学领域,指商品消费者在一定时间内购买商品的愿望和能力。虽然需要和需求同样表示出因匮乏感而产生的动机,但两者的影响不一样,需要未满足会对人造成伤害,而需求的未满足不会对人造成伤害。

关怀伦理学家诺丁斯把人的需要分为明示的需要(那些在需要者内心产生的需要)和推断的需要(那些从外部引发的需要,然后被强加到那些据说有这种需要的人身上)。明示的需要通常的表现形式是需求(或愿望)。而需求(或愿望)如何成为需要呢?诺丁斯给出四个标准:首先,需求在相当的一段时间内很稳定,并且(或者)很强烈;其次,需求明显与所要达到的目的相关,需求目标促使目的达成;再次,需求的满足是在人的能力范围之内的;最后,需求者自愿地促使需求得到满足。

人的需要是以人的物质条件和精神条件为基础,因此,人的需要具有客观性、物质性和社会性,而人的需要又是有意识、能被人自身所察觉,因此,需要也是主观性的。而与需要相比,需求以需要为根本,是个体主观性的表现,并因个体需求的多样化而具有暂时性和个体性的特点。实践研究表明,为了获得满足感,暂时性的需求予以延缓满足可以使人获得更大的满足。

3. 需要的满足与匮乏

【生命叙事】

林俊德:在生命的最后 10 个小时,他让整个中国为之感动![1]

前段时间某视频感动了许许多多的人,让人们认识到一位科学家的精神。这段视频是林俊德院士生命的最后时刻。视频中,林俊德院士戴着氧气面罩,身上插着十来根管子,却仍坐在临时搬进病房的办公桌前,对着笔记本电脑,一下

---

[1] 来源:http://k.sina.com.cn/article_1708763410_65d9a912020009r55.html,2018 - 04 - 30.

一下地挪动着鼠标……这段视频在网上广为传播，网友点赞超过百万，转发超过10万。他坚守在罗布泊52年，参与了中国45次核试验任务，先后培养了23名博士、硕士，是2012年"感动中国十大人物之一"。

2012年5月4日，林俊德被确诊为胆管癌晚期，医生建议他立即手术，他却担心手术后是否还能工作，当确定手术后不能继续工作，他毅然放弃治疗。在病情恶化被送进重症监护室，他拉着医生的手说："我是搞核试验的，一不怕苦，二不怕死，现在最需要的是时间。在这里我无法工作，请把我转回普通病房。"在普通病房的临时电脑桌前，他吃力地挪动鼠标整理国家核心技术的文件、自己的科研思考和学生的毕业论文。5月31日，已经极度虚弱的林俊德，九次要求、请求甚至哀求医生，同意自己下床工作。家人不忍心他最后一个愿望，都不被满足。他才终于又坐在电脑前，开始了一生中最艰难，也是最后一次的冲锋。医生想叫他休息一会儿，他则回答："坐着休息，我不能躺下，躺下了，就起不来了！"两个小时后，他再也撑不住了！医护人员将他扶回病床，他很快陷入了昏迷。在半昏半醒中，他反复叮咛学生和家人，办公室里还有什么资料要整理，密码箱怎么打开，整理时要注意保密……2012年5月31日20时15分，心电仪上波动的生命曲线，从屏幕上永远地消失了。生命最后时刻，林俊德从罗布泊的荒原戈壁转战到医院病房这个特殊战场，完成了一名国防科技战士最后的冲锋。

人的需要无论层次高低，都属于基本的、内在的人的本性。需要的满足以及满足的方式是一个非常复杂的体系。需要的层次越高，越不易于满足。需要是人的驱动力，而某种需要一旦满足，它就不再起积极的决定作用或者组织作用，个体将不再把这种需要作为动力，而其他需要将成为其新的动机。

心理学实验研究发现，一个需要如果得到了充分满足，它会遵循自己特定的发展过程，然后根据其特性，或者是全然消失或者在以后生活中维持适度的低水平。需要的满足对人类性格的形成有着积极的影响，健康成年人的很多典型品质是其在童年时爱的充分满足所产生的积极结果。"在其他因素相同的条件下，一个安全、归属、爱的需要得到满足的人，比安全和归属需要得到满足，但在爱的方面遭受拒绝、挫折的人更健康。假如除此之外，他又获得了尊重和赞赏，并且进而发展了自尊心，那么他就会更进一步健康、更加自我实现，成为更加丰满的人。"①可见随着人的基本需要逐步得到满足，人的心理健康水平也是不断提高的。例如，一个在童年时期充分体会到爱的孩子，在长大成人后，他对爱的缺乏就会有一定的忍受力，不会因为一时的情感受挫而产生不良的后果。

有人或许会问，是否全部满足人类基本需求就能够保证人的心理健康？其实也

① ［美］亚伯拉罕·马斯洛. 动机与人格［M］. 3版. 许金声，等译. 北京：中国人民大学出版社，2012：50.

不尽然,单纯的基本需求的满足并不能带来心理上的幸福感觉,例如,我们先前所提到的长期处于饥饿状态的人,在他的基本生理需求——饥饿感长久得到满足,不再体会到饥饿后,他对饥饿感的满足等同于幸福这个概念就不再认同。同样,对我们生活在现代很少长期体会到饥饿的人而言,也是一样的道理。马斯洛提出很少被人理解的事实:"人类似乎从来就没有长久地感到过心满意足——与此密切相关的是,人类容易对自己的幸福熟视无睹,忘记幸福或视之为理所当然,甚至不再认为它有价值。"①正是因为一直拥有,所以不再珍惜,不再觉得是幸福。这些由于满足引起的问题还表现为在生活中缺乏充实感,找不到生活的意义和生活的价值。很多心理学家认为,满足全部的基本需求并不能够解决人的归属感、价值感、人生目的、人生意义等问题。尤其对于年轻人而言,他们必须去体验挫折、约束、限制、坚强、丧失等感受,才能建立起自己的价值感,找到生活的目的和意义。因此,对那些对生活没有热情、无法享受人生、无法追求快乐的人而言,也许体验、理解得来的不易,才能重新认识自身所处的幸福环境。

此外,需要的满足与匮乏能够促进人的成长与发展。人的一生中都在追求个体需要的满足,一个需要满足后会产生新的需要,而人在需要的满足与匮乏的状态中循环,促进了个体发展。需要的匮乏正是人类前进的动力,匮乏的需要使个体能寻求创新性的方法去满足个人的需要。因此,在寻求需要满足的过程中所经历的挫折、痛苦、失去、收获、满足等感受之后的成长才是我们生活的意义所在。

(二)需要与成长

1. 生命需要与人类潜能

【生命叙事】

大国工匠——高凤林②

高凤林是中国航天科技集团有限公司第一研究院211厂(火箭总装厂)一名特种熔融焊接工。近40年来,他几乎是反复在做同一件事情,为火箭焊接发动机喷管。航天事业应该是已知产业体系里要求最高、条件最复杂,边界条件最窄、风险最大的行业,焊接技术在航天领域得到了最充分的应用。新一代"长征五号"运载火箭是目前中国设计运载能力最大的火箭。长征五号火箭发动机的

---

① [美]亚伯拉罕·马斯洛.动机与人格[M].3版.许金声,等译.北京:中国人民大学出版社,2012:50.

② 来源:http://tv.cctv.com/2016/04/27/ARTI82AtmZcFwlxWiPZnB8mg160427.shtml,2016-04-27.

喷管上，有数百根空心管线，管壁的厚度只有0.33毫米，高凤林需要通过3万多次精密的焊接操作，才能把它们编织在一起。这些细如发丝的焊缝加起来，长度达到了1600多米，每个焊点只有0.16毫米宽，完成焊接允许的时间误差仅为0.1秒。发动机是火箭的心脏，一小点焊接瑕疵都可能导致一场灾难。为保证一条细窄而"漫长"的焊缝在技术指标上首尾一致，整个操作过程中高凤林必须发力精准，心平手稳，保持住焊条与母件的恰当角度，这样才能让焊液在焊缝里均匀分布，不出现气孔沙眼。而做到所有这一切的第一前提，就是眼睛必须盯住！高凤林说："如果这段焊接，需要十分钟不眨眼，那就十分钟不眨眼！"据生理学研究表明，人类正常的眨眼频率，是每分钟大约15次，十分钟不眨眼，是高凤林超自我训练培养而成的超常自控力！高凤林在他的工作岗位上体现了现代工匠的精神"极致和专注"。专注做一样东西，创造别人认为不可能的可能，高凤林用40年的坚守，诠释了一个航天匠人对理想信念的执着追求。

人的成长本质上就是人的潜能得以充分发挥的过程，那么什么是潜能？"潜能"一词为古希腊哲学家亚里士多德首次提出，意为"可能性的存在"。潜能就是人潜在的能力，是人尚未显现的能力，它是深藏于人的潜意识中原本所具备的能力。潜意识是人的心理活动中，不能认知或没有认知到的部分，是人类心理活动中已经发生但是还未被人所意识到的心理状态。人类数百万年来的遗传基因，人类的生存本能、人类对社会环境的适应能力都藏于人类的潜意识里。美国著名心理学家威廉·詹姆士终生都致力于研究超个人的心理现象，他认为一个健康的人，其已经开发的能力只有10%，另有90%的潜在能力处于待开发状态。而且，随着对人类潜能研究的进展，对于潜在能力的估值所占比重越来越大。国内外的学者都用"海上冰山"理论形象地说明人类潜能的巨大。他们认为人类所显现的本能像冰山一样只是有一部分露在海面上，而其潜在的能力正如在海面下的冰山一样，让人不知道其是显露部分的多少倍。

现实中关于潜能激发的案例我们时有耳闻，或许有些人亲身经历过。例如，当跑步时遇到马蜂追赶，一个平时不善于跑步的人，会发出惊人的爆发力，跑出意想不到的速度。在遇到危险情况的时候，人们能举起超过自身重量几倍的重物。这些都是人的潜能受到外在环境刺激所产生的外化表现。其实，潜能不仅是在外界环境刺激下产生的应对反应，其也可是稳定而持久的能力。只是，这样稳定而持久的能力是需要经过我们不断的开发训练并结合坚定的意志力而逐渐养成的。"生命故事"中的高凤林也是经过日复一日的练习，凭借自身的毅力与专注掌握焊接的技术成为世界优秀的焊接工。总而言之，人的成长就是认识自我潜能、激发运用自身潜能、实现自我的过程。

生命需要包括人类的低层次需要和高层次需要，人类的成长不仅包含低级需要的满足并导致其完全消失，也包含高级需要的实现，如人类的天赋、潜能的实现。生命需要意味着人成长的内在动力,它促进着人类潜能的开发与自我的实现。人的潜能并不是显而易见的,它深置于我们的生命之中,静待着人们把它挖掘出来。如果高凤林没有坚持焊接工作对精准的要求,如果他在这个过程中因困难而放弃,那么他不会成为闻名的焊接工,实现自我的价值。高凤林通过自身的内在动力和工作所给予的外在要求,发挥工匠的"极致和专注"。这是其潜能充分发挥、自我实现的过程。

2. 成长性需要——生命成长的内在驱动力

马斯洛将成长定义为"促进自我实现的各个过程"。他认为自我实现贯穿了人生的始终。自我实现被定义为"不断实现潜能、能力和天赋,完成使命(或召唤、命运、天命或天职),更充分地认识并接受自己的内在本性,个人内心不断趋向统一、完成和协同"①。自我实现表现在人的潜能、充分的机能、个性本质、创造倾向等的实现,并且自我实现的人很少出现不健康、神经症、精神病、基本的人类能力或个人能力丧失或者减损的情况。因此,自我实现是人类认识自己天性,发掘自身潜能、能力和天赋,并不断成长的过程。

马斯洛在其需要层次理论中又把需要分为基础性需要和成长性需要。成长性需要包括与人类成长相关的各种需要,包括爱和归属的需要、尊重的需要、认知和理解的需要、审美需要以及自我实现的需要。这类需要的满足与否,对个体的发展乃至其自我的实现都有至关重要的影响。以个体对爱的需要为例。人类对爱的最大的需求是无条件的爱,人类从胚胎阶段就是在爱的环境中得以成长,最初感受到的爱是母爱。母爱正满足人类这种对无条件的爱的需求。假如婴儿初生从其父母或其他看护人那里得到良好的照顾、支持与抚慰,尤其是母亲,如果能对婴儿采取慈爱的态度,并且这种态度是一贯的、持续的,婴儿就会产生满足感,他/她在生命最初的阶段获得了安全感,这种安全感会使其对周围的世界产生信任和期待,从而对他/她未来的成长有着深深的影响。许多心理学家在对成人的心理问题进行研究时会发现,个体在幼年时期的经历以及其成长性需求的满足程度,都或多或少地对成年的心理产生影响。而认识自己,接纳自己,发现自己之所以是"现在所是"的根源,追求个人成长性的需求的满足,我们才能对自己未来的成长有所规划,进而实现自我。

3. 成为自己是生命成长的必经之路

生命现象扫描

小李,大一新生,刚入大学的那段时间她总觉得很自卑,时常和周围的同学比较,她觉得自己处处不如别人,而且经常对自己做过的事情后悔,总觉得自己当时不

---

① [美]亚伯拉罕·马斯洛.需要与成长:存在心理学探索[M].3版.张晓玲,刘勇军,译.重庆:重庆出版社,2018:28-37.

应该那么做或者不应该那么说话,常常事后自责、懊恼。认为无论自己做什么事情,都得不到别人的接纳和肯定。她感觉痛苦和矛盾,这种心情影响了她与同学的交往,进而影响了她的学习成绩。在谈成长、谈发展之前我们首先要认识自己,客观地评价并接纳自己、肯定自己,然后才能寻求自我完善,而不是一味地自我否定。对自己的肯定和接纳是自我实现的基石。①

古希腊德尔菲神庙箴言"认识你自己",尼采说过"成为你自己",人首先要认识自己,悦纳自己,才能成为自己。那么如何正确认识自己是我们一生中最重要的问题。美国心理学家乔瑟夫·勒夫(Joseph Luft)和哈里·英格拉姆(Harry Ingram)提出关于人自我认识的窗口理论,也就是"乔韩窗口理论"。该理论提出人认识自我的过程是一个不断探索的过程。每个人都有四个部分的自我:公开的自我(也就是透明真实的自我,这部分自己很了解,别人也很了解)、盲目的自我(别人看得很清楚,自己却不了解的部分)、秘密的自我(是自己了解但别人不了解的部分)和未知的自我(是别人和自己都不了解的潜在部分,通过一些契机可以激发出来)。人在与他人交往过程中,通过向他人展现秘密的自我,接受他人的反馈而了解盲目的自我,就会对自我产生更加客观的认识。

作为大学生,认识自我的过程可以通过三种方式:首先,通过反省自我的发展来了解现在的自我。曾子曰:"吾日三省吾身",即我每天多次反省自己。在认识自我的过程中,首先是要内观自我,对过去的自己、现在的自己和将来的自己有充分的了解。个体对过去自我的接纳,会使其对现在的自我感到满意,并有自信去追求将来的自我。如果这三者不能形成统一,个体就会动摇自己对目前自我的信心,并影响其规划与追求将来的自我。其次,通过自己与他人的评价来认识自我。唐太宗李世民说过:"夫以铜为镜,可以正衣冠;以古为镜,可以知兴替;以人为镜,可以知得失。"我们发现,仅依靠自我内省无法完全认识自己。如韩乔窗口理论所述,我们对盲目的自我并不了解,通过与他人的分享交流,我们可以从别人那里了解他们所认识的我们。苏轼诗曰:"不识庐山真面目,只缘身在此山中。"正是通过别人的评价了解自己,从不同的角度看待自己,认识自己。但是,由于他人对我们的了解并不全面深入,其对我们的评价可能是片面的,因此,对待他人的评价我们要学会理性地判断,批判性地接受他人的评价。再次,通过实践了解自己。在认识自我的过程中,生活实践得出的结果——经验会帮助我们认识自我。所谓"吃一堑,长一智",而且无论实践给我们带来的结果是成功的还是失败的,都可以让我们对自己的能力、潜能、和天赋有进一步的了解,对于我们发掘自己的潜能,探索未知的自我,寻求自我实现都非常有意义。在我们学习实践和生活实践的过程中,悉心留意,仔细观察,会慢慢发掘自己的潜能,为

---

① 来源于真实生活记录。

人生的自我实现找到前进的方向与动力。

在认识自我之后,大学生要学会悦纳自己、认可自己、关爱自己。常言道:"金无足赤,人无完人。"对自身的缺点不能接纳的人,把注意力都放在对自身的否定和批判上,反而不能够很好地学习和成长。我们要学会接受不完美的自己,放下自卑的心理包袱,接受自己不够好的地方。压抑自己、否定自己或者是逃避真实的自己,无论哪种方式都不能帮助我们认识自己,不能帮助我们成长。学会接纳自己,倾听自己内心的声音,关注自己的内心世界,学会关爱自己,成为你本来的自己。

二、自爱是生命的需要

【生命叙事】

杨绛和她的生命自爱①

提到杨绛,人们很难不提起她钱钟书妻子这个身份,然而她的一生,并不仅是这样的身份就能概括的。她是中国女作家、文学翻译家和外国文学研究家。她一生所获的赞誉和光环,也绝不是靠才华横溢的丈夫得来的。尊称一声"先生",她当得起。

杨绛出生于江南书香世家,父亲给她起名季康,后来写的话剧公演时,她把"杨绛"取为自己的笔名。读清华的时候,朱自清是她的老师,把她的作品推荐到《大公报》上发表。与钱钟书结婚后,杨绛中断了清华学业,陪丈夫出国留学。杨绛在出嫁之前,也是个十指不沾阳春水的名门小姐。嫁给钱钟书后,开始学着洗手做汤羹,在家什么粗活都干。而钱钟书不善于料理生活,时而闯"祸",对此杨绛都是一句"不要紧",托庇于她的处处不要紧,钱钟书才得以安心做学问。

风雨飘摇的年代,很多人劝他们夫妇离开中国,他们一口拒绝了,我们从来不唱爱国调……我们是文化人,爱祖国的文化,爱祖国的文学,爱祖国的语言。一句话,我们是倔强的中国老百姓,不愿做外国人。正是在那样艰难的处境下,杨绛辅助钱钟书出了宏大精深的传世之作《管锥编》。她精通英语、法语,还自学西班牙语,由她翻译的《堂吉诃德》,后来被称为最好的译本。杨绛的才气并不逊于钱钟书,她的小说《洗澡》刻画世态入骨,婉而多讽,笔力不在《围城》之下。

在经历了风风雨雨之后,他们好不容易可以安静相守了,可惜病魔却在这个时候来袭。钱钟书和女儿阿瑗相继病倒,杨绛两头奔波,心力交瘁。是什么支撑她走过来的?后来她自述:"钟书病中,我只求比他多活一年。照顾人,男不如

---

① 改编自 https://baijiahao. baidu. com/s? id＝16818502136720529973＆wfr＝spider&for＝pc,2020－10－29.

女,我尽力保养自己,争求'夫在先,妻在后',错了次序就糟糕了。"她是他的守护神,守护了他一辈子,钱钟书去世前一眼未合,她附在他耳边说:"放心吧,有我哪。"他安然而逝,留下她在世间打扫现场。

丈夫、女儿相继去世后,她的第一件事情就是将钱钟书的作品整理出来,还将他密密麻麻的读书笔记发表,之后又将他们二人全部稿费和版税捐赠母校清华大学设立"好读书"奖学金,奖励好学上进、成绩优秀、家庭经济困难的学生,使学生能无后顾之忧地完成学业。钱、杨二位先生对受奖的学生没有别的要求,只希望他们学成以后,有朝一日能以各种形式报效祖国、回报社会。

晚年,杨绛几乎不出现在公众场合,每天读书写作,她早年创作的剧本《称心如意》,被搬上舞台长达六十多年。93 岁出版散文随笔《我们仨》,风靡海内外,再版达一百多万册,96 岁出版哲理散文集《走到人生边上》,102 岁出版 250 万字的《杨绛文集》八卷。

杨绛一百多年的漫长岁月,在她荣辱悲欢的绝代风华里锻造出柔韧、淡泊、独立的人格魅力。她用自己的生命之火烤暖了人世间。

(一) 自爱的含义

1. 何谓自爱

很多人认为,爱自己就是满足自己各种物质方面的需求,或者充分满足自己的口腹之欲,还有人认为爱自己就是只顾自己的利益,只对自己好。这样的行为是爱自己的表现吗? 究竟什么是自爱?

"自爱"一词在我国出现得很早。老子曰:"是以圣人自知不自见,自爱不自贵。故去彼取此。"老子认为,有自知之明的人不会到处去炫耀自己,显示自己高人一等;能够怀有自爱之心的人,不会觉得自己比别人高贵。所以,要舍弃自现、自贵,而保留自知与自爱。"自爱"在这里指的是珍惜自己的名誉,是自重的一种方式。老子的观点得到孔子的赞同。《荀子》记载:"子路入,子曰:由,知者若何? 仁者若何? 子路对曰:知者使人知己,仁者使人爱己。子曰:可谓士矣。子贡入。子曰:赐,知者若何? 仁者若何? 子贡对曰:知者知人,仁者爱人。子曰:可谓士君子矣。颜渊入。子曰:回,知者若何? 仁者若何? 颜渊对曰:知者自知,仁者自爱。子曰:可以明君子矣!"由此可以看出,孔子对智者和仁者的观点,智者应该有自知之明,而仁者要能够自尊自爱。自爱体现在能够了解自己,注重自我的修养,这样才能成为贤明的人。明朝著名学者吕坤在《呻吟语选·补遗》中道:"人不自爱,则无所不为;过于自爱,则一无所为。"意为人如果不自爱,那么他行事无度,无论好事还是坏事都能做得出;而人如果过于自爱,那么他行事就过于拘束,瞻前顾后,一无所成。在现代汉语中,自爱除了表示珍惜自己的名誉外,还表示爱惜自己的身体。

在古希腊,亚里士多德是较早对自爱有研究的思想家,他认为"人人皆爱自己,自爱来源于天赋"。自爱是人的天性,不应该受到指责,自爱与道德是一体的,"好人必定是自爱之人"。卢梭认为自爱是人类与生俱来的一种情感,体现为人具有保存自我、完善自我、追求幸福的天性。但是,另一方面,自爱等同于自私的观点在西方思想中也是源远流长的。西方神学家约翰·加尔文把自爱当作一种瘟疫。而与其有着同样观点的是弗洛伊德,弗洛伊德认为自恋是自爱发展的最初阶段,自爱或者指向他人或者指向自己,而指向他人的越多,指向自己的(自爱)就越少。到20世纪,著名的哲学家、心理学家埃里希·弗洛姆在批判地继承前人研究的基础上,对爱与自爱进行了深刻的研究,在其爱的理论中,他认为自爱源自人爱的能力,能够自爱的人才具有爱他人的能力。爱他人与爱自己并不矛盾,一个人如果爱他人而不爱自己,那么这个人缺乏爱的能力,简而言之,自爱体现个人爱的能力。"自爱是一种美德,爱别人是建立在爱自己的基础之上。"①

综合上述观点,自爱是保护和关爱自身生命,能够了解自我、关心自我、对自己负责、尊重自我,对自己的潜能予以肯定,其目的是为了个人的成长,满足个体自我实现的需求。

2. 爱自己与爱他人

那么自爱是不是表示人只关心自我的生命、自我的成长、自身的利益,疏离与他人的关系,孤立地自我发展,漠视他人的生命和成长呢? 显然这样的理解并不是自爱。自爱并不意味着自私,相反,自爱和自私是对立的。自爱的人是爱人如己,而自私的人是只爱自己。弗洛姆将自私归于是自恋的一种表现。自私的人心中只有自己的利益,漠视别人的生命和生存需要,他只是为了满足自己的需要而活着。这样的行为恰恰是其缺乏爱的能力的表现。爱是丰富的、具有创造性的能力,富有爱的能力的人既能够给予爱也能够接受爱,同样拥有自爱能力的人既能够爱别人也能够爱自己。

爱人与爱己不是对立的,实际上爱人与爱己是相同的。我们现在提倡爱人是美德,那么爱自己必然也是美德。因为,我也是"人"的一部分,爱人必然包含爱己。不谈爱己只谈爱人的人,其实是缺乏爱的能力,缺乏对自我的肯定。正因为缺乏爱的能力,所以他用爱人来获得别人的认同,获得别人的称赞与肯定,而这样的行为即使能使他暂时获得心理上的满足,却并不能丰富他的内心,其内心依旧是孤独的、疏离的,甚至会使其心中产生挫败感,进而对生活和他人失去信心。爱己不意味着只爱自己,而爱己者关注自身的利益更是把自身的利益与他人的利益、社会的利益结合在一起。因此,人们需要适时地把目光与焦点转移到自身上来,关注自我的生命与精神世界,关注个人生理的、心理的、精神的需要,爱己不优于爱人,爱

---

① [美]埃里希·弗洛姆. 爱的艺术[M]. 刘福堂,译. 北京:人民文学出版社,2018:60-66.

人不忘爱己。

（二）自爱满足生命需要

生命现象扫描

作为大一学生的张某，在入学前就对自己所选的专业及专业课程做了深入了解，为自己的大学四年学习做了规划。在大一学期除了按时积极上课，主动与老师探讨学习问题，根据个人兴趣和发展要求参与学校社团活动，利用业余时间进行大量阅读和学习，为自己进一步深造奠定基础。有清晰目标而朝着目标迈进的人必定会比对未来毫无方向的人收获更多。[①]

张某对个人的专业选择和大学生活进行积极的规划，这是其自爱的体现，因为关注自身，他合理规划自己的学习和生活，为自己的人生积极思考和规划，这是其责任生命的体现。自爱才能满足个体生命的多重需要。

首先，自爱能满足我们对安全的需求。根据马斯洛的需要层次理论，人除了基本的生理需要之外，还有其他多层次需要。安全的需要是其中之一。马斯洛认为，人的整个有机体是追求安全的机制，人的感受器官、效能器官、智能等都是人追求安全的工具。自爱有助于人们获得安全感。自爱的人会关注自身的人身安全和身体健康，对个人的财产有合理的投资和使用，对个人的职业发展能有合理的规划。这些都能满足人们对安全感的需要。

其次，自爱能满足我们对爱和归属感的需要。根据爱的对象不同，弗洛姆把爱分为博爱、母爱、性爱、自爱和神爱五种。人类是大自然的一部分，但是，人具有的特性将人类同自然分开。这种分离使人产生了孤独感。因此，人一直在寻求爱和归属。而自爱把自我作为爱的对象，对自身真诚以待，了解自身，关心呵护自身，对自我负责，尊重自我，找到归属感，谋求自我的成长，满足人们内心对于爱与归属的需要。

再次，自爱满足我们对尊重的需要。正如上述提及的，自爱的人必定是尊重自己的人。因此，自爱满足了对自我尊重的心理需要。自爱的人具备爱人的能力，他会在与人交往中尊重他人的需要，而能够自尊、自爱的人也必会得到他人的尊重。在人与自己和周围的人互动中，我们能发现自身的价值和意义，具备积极的情感。这些积极的情感会给人带来信心，积极的心态更有助于我们获得成就。

最后，自爱满足我们自我实现的需求。自我实现是个体充分利用自身潜能、才能、品质实现自我价值的过程。马斯洛认为自我实现需要是人类需要层级中最高层次的需要，也是人的终极目标。自我实现是以其他需要满足为前提的。因此，自爱在自我实现的过程中尤为重要。自爱的人才能对自己有清楚的认知，并在"成己"的过

---

① 来源于真实生活记录。

程中不断关注自身,肯定自身的价值与意义,鼓励自我成为"优质自己"。"所谓优质自己是指个体生命之道及所处环境所允许的最佳自己。"①

(三) 大学生的自爱需要与满足

弗洛姆认为爱不仅仅存在于理论层面,爱如同绘画、医学一样是一门艺术,需要我们付出努力,加以学习和实践才能掌握这门艺术。自爱的能力也不是一次实践就能获得的,需要在长期的反复实践中才能学会如何爱自己,如何关心呵护自己。

对自爱的实践需要我们持之以恒地加以学习和练习,付诸专心和耐心,对自爱的实践投入极大的关注,全身心地投入当下的事情中。保持谦虚的态度,摆脱自恋,做到客观理性地评价自己。更重要的是,要学会独处。有学者感叹,现在的人逐渐失去了独处的能力,头脑里总是被五花八门的信息所充斥,而没有时间静下来仔细倾听自己内心的声音。拒绝倾听内心的声音,一味追逐外在事物的满足,久而久之就会导致精神的孤独空虚,以至于出现心理失衡。

1. 了解个体需要

进入大学是人生的重要转折点。经过了高考的重重压力,有些同学认为在大学没有家长的监督,没有繁重的功课,没有了高考这个目标,这是一个相对轻松肆意的环境。其实不然,大学更是一个人步入社会的起点。步入大学前,人们还处于繁重的学习压力下,如何获得更好的成绩,考入自己理想的大学是当时的主要目标。大多数人对未来的职业、未来的设想还处于萌芽的状态。真正步入大学学习生活后,才着手细致地思考、斟酌、规划自己的未来。

自爱体现了人与自我的关系,是人对自身的关心与照顾,是对人自身价值和生命的肯定。对自己的各种需要的真正了解与满足是个人爱己的实践过程。这个过程不是一蹴而就的,而是一个长期的过程。同时,在实践自爱的过程中,要学习如何客观地认识评价自我,如何对自己的能力、潜能、个人品质逐渐有清楚的认知判断,如何倾听自己内心的声音,发现自己真正的需要。弗洛姆认为:"现代人在幻觉下生活,他自以为他了解他所想要的东西,而实际上想要的是他人希望他要的东西。"所以,留给自己多一点时间,多一些关注,倾听自己内心的需要,培养自己独立思考的能力。在客观地了解认知自己的基础上,大学生可以利用大学这段时间对自己的未来生活进行具体的考量,着眼当下,放眼未来。依据自身的规划设想,有目的、有计划地挖掘自身的潜能,培养自身的能力,提高个人的品质。

---

① 刘慧. 生命教育导论[M]. 北京:人民教育出版社,2015:132.

2. 追求个体成长

大学生孙某，刚刚毕业。毕业前面对班级同学积极实习、投简历、找工作，孙某不以为然。大学毕业后孙某就回到老家和父母一起生活，他每天除了吃饭睡觉，就是打游戏、刷手机，父母多次劝说他出去找份工作，他总是有诸多借口推脱或者找到工作做了几天后就以各种理由辞职。为此，父母大伤脑筋。[①]

马斯洛认为，成长并不是一帆风顺的，所以，有人会逃避成长。成长是人类的必经途径，有的人选择积极地面对，而有的人选择消极地逃避。

爱是积极的人类情感，是人的精神投射的正能量。它体现了爱的给予者对所爱对象发自内心的积极关注，关心对方的生命和成长。自爱的人必定会积极关注个人的成长，寻找其生命的意义，关注其自我价值的实现。这种正向能量使人们追求个人需要的满足与人生价值的实现。

如前所述，爱是一门艺术，如何掌握这门艺术需要不断的学习和反复的实践。在个体面对自身需要未能满足的情况，或者在面对生活、工作、学业的挫折等不甚如意的情况时，不要失去对自身的关爱，它有助于人们走出当下的困境，勇敢地面对成长中带来的烦恼与挫败。人们在自爱的实践中进行反思、探索与磨炼，这个过程本身就是个体自我成长的过程。"人惟患无志，有志无有不成者。"有了明确的志向，坚持下去，追求个人的成长，才能找到生命的意义。

三、审美式生存

以什么样的方式生存是生命探索活动中必然会提及的一个话题，而我们的生命需要影响着我们的生存方式。经过不断研究，马斯洛在最初的五层需要层次理论基础上加入了认知和理解的需要以及审美需要。并且，他强调审美需要不属于人的基本需要，而是贯穿于人的全部需要中。审美需要是指个体对美的生理、心理、精神的需要，是希望周围事物满足一定的规划性和结构的需要，这些都是美的表现形式。审美需要的满足会让人感到幸福快乐。审美式的生存是以美为准则的生存方式，它意味着对有限生命的超越，达到美化人生的目的。

（一）生命中的审美式生存

1. "审美式生存"的来源及内涵

我国许多古代哲学家提到过审美式生存。在"仁"贯穿其中的儒家哲学中，《礼

---

① 来源于真实生活记录。

记·大学》中的"修身、齐家、治国、平天下",曾子的"吾日三省吾身",孟子强调养心寡欲,这些都是儒家注重的"修身",是其审美式的生存体现。它提倡人们修养自己的内心,经常反思,审视自我,完善自我,消解与世界的对立,实现与自我及周围世界的和谐,这是古人倡导的对自身的要求。只有在修身的基础上,才能于家庭、国家、社会的发展有益。庄子也提及"先存诸己,而后存诸人"的思想,认为品格高尚的人都是自己先成为有修养有道德的人,然后才能去德化别人。他还肯定了人应该减少不必要的欲望,保持天性,追求自由,不为外物所累,与自然相融合。

古希腊哲学家认为审美式的生存是追求自身幸福的生活方式的探索。古希腊、罗马时期尽管人们对美的内涵没有定论,但是人们崇尚美的实践,采取各种关怀自身的技巧,美是他们的追求与信仰。古希腊时期经济繁荣,政治开明,文化成就辉煌,因此,上层社会的贵族在满足个人生存需要的基础上转向关心自身。苏格拉底和柏拉图就把"关怀自身"作为其人生的基础原则。以"关怀自身"为核心的生存美学既是一个概念,也是一系列非常实际和具体的生活实践,"更重要的是指一种生活方式,一种严谨、持续、有规则的实践方式,一种实行自我塑造的生存技术和生活艺术"[①]。人们据此规范自身的行为,塑造自身的生存方式,使自身的生活既具有美学价值,又成为艺术品。随着这种处世哲学的推广,关怀自身已不再是贵族的专利,它成为普遍的、无条件的融入普通人生活的原则。

在现代社会,理性与科技至上,人的主体地位消解,人的面孔如同海滩上的沙子一样被轻易地抹去。人以物欲为导向,成为物质的奴隶,同时受到经济社会传播媒介的影响,人渐渐地失去了自由意志、审美,价值观趋同,缺乏多元化。面对现代性危机,法国哲学家福柯从古希腊罗马时期人们的生活哲学中获得灵感,结合了海德格尔、尼采等哲学家对审美式生存的探索而形成了生存美学。首先,福柯的生存美学不同于以往哲学家对日常生活的忽略,他提倡将生活作为艺术品来创造。福柯曾在一次访谈中感慨道:"让我吃惊的是这样的事实,在我们的社会里,艺术已变成只与客体、不与个人或生活有关联的东西。艺术被专业化,只由搞艺术的专家来做。为什么每个人的生活不能成为艺术品呢?为什么灯或房子能成为艺术品,而我们的生活不能呢?"福柯强调生活应该追求艺术化,按照自己的想法去创造自己的人生,把生活当作艺术品来创造,实现审美式的生存实践。在福柯这里,审美是人们实践的准则,他鼓励人们以积极的态度面对生活,创造属于个人的艺术化、个性化的生活。其次,福柯的生存美学围绕着"关怀自身"这一核心概念展开。强调人类对自身的关注,关注每个生命、每个个体的生存,肯定生命的具体性与差异性。鼓励人们转向自身实践,自我塑造,自我控制,自我协调,探索个体的生命。再次,关怀自身并不意味着只关心自己,而忽略他人。关怀自身代表着处世的态度,在关心自身的同时也关注他人,关注社会。而这种关心不是被动的、强制的,是出于自身的需要和生活审美性的需要,

---

① 高宣扬.福柯的生存美学[M].北京:中国人民大学出版社,2015:352-357.

主动关心周围的人，关心社会。

另一位哲学家弗洛姆同样认为面对现代性危机，仅仅物质的满足并不能带给人们真正的幸福和宁静。他提出要解决现代的社会矛盾和问题，必须重塑健全的人。健全的人必须是具有生产性人格的人，也就是创造型的人。具有生产性人格的人能利用现有的事物和自己的潜能创造新的事物，积极地改造自我与周围的环境，在创造出物质财富和精神财富的同时，用爱和理性去理解这个世界，关心、尊重、理解自己和他人，积极满足个体需求，完成自我实现。在弗洛姆看来，审美式的生存是重生存的生存模式。在这种生存模式中，人的安全感不依赖于外在的物质，爱是主动地给予和呵护尊重他人，丰富他人的生命。"如果说我存在，那我就是我，而不是我所占有的东西。任何人都不能盗取我什么，也不会威胁到我的安全感和个性。我的中心就在我自身，即生存和表达我自己力量的能力，这种能力是我性格结构的一部分，取决于我。"①

2. 审美式生存的意义

审美式的生存是人类特有的生存方式，只要我们生活中存在美的事物，就有审美活动的存在。面对社会问题和人的生存危机，许多哲学家对审美式的生存提出见解。生存有不同的生存方式，弗洛姆在对人性分析的基础上提出生存有两种方式：一种是重占有的生存方式，另一种是重生存的生存方式。重占有的生存方式中"占有"一方面指为了维持自身的生存，而拥有的生活必需品，包括食物、衣服、房子等。这种占有式生存是以维持人类生存为目的的占有，是合理的占有。另一种占有指的是在获得物品后无限期的保有，并排斥其他人。生存的目的就是占有物品，其虚荣心和价值感因物品的拥有而获得满足。这种生存方式导致现代的享乐主义和消费主义盛行。注重物质欲望的满足，以外物为生活重心的情况导致庄子所提到的"为外物所累"的状态。在这种情况下，我们忽略了倾听自己内心的和向自身的审视，追逐外在物质来获得满足，这种做法并不能使我们感受到快乐，反而会因过于注重外在事物的得失而失去安全感。这必然会导致人对自我的忽略，失去人性的自由和追求。

重生存的生存方式是审美式的生存方式，它与重占有的生存方式截然相反。人们在这种生存方式中，不会通过物质欲的满足获得安全感。我们的生活重心不是外在的物质和利益的获得，因此，我们的安全感和满足感不会因为外在物质和利益的得失而消失。作为大学生，我们应该更注重与自身的关系、与周围世界的关系，关心自我和他人的生命，积极地发现自我的潜能，增强自我的创造力，实现自身存在的意义。当时间流逝，生命力衰退，我们能坦然接受改变。其实，我们的存在感来自人内在的自我力量。"不管什么形式的财产，如果我们都能摆脱占有财产的需求，特别是摆脱

---

① ［美］埃里希·弗洛姆. 占有还是存在［M］. 李穆，等译. 北京：世界图书出版公司，2015.

我们的自我束缚,那么我们对死亡的恐惧也就越少,因为我们没什么可以失去的东西。"①弗洛姆认为重生存的生存方式是我们解决社会问题和人的生存危机的关键,也是建立健全社会的基础。

审美式的生存满足个体对美的追求的生命需要,对于个体而言是使个体以自己的方式,或者在他人的帮助下,对自己的身体、心理、精神、行为、生存方式予以改变,使自己达到某种快乐、智慧、美好的状态,使生活成为艺术品。审美式的生存对于社会也有着重要的意义。审美式生存使我们转向自身,注重规范个人的行为,满足合理的欲望,理性消费,它肯定了人的主动性和创造性,鼓励个体发掘自我潜能,追求个人价值和生存意义的实现。这有助于构建和谐社会和建设精神文明社会,也有助于建设创造型的社会。

(二) 大学生的审美式生活实践

1. 培养独立的思考能力

苏格拉底说未经思考的人生不值得过,这里肯定了思考在人生中的重要性。为什么审美式的生活需要大学生培养独立思考的能力?现在是信息快速传播、网络文化泛滥、消费主义盛行、标榜个人特色的社会。面对众多繁杂的信息和各种思想、文化的碰撞,如果没有独立思考的能力,很容易人云亦云,盲目从众,迷失自我。独立思考的能力能够使人们不会轻易受到负面信息的误导,做出错误的判断;在与自我的关系上,独立思考使人们能够正确认识和评价自我,客观地了解个人的需要,悦纳自我,保持自我,确立正确的价值观;在心理上,独立思考有助于提高个人的心理素质和个人的自我调节能力;在工作上,独立思考能够提升你的职业能力,有助于你的职业发展。大学阶段是从学习生活到社会工作的过渡阶段,而在中学阶段,很多青少年很容易受到他人思想的左右,缺乏自身独立思考的能力。因此,在大学阶段,培养自己独立思考的能力对个人今后的审美式的生活非常重要。

那么大学生如何培养独立思考的能力呢?能力的获得并不是能够即时取得的,需要逐步的学习和练习。首先,拥有丰富的知识是独立思考的基础和起点。大学阶段是储备自己知识的最佳时期,现代化的大学为学生们提供了线上线下多种获取知识的途径,阅读是提高个人知识量的最好方法。丰富的知识能够开阔心胸、拓宽视野,更能够审视自己,倾听自我需要,了解自我,认识自我。譬如,在生活中我们可能会遭遇欺诈行为,如电信诈骗、校园贷诈骗等,如果在做决定前,对这件事情的相关信息有充分的了解,做出理智的判断,那就不会轻易相信这些欺诈行为。其次,勤于思考。生活中、学习中遇到事情多思考,培养自己勤动手、多动脑的习惯,无论是个人的问题、他人的问题,还是社会的问题,都要学会多搜集信息,做出独立的判断,而不是

---

① [美]埃里希·弗洛姆. 占有还是存在[M]. 李穆,等译. 北京:世界图书出版公司,2015.

放弃思考,盲目跟风。再次,要注重观察和实践。我们的知识除了书本知识之外还有丰富的实践知识。这些实践知识需要人们在日常生活、学习、工作中发现和积累。善于观察周围人和事物有助于人的推理和判断能力的提升。而知识的实践也有助于提高独立思考能力。有了独立思考的能力,我们才能逐步培养自身的审美能力,活得具有审美性。

2. 坚持爱的实践,培养审美能力

常言道:"生活中不缺乏美,但是缺乏发现美的眼睛。"如何让自己生活得具有审美性? 审美不是天生的,需要个体积极地学习和实践。大学生在进入大学摆脱了家长的监督和高考的重负后,将面对学业、个人生活管理、职业选择以及人际交往等一系列问题,大学生首要应该学会如何爱,包括爱自己和爱他人。在现代社会中,爱慢慢演变成占有或控制,然而,这种爱是被动的、狭隘的,这种爱使人们之间无法融合,造成关系的对立。这种爱在弗洛姆看来是非生产性的爱。而我们需要的是生产性的爱。生产性的爱的本质是给予,在我们给予爱的过程中充满了幸福和欢乐,正如"赠人玫瑰,手有余香"。爱是给予也是收获的过程,它双向影响着爱的双方,彼此分享着幸福和快乐。没有爱的能力的人,必定会缺乏感受爱的能力,缺乏发现美的能力,无法追求审美性的生活。

如何培养生产性的爱? 首先,学会积极地关心别人。爱代表自愿地积极地关注所爱对象,关心他/她的成长,如果你说你爱一个人,那么,你必定是积极地关注对方,否则那不是爱。其次,学会承担责任。爱是对所爱对象的生命负担责任,拥有责任感。再次,学会尊重。尊重表示尊重所爱对象的选择,而不是以自己的想法去控制、强迫对方。最后,学会了解对方。了解是爱一个人的基础,如果没有对所爱对象的真正的了解,如何能够说你是爱对方的呢? 拥有生产性的爱的人,无论在爱己还是在爱他人方面都有很强的能动性。最近有静下心来好好进行关于自身的思考吗? 关于自己的学习、生活、职业规划等有没有倾听自己内心的需要? 有多一些认识了解自己了吗? 慢慢在生活中学会生产性的爱,进行爱的实践,以不同的视角看待生活,会有不同的体悟。希望你坚持对自身的关爱,努力完善个人各方面的发展,不断超越当下的自己,在生活中发现美、践行美、提升个人的审美能力,追求个人生活中的审美性。

【生命活动】

主题:爱自己先学会接纳自己

步骤:

1. 拿出三张纸分别写上三个角色:批评者、被批评者和关爱者。
2. 回想最近你常常责备、批评自己的问题。

3. 首先,拿出批评者角色的纸。假设你现在是对自身某个问题进行批评的人,你可以说出自己的语气、态度、想法、情感。在这个过程中,你要注意自己的用词、态度、身体姿势(可以借助镜子观察自己)。

4. 随后,拿出被批评者角色那张纸。尽可能说出此刻出现在你头脑中的话,表达自己受到批评者批评时个人内心的感受,并且对批评者的话语表达个人的情感。同时也需要注意你的用词、态度、身体姿势。

5. 然后,拿出关爱者的那张纸。用关心、爱护的态度调节批评者和被批评者之间的冲突。想想你会对批评者说什么? 会对被批评者说什么? 调动你自身的爱和智慧缓和两者之间的矛盾。用你充满爱的话语让两者的情绪都得到缓解。

6. 在你觉得适当的时候停下来,回想这个过程。你是否在这样的处理过程中有了新的发现? 未来是否能够接纳自身、以积极的方式思考问题?

7. 爱自己要先学会接纳自己。也许一次的尝试并不能使你马上改变自我批评的习惯,但可以逐渐停止自我批评的习惯,学会接纳自己。

【推荐书目】

1. [美]亚伯拉罕·马斯洛. 成长与需要:存在心理学探索[M]. 3 版. 张晓玲,刘勇军,译. 重庆:重庆出版社,2018.

2. [美]埃里希·弗洛姆. 占有还是存在[M]. 李穆,等译. 北京:世界图书出版公司,2015.

第二章　生命情感：生命的"晴雨表"

【生命格言】

　　只有情感才是真正属于个体的，它是内在的，独特的，是人类真实意向的表达。

——朱小蔓

　　只有情感，而且只有更大的情感，才能使灵魂达到伟大的成就。

——狄德罗

【知识导图】

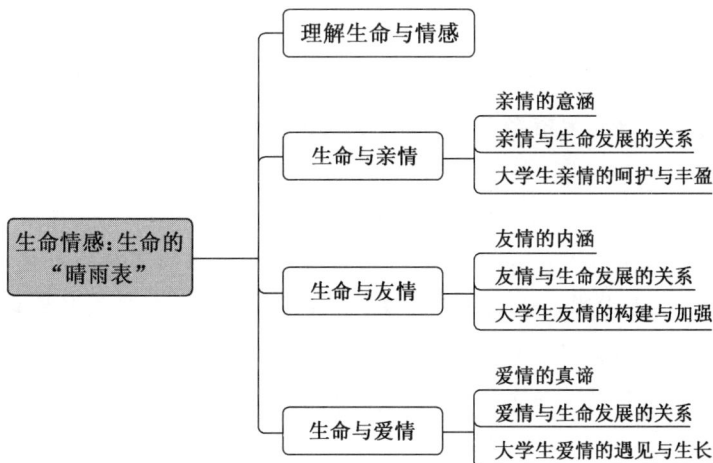

【生命叙事】

朱小蔓与情感教育①

　　朱小蔓先生情感教育的提出并非偶然，这与她的生活和工作经历是密切相

---

　　① 刘慧.关注人的心灵成长——我的导师朱小蔓先生的情感教育思想及其毕生追求[J].中国德育,2018(11).(节选)

关的。

对现实问题的生命观照，成为先生一生为之奋斗的志业。她在《情感教育论纲》自序中写道：从 20 世纪 70 年代开始，我就一直在思考一个问题，即个体品德形成虽然需要社会环境、舆论、规则、法律等外部力量的支持，但究竟是什么东西在人的内心持续、内发、内控地生长、壮大着品性，从而使一个人成为善人、好人、有德之人呢？到现在我对这个问题已经想了三十多年，我想，这是我一辈子要想的东西。

从 1989 年起，先生把对道德情感的关注扩展到了教育的全领域。1989—1992 年，先生完成了《情感教育论纲》，里面系统论述了情感教育，它以感受体验为基础，以情感态度的养成为表征，以情感性道德人格为目标。她认为，不触及和开发人的情感资源很难有真正的德育、真正的素质教育。情感是人生命态度的重要表征，情感的存在、表达方式及其质量反映着人的精神面貌，情感教育关乎人的生命质量和生活质量，所以教育的全程都应当关注人的情感。

先生从教育的现实问题出发，认为教育活动要遵循生命时序及生命个体的差异，建立积极的情感应答，使人正面、积极的情感经验得以积累，形成对真善美的认同。她认为，情感是人类精神生命的主体力量，只有情感才是真正属于个体的，它是内在的、独特的，是人类真实意向的表达。从这一意义上讲，情感既是生命内在的重要活动机制、人之生命最具基础性的"内质性存在"，也是生命现象具有某些身体表征、最有意义线索的可能"外显性存在"，情感与生命现象相互缠绕、互为表里。情感既是一个人发生并支持其道德性的内部动机系统，又是整体性地表达人的精神发育的外部表征，从人的情绪、情感可以触摸到一个人的整体精神面貌。

对情感的探索，实乃对生命的研究。情感与生命一体，唯有生命才有情感，对情感的关注就是对生命的关注，对生命的关注就是对人的感受的关注，感受是基于情感的，唯有情感才能生发感受，生命教育一定是关注人的情感的。先生对情感的本体性与应用性研究，实乃生命教育研究，用她自己的话说：我从事的是情感教育视域下的生命教育研究，或曰指向生命完整发展的情感教育研究。

一、理解生命与情感

情感是人类重要的存在特征和发展动力，在漫长的人化（humanization）过程中，情感的产生、发展、丰富使得人走向了更加文明、善良与高贵，使得人与人之间的关系得以联结和协调，使得群体得以构建和壮大。人的情感丰富多样，喜怒哀乐表达了人的内心感受，也伴随着人的生老病死、日常生活、人际交往。情感是生命发生、成长与实现的重要组成，情感是学生生命素养的核心所在，对不同学段的学生进行情感教育是促进学生生命健康发展的重要内容。在大学阶段悉心关注学生情感发展有助于年轻人的志向坚定向未来，快乐充实在当下。赤诚博大的爱国情感让莘莘学子有方向有力量，质朴纯真的亲情可以时刻温暖人的内心，真诚坦荡的朋友情感可以形成友善信达的人际，真挚美好的爱情可以点燃年轻人奔放的奋斗激情，对生活的珍惜与挚爱可以激扬我们对未来的向往与人生的求追。

情感是个体内在的、独特的、丰富的意向表达，是个体意念形成、价值树立的基础和促进。情感的内涵如何理解，情感的发生发展有没有一定的规律，各个阶段情感生成是否需要教育养成，大学生的情感又有怎样的教育诉求，值得我们深入思考与探讨。

（一）情感的存在

1. 何谓情感

情感是人们内心感受和精神生活的重要组成和特殊体验，但要对情感给出一个确切的定义或者本质内涵，还是十分困难的。1995 年出版的《心理学百科全书》共收录心理学方面词条约 2800 条，但这数千条词条中却没有"情感"一词，只是在普通心理学大类中，提出"动机、情感、意志、个性"专栏，对于"情感"却没有单独的词条阐述。《辞海》中对"情感"做了简要描述："与人的社会性需要相关，是人类特有的高级而且复杂的体验，具有较大的稳定性和深刻性，如道德感、美感、荣誉感等。"[1]在英语中，与感情、情绪、情感有关的词语，主要有 feeling, affection, emotion，其中表示情感的词语为 emotion，在《剑桥英语词典》中解释为："a strong feeling such as love or anger, or strong feelings in general"，译为："一种强烈的感觉，例如爱、愤怒，或者其他的强烈感觉"。

在教育学中，情感往往被用来表示各种各样的动机结构，包括自我概念、信仰、情绪等，"情感"这一术语通常表示各种积极与消极的情绪和心情的综合，积极的情感由各种正面状态组成，例如喜悦、自豪、满意；负面的情感则是由各种负面状态组成，例如愤怒、焦虑、失败等。[2]

心理学对情感的研究是最为丰富、最为系统的，在 20 世纪有不少突破性成果。弗洛伊德经过 20 多年的思考和临床经验，提出了较为系统的精神分析理论，他对情绪、情感等心理现象做出了独具特色的理论分析。弗洛伊德强调情绪与情感是一种体验，在情绪状态中，无意识参与的因素更多；在情感状态中，有意识的体验成分更多。弗洛伊德的继承者弗洛姆分析了人类特有的心理需要与情感的关系。他认为人有归属的需要，有受爱和创爱的需要。"人与人之间融为一体的渴求，是人类最强有力的奋斗和动力。它是最基本的激情，它是一种保存人类种族、家庭、社会的力量。"

---

① 辞海编辑委员会. 辞海[M]. 上海：上海辞书出版社，1989：2814.
② ［澳］拉菲尔·A. 卡沃. 情感与学习技术的新视角[M]. 黄都，译. 上海：华东师范大学出版社，2020：27.

由此产生了爱的情感,这种情感表现为"对所爱对象的生命和成长的积极关心",产生强烈的同情感、责任感、自尊感。到了20世纪60年代,由于认知派的发展,情感研究出现了新的理论,阿诺德的评价理论成为第二代情绪说。这一理论不仅把情绪和情感看作有机体生理上的唤醒和个体生理欲望的满足,而且重视客观情境刺激对人类意义和作用的认识评价。20世纪80年代,美国心理学家加德纳《智能的结构》一书把情感作为人的能力,这是很有创造性的论证。他在论述"自我感"时写道:"这里,起作用的主要能力是通向一个人自己感受生活(即一个人情感或情绪范畴)的能力。"他称为一种内省智能。再有一种能力是"人格智能转向了外部,转向其他的个体",这就是人际智能。第三种思潮是人本主义心理学,对情感内涵的研究有特殊的贡献。其中,马斯洛的需要层次论和高峰体验论,对"情感产生于需要"这一科学命题有了更深刻的表述。当需要得到满足时,人会感受到友爱的可贵,渴望在一定的社会集体中建立深厚的同事关系,希望自己能胜任担负的工作,并有所建树,充分发挥自身能力,成为一个富有理想、富有创造力的人,去体验人生的崇高价值,获得一种情感上的高峰体验,获得完美的人生。[①]

2. 情感的分类

情感作为人内心和精神的复杂感受,当人们面对不同的对象和情境,会产生和表达不同的情感,可能因为成功而喜悦自豪,因为失败受到挫折而灰心丧气,因受到威胁而害怕,因遇到可恶的人或事而发怒……那么情感有没有具体的分类呢?据我国《礼记》记载:人有"七情",即"喜怒哀惧爱恶欲"。在《汉语大词典》中,对"情"的解释有近20种,涉及"情"的词汇有近200个。

按照情感的状态,分为正性情感和负性情感;按照情感的品种,分为安全感、依恋感、惬意感、联系感、亲近感、共通感、自我悦纳感、被承认感等;按照情感的品质,分为真诚、热忱、宽容、奉献、责任感等。[②] 按照情感表达的对象,分为对父母的情感,即亲情(中国以"孝"为表现);对朋友的情感,即友情;对恋人的情感,即爱情。本文将主要讨论亲情、友情、爱情这三种情感,当然除了这三种情感,还包括对工作和事业的情感,常常表现为爱岗敬业;对家乡的情感,如爱家乡的乡愁;国家的情感,即爱国情感;对大自然的情感,即热爱自然、热爱生命等。

(二)生命成长与情感发展

情感是人的生命发展的主要组成部分,情感在人自身的成长与发展中体现出一定的阶段性、渐进性、关联性和开放性。情感发展既有自然属性,也受到社会、文化、历史等多方面因素的影响,尤其是教育的影响。每一个生命阶段,情感发展和情感教

---

①　朱小蔓.关注心灵成长的教育[M].北京:北京师范大学出版社,2012:231-241.
②　马多秀.情感教育研究的回顾与展望[J].教育研究,2017,38(1):52-61.

育都呈现不同的样态,大学生正处于情感发展的丰富期,我们更需要关注本阶段青年人的情感状态与教育关护。

1. 生命成长与情感发生①

情感的发展与人的发展呈现出以下几个方面:

(1)作为人类生存的适应机制

"人的发展"(human development)至少可以有两种释义方式。第一种,也是较不常用的一种,是把它与物种发展史联系起来,将它看成是人类在地球上出现的过程,用以与其他生物的产生过程相比较。第二种,即较为常用的一种,这是从个体发生学的视角,把它和个体发展联系起来,从而看成是一个人从胚胎到身体死亡的过程。从人类种系发展与人的个体发展,都可以看出,情感作为适应生存的工具是十分明显的,情感是种系和个体调整生命状态以应对环境和条件的一种有效反应机制。就个体的发展而说,整个人的成长过程都要依靠情绪的适应机制,这包括正确辨认、释读别人的情绪与语言,理解别人的感受和表达,以适应人际交往和社会的需要。不解决情感的辨识与表达问题,个体无法学习、生活和人际沟通,群体也无法构建并和谐发展。

(2)作为认知发展的动力机制

情绪心理学认为,人的认识能力和创造性的发展是先天适应性和后天习得能力交互作用的结果。其中,人的情绪起了根本的或先在的"内在动机"作用。它表现为两点:一是在没有外来影响时,感情性唤醒内在地激起人去活动,二是当原有期待等与当前的输入信息不一致或产生不确定状态时,也引起人的内在需要和活动动机。

当代心理学对人的认知发展提出整合发展的理论,认为认知发展的过程是情绪与逻辑思维相互作用的过程。当个体发展时,这些情绪过程和概念的联系越来越密切,它们之间的相互作用使想象、象征同常规思维产生了联系,从而成为认识创造的源泉。

(3)作为行为选择的评价机制

人的认知不一定导致行为,认知与行为之间还存在着情感、意念等维度和阶段。情感在对人的行为选择和效果评价中占有重要的位置。首先,情感在评价过程中起着内部监控的作用。人的情感体验以满意或不满意的感受状态把人本身的自我感觉、自我评价、自我监督、自尊心、自信心、自制力等构成一个主体对自己活动关系的内部监控系统。其次,内部监控系统作用的客观存在,决定了人不是依据外部世界的客观要求,也不是根据主体自身的原发性需要,而是从内部世界反观自身,理解主体与客体之间各种现实或可能的意义关系,审度其中的利弊,然后把各种心理能量有效地聚合起来、组织起来,在感情的基础上产生意志能力,继而通过神经系统将信息传向感受器,使人的行为得以发生并上升为随意的动作水平。

---

① 参考朱小蔓.情感教育论纲[M].3 版.南京:南京师范大学出版社,2019:4-12.

（4）作为生命的享用机制

情感可以促进生命的实现和享用。这一机制是通过人的情绪色调（即情调）具有的唤醒、调节以及满足人心理享乐和享受需要的功能加以实现的。生存、发展、实现、享用是人类生命活动的完整链条。20世纪70年代以来，情绪心理学的研究开始重视"感觉情调"的研究，从而揭示了生命享用的价值意义。关涉人的生命享用质量的情调有多种，最主要的积极情调是快乐，以及具有快乐情调的自足、自适、兴趣、憧憬、希望、向往等。不仅"感觉情调"具有生命享用功能，人的高级社会性情绪的享用机制在现代社会中也被进一步揭示出来。随着人类的进化、社会的进步、精神的提升，道德越来越从社会规范和意识形态的职能转向人类自由精神追求的职能。因此，道德情感在整个道德结构中的作用越发体现出来，追求道德高尚和精神高贵成为人们自我实现的新的方向。

2. 大学生情感发展与情感教育需要

大学生从年龄上大都是年满十八岁，刚刚步入青年的初始阶段，也是成人的启航阶段。从情感的发展来看，有些情感正在经历新的阶段和考验，比如说亲情，这时候的大学生已经基本度过了最激烈的青春期阶段，与父母的关系经过三年高中的磨合，经过高考共同面对考验，迎来了新的阶段。上了大学，很多时候可能不能天天居家和父母生活，从此离家开启新的生活，彼此真正体会了"儿行千里母担忧""慈母手中线，游子身上衣"的浓浓的亲情关系；大学阶段正是思想渐渐成熟的阶段，而且因为大多数同学需要离家住校，同学之间多了很多接触、交流与共处的机会，同学之间的友情成为大学阶段重要的情感构成；大学生身体和心理越发成熟，年轻人内心涌动着对恋爱的渴望，对另一半的寻找与追求，爱情成为大学生情感最浓烈的组成部分，这种神秘而炙热的情感伴随并充满着大学生活的现实与想象。

别样的亲情、真挚的友情、浪漫的爱情成为大学生情感的新构成、新需求，但是这些情感不一定都顺利、和谐地出现、维系与发展。如何看待这三种情感？亲情的内涵和深意又是如何体现的？大学阶段如何理解与表达对父母的爱，需要重新发现与述说。能不能认识自我、认识同学、认识室友，真正的友情根基是什么？又是如何构建的？这些都需要正确的友谊观、正确的朋友情作为根本保障。能不能有一个浪漫而又美满的爱情，既是莘莘学子的梦想，也可能是困惑，所以什么是爱情？爱情的真谛是什么？大学需要怎样的爱情？爱情受挫该如何面对？等等。大学生在情感发展最丰富的阶段，需要扮演不同的角色，需要构建不同的关系，面对不同人、不同事，会产生不同的心理状态，进而需要不同的情感表达。如何才能更好地处理好自己的情感关系，既需要自身的历练和修养，也需要外界的影响和指引，大学生的情感教育需要成为大学阶段生命教育的重要组成，及时有效的情感教育可以帮助大学生面对和处理亲情、友情、爱情等情感关系，帮助他们度过一个积极、充实、美好的大学生活。

二、生命与亲情

（一）亲情的意涵

1. 亲情的界定

在中国古代传统文化中，"亲"主要是指父母双亲或有血缘、姻缘关系的亲属。"情"是指感情。如：《礼记·奔丧》中的"亲，父母也"；《礼记·大传》中有"亲者属也"。"亲情"，从狭义上指具有血缘关系、姻亲关系或者赡养关系的亲属之间的感情，包括亲子之情、兄弟姐妹之情、夫妻之情等；从广义上，也可以理解为关系密切、感情深厚的人与人之间的情义。[①]《无能子》曾谈道："古之今人，为其所亲者血属。"亲子之情，植根于相同的遗传基因，渗透在没有选择的血缘关系之中，产生于长期的共同生活，且一生都无法改变。"血浓于水"告诉我们："血缘关系产生责任关系，亲人之间的责任使血缘关系更加稳固。"[②]

亲情，是一种由血肉相连、血缘承继而产生的一种具有私人密切性的人际关系，也是人们朝夕相处、相依为命、割舍不断的一种情感。因而人们会以种种血缘关系及其延伸形式为纽带，逐渐交织起层层关系网。蔡元培先生认为："父母之爱其子，根于天性，其情感之深厚，无足以尚之者。"费孝通认为，"中国传统的人际关系是以自己为波纹中心，以血缘关系的远近而组成的外推式波纹网络"。朱小蔓先生谈到过：父母对子女的情感，具有心甘情愿的奉献精神，"具有族类保护的自然本能，更有其社会维系之特征。从精神生态学角度来看，这种亲子之情不仅保证了子女的生存，而且哺育了子女精神生命，展示了人类特有的一种自然纯朴、深厚温馨、无私无畏的情感世界"[③]。

爱尔维修也曾说过："各种感情在我们身上乃是肉体感受性的直接结果——所有的人都是能够感受到感情的，因此所有的人身上都有产生精神的种子。"[④]这种种子首先产生的情感便是亲情。根据黑格尔的伦理思想，人的伦理实体性主要体现在家庭和民族中。而个体向家庭伦理实体和民族伦理实体回归的主要动力和凝聚力就是血缘亲情和民族情感。[⑤]

由此看来，亲情的获得、产生、作用与表达是不分国界的，是人生之为人所固有的、不可改变的，是一种普世的情感价值。

---

①　潘志平.学校亲情教育的行动路径[J].中国德育，2017(23)：70.

②　杜晶.论亲情[J].赤峰学院学报（汉文哲学社会科学版），2016(3)：90.

③　朱小蔓，梅仲荪.儿童情感发展与教育[M].南京：江苏教育出版社，1998：194.

④　英炜.人生情感哲学[M].北京：中华工商联合出版社，2007：19.

⑤　郭卫华."情"与现代道德哲学困境的超越[J].云南师范大学学报（哲学社会科学版），2008(3)：91-92.

2. 亲情的源泉——家庭

马克思在给他父亲的信中写道:"我们要为自己所经过的情感体验建立一个丰碑,使我们的感情重新获得在行动中的地位。这丰碑就是父母的爱,家庭的情。"①马克思的这段话反映了人类情感的一个共同源泉,那就是父母和家庭。

【生命叙事】②

乾隆十一年,在外忙碌了一年的诗人蒋士铨打点行李,准备回家过年,此时他想起了老母亲,不知她是否一切安好,这是他最为牵挂的事情。蒋士铨风雨兼程,赶了好几天的路,终于风尘仆仆地回到了家。在外漂泊的儿子回来了,老母亲十分开心,给他做了丰盛的晚餐。之后还拿出了前几天刚做好的御寒衣给蒋士铨看,说道:"儿啊,这身御寒衣娘正准备托人捎给你呢,还有这封刚写好的家信。"蒋士铨抚摸着御寒衣上那密密麻麻的针脚和依然散发着墨香的家信,对母亲深情地说:"娘,您老眼神不好,要做好这些,您得费多少心血啊!"

中国自古以来根深蒂固的"家庭"观念,让"有钱没钱,回家过年"已经成为一种节日文化和一种人文情怀,"家"为中国人提供了一生不变的深厚亲情。如今,每逢春节,人满为患的机场、车站和排成长龙的购票队伍都是一道道架起合家团聚的"桥梁"。大学生的亲密关系首先来自"家",因为"家"不仅为大学生的身心发育提供了安全、温暖的环境,也为其人格的稳定发展提供了坚实、可靠的基础。

(二)亲情与生命发展的关系

1. 生命是亲情生发的根本

个体生命源于父母的共同孕育。每一个生命来到世上都是神圣的,每一个生命的孕育是偶然的、幸运的,每个生命的成长过程都是复杂的、努力的。从生理学上讲,男性一次排出2—4亿个精子,而女性每个月只排出一个卵子。一个生命的诞生是2—4亿分之一的精子与卵子的结合,才有了最初的生命——受精卵。在此过程中,母体经受的偶然创伤、过度劳累、病毒侵袭等还会引起母体内的变化,甚至影响胎儿的发育,造成生命的残疾或夭折。"十月怀胎,一朝分娩",在分娩的过程中,母亲和婴儿的生命都面临着不可预测的危险。③ 由于父母与子女之间存在不可分割的自然联

---

① 中共中央马克思恩格斯列宁斯大林著作编译局.马克思恩格斯全集(第40卷)[M].北京:人民出版社,1982:8.

② 选自清代蒋士铨《岁暮到家》。

③ 蔺桂瑞、杨芷英.大学生心理健康与人生发展[M].北京:高等教育出版社,2010:278.

系,故亲子之情与生死相始终,甚至比生命延续的时间更长。父母通过子女才成为永恒的生命联系中的一环,使自己有限的生命具有了无限的意义。亲子之间深沉的感情已经融合进双方的生命之中,成为生命不可分离的一个部分。身体发肤,受之父母。亲子之爱,根源于人类热爱生命的天性。①

2. 亲情是生命发展的源泉

"生命情感的移情会使亲情更浓,让生命焕发本真的活力。人的生命只有一次,其生命的意义及价值是在此历程中显现的,也是在此历程中在体验的基础上得以成就的。"②每个个体的生命都是承前启后、代代相传的。年幼的生命需要成熟的生命疼爱,才能得以健康发展;而年老的生命需要晚辈的生命关爱,才能得以呵护和延续,这种深厚的亲情甚至会让双方达到命运的休戚与共。在生命的发展历程中,亲情不仅是个体所需的一种生命体验,也是生命得以更好发展的基础。亲情是各种后续情感的母体,包括友情、爱情、爱国之情、敬业之情等都源于亲情,父母与孩子之间爱的情感是关系产生的最初根本,是建立自我与他人之间关系与情感的起点,良好的亲情体验和经历是个体情感发展与丰富的基础和土壤,是个体生命成长的情感能量之源。

大学生虽然已经从年龄上达到了成人阶段,需要增强独立与发展的意识以及加强能力锻炼,但是对家庭的亲情却不能割舍、不能淡化,无论走到哪里,都有暖暖的亲情作为我们内心的归属和前行的动力。

(三) 大学生亲情的呵护与丰盈

情绪心理学研究表明,亲情关系会直接制约大学生的生活心态、道德观念、行为方式的发展。③ 当代大学生作为社会主义的建设者和接班人,不仅要有扎实的专业知识,还要具备良好的道德修养。通过树立正确的亲情观、引导大学生表达亲情、培养大学生的独立意识,可以进一步实现大学生情感教育中由亲情而至天下大爱的教育目标。

1. 大学生要树立正确的亲情观

我国老子、孔子、墨子等思想家对人与人、人与社会的关系曾提出过深刻的见解,其中也包含了对亲情的洞察。《礼记》中有:"何谓人义?父慈,子孝,兄良,弟悌,夫义,妇听,长惠,幼顺,君任,臣忠,十者谓之人义。"其中涉及各种亲情关系,体现了我国传统文化中亲情对于"义"的精神品质的重要性。"老吾老以及人之老,幼吾幼以及人之幼""亲亲而仁民,仁民而爱物"皆透着浓浓的亲情观。作为大学生,首先,应当采

---

① 朱小蔓,梅仲荪. 儿童情感发展与教育[M]. 南京:江苏教育出版社,1998:195.
② 陈光磊. 亲情教育:平常而又严肃的话题[J]. 当代教育科学,2006(22):24.
③ 冯新平. 大学生亲情教育的项目化教学改革[J]. 文教资料,2017(13):184.

取批判继承的态度,将传统文化中的"孝道"作为亲情教育的内涵和重要载体,提高亲情意识,养成回报父母养育之恩的亲情自觉;做到在校尊师重道,在家尊老爱幼,主动肩负起孝敬和赡养父母的责任,不断提高自身责任意识、完善人格培养、塑造良好的道德修养,增强大学生对家庭、社会和国家的责任感和使命感。其次,正确的亲情观要求大学生应具有成人意识、自立意识和责任意识,构建大学生与父母情感的良性链接,实现个体的全面发展和人生价值。大学生作为时代青年力量要有自立、自强的精神,今后才能成为时代发展的"弄潮儿",更具担当,更有力量感。

2. 大学生亲情表达的主要方式

大学生应当加强与父母的沟通、交流。从中国繁体字的"親"字组成可以看出,一边是"亲",一边是"见",意谓大学生要想与父母构建一种良性的亲情关系,就需要回归到家庭的"场域"之中,与父母、亲人要经常见见面、谈谈心,互相关心爱护、互相理解支持。但是,目前不少大学生背井离乡在外求学,与家乡距离甚远,同时囿于宿舍集体生活的客观限制,使得大部分学生很难做到经常回家看望父母。因此,我们就要定期通过电话、微信、视频等通讯方式与父母进行真诚的沟通交流,主动关心父母的健康状况,在父母生日的时候送去问候和祝福,时刻做到心中有父母(家人)。利用假期,我们要用心陪伴家人,体会父母养育子女的辛劳,主动承担家务劳动,减轻父母的生活负担,等等。

大学生要有意识地培养自己的独立生活能力、养成吃苦耐劳的精神,主动学习和掌握生活技能,合理安排好学习、工作和生活的时间,保持积极乐观的心态解决生活和学习中遇到的各种困难。不要让父母总是为我们牵挂和担忧,也是大学生亲情表达的一种方式。

大学生要肩负起生命的责任,做到关爱自我、热爱生活、尊重生命。每个大学生都应当不断认识自我、接纳自我,追求更好的自我发展与自我成长,在遇到困难和挑战时,要冷静、客观面对,理性分析,找到问题原因所在和适恰的应对办法。这也是回馈家庭亲情支撑与信任的成熟体现。

3. 培养大学生独立自主的意识与能力

独立自主意识是指,个体希望摆脱监督和管教的一种自我意识倾向。[1] 从个体生命全程发展观来看,大学生进入大学的转折并不仅是个人学习生活的位置变化,更是从家庭依赖走向个体独立的开端。这就要求大学生在脱离原有社会关系的基础上,要勇于接受和适应环境改变、社会角色改变所带来的挑战,培养独立自主的意识和生存能力。

---

[1]　刘述进,马爱梅. 主体性教育与大学生独立意识培养[J]. 延安教育学院学报,2007(1):33.

生命现象扫描

据中国老龄科研中心的调查数据显示,目前我国有65%以上的家庭存在"老养小"现象,有30%左右的青年基本靠父母供养。[①] 上海的一项家庭调查显示,将近85%的不在读未婚子女,仍需父母支出部分乃至全部的生活费。

另据《2012年中国大学生就业报告》显示,在2011年毕业的大学生中,有近57万人处于失业状态,10多万人选择"啃老";即使工作一年的人,对工作的满意率也只有47%。[②]

当今,"00"后的大学生多为独生子女,生活在无忧无虑的年代,自出生起就享有"众星捧月"的待遇。据报道,一位22岁哈尔滨男孩,留学2年败光家中200万,回国后却每天在家打游戏,吃饭都是奶奶送到跟前,一口口喂。[③] 这种社会"巨婴"和"啃老"现象的存在反映了部分大学生缺乏独立生活、独立判断和独立解决问题的能力,没有树立起自食其力、拼搏奋斗的意识。他们甚至将父母的关爱视为天经地义、理所应当,长此以往,这种对父母的过分依赖,会导致大学生很难在社会上生存,更不要说独自面对生活中的困难和复杂多变的环境了。

(1)大学生要具备独立生存能力

人类发展史是一部人的生存能力演进史,当代大学生必须具有适应时代发展要求的生活自理能力和生存能力。大学生应该了解基本生活常识,掌握一定的生活技能和劳动技能,克服依赖心理,独立承担起学习和生活的责任;大学生要充分发挥主观能动性,在学习和实践中,养成独立思考、综合分析问题的能力以及独立处理复杂问题的能力,并且能够对是非曲直做出自我判断。另外,大学生还应当逐渐塑造自我、发展自我、完善自我、成就自我、奉献自我,最终实现个人的理想抱负和生命价值。

(2)大学生要形成正确的金钱观

在优越的生活条件下,很多大学生把父母当成了"提款机",与同学聚会、出行时出手阔绰,攀比物质享受,不知道自己挥金如土的背后父母赚钱养家的艰辛,直到毕业之后经济意识、消费意识依然很模糊,缺乏对金钱的支取和管理能力。所以,大学生要早日形成正确的金钱观、了解和学习相关金融知识,树立科学、理性、适度、绿色的消费观念,避免上当受骗,更要小心提防民间或网络中各种"贷款"陷阱,抵制过度消费的欲望。在不耽误学业的前提下,大学生可以充分发挥自身特长,通过勤工俭学的方式,不但可以在一定程度上减轻父母的经济负担,还可以体验到依靠劳动赚钱的不容易和成就感,进而增强自力更生的勇气和信心。在获得收益后,大学生要学会合

---

① 戴香智,侯国凤.啃老现象的社会工作视域分析[J].社会工作,2006(11):31.

② 摘自搜狐新闻 http://news.sohu.com/20101016/n275801363.shtml, 2010-10-16.

③ https://news.sina.com.cn/s/2018-12-17/doc-ihqhqcir7463896.shtml

理支配个人收入,如可将一部分收入用于解决自己的衣食住行,一部分收入孝顺父母、贴补家用,用实际行动报答父母的养育之恩。

（3）大学生要具备责任意识与时代担当

"天行健,君子以自强不息",中国人自古崇尚自立自强。特别是在新时代社会发展的条件和要求下,大学生要有敬业精神、社会责任和时代担当。从数万子弟兵第一时间赶到汶川参与生命救援,到北京奥运会志愿者的积极奉献,再到2020年除夕夜,数十支部队、医疗队连夜集结紧急驰援武汉抗击"新冠疫情"……这些都是社会责任和人生价值的生动体现。国家的发展、社会的进步需要每个大学生的相互支持、相互联结,没有"小我"就无法带动"大我"的运转,没有"大我"也无法成就"小我"的价值实现。因此,新时代大学生理应用自己的肩膀承担起应有的家庭责任、社会担当和时代使命。

人世间最宝贵的是亲情,最应该珍惜的也是亲情。新时代大学生要讲亲情、重亲情,这既是我们民族文化中的优良传统,也是维系家庭和谐的美好纽带和幸福源泉。无论何时,大学生都要学会珍惜与父母的感情、孝顺父母、赡养父母,不管是物质还是精神上都给父母最好的关爱;学会珍惜兄弟姐妹之间的情意,让血脉关系永远成为存在和联系着彼此之间的牵挂和情感,让家庭亲情始终拨动人类情感之弦的最强音!

三、生命与友情

（一）友情的内涵

1. 什么是友情

人类是社会性的情感动物,在人类社会化的过程中必然会产生各种各样的情感,而友情是人类众多情感中的一种。所谓友情,意即朋友之间的感情,是指人与人在长期交往中建立起来的一种奇特情谊,它可以超越血缘、地域、年龄、性别,超出家园与国家,是一种彼此间皆可平等奉献的感情。亚里士多德认为,友情是伟大的社会价值和个人价值的统一,是生活中必不可少的内容;心理学家认为,"友情"是由人的七情六欲派生出的"爱"的情绪或情感,表现为对同学、朋友的情感依恋;社会学家认为,友情是人个体社会化的基本需要,是人类高尚、优美的情感之一[1]。戴维·休谟在《人性论》中曾表述,人们乃是根据其特殊的性情和心理倾向而彼此发生联系的,有着寻欢作乐的人自然就爱好寻欢作乐的人,正如性情严肃的人喜爱严肃的人一样[2]。由此来看,友情是以精神交往关系的存在为基础,其实质是情绪情感与思想观念碰撞与

---

① 赵志毅. 论大学生友情教育——兼议大学生正确人际交往观的形成[J]. 南京师大学报(社会科学版),2004(3):76-80.

② [英]戴维·休谟. 人性论[M]. 石碧球,译. 北京:中国社会科学出版社,2009:248.

融合的产物。

2. 友情观

友情观是指人们对待交友的观点系统,这种观点系统在人们交友过程中形成,主要包括主体对与其交往的客体及属性的评价,以及交往客体是否能满足自己交友需要的意义评价①。随着时代的变迁,人们的交友观念也在发生着改变。关于友情观可以大致分为积极与消极两种类型。

(1) 积极的友情观

同行型。有这样一类朋友,静静地在你身边,默默地关心你,消除你的恐惧,鼓舞陪伴着你。正如高尔基所说:"最好的朋友是那种不喜欢多说,能与你默默相对而又息息相通的人。"

信任型。友情的建立离不开彼此的信任,这是维持友情稳定的基石。在彼此感情密切的基础上,一段相互信任的友情可以给人带来稳定感与归属感,获得情感上的支撑。

进谏型。由于个人的思想局限性,个体常常出现当局者迷的情形。当发现朋友有某方面不足时,应采取适当的方式及时提醒,这类朋友也就是传统文化中所谓的"诤友",唯有如此才能实现彼此成长的共赢。

(2) 消极的友情观

功利型。随着我国经济发展与价值观的多元化,有些人在与人交往时只关心和考虑自己的利益,索取多却奉献少;或是只选择对自己有利的人来交往,以冷漠和拒绝的态度对待不能给自身带来好处的人②,这种友情观极大地削弱了人与人之间的真挚情感,更对人们健康交友观念、方式的形成产生了消极作用。

恐惧与冷漠型。由于价值观变迁的影响,人们在与他人交往时的安全感与信任度降低,诚信、尊重的交友原则逐渐被弱化。有些人不愿参与集体活动,对人冷漠,不积极交友,这对人们形成积极、健康的友情观以及与人交往都会产生重大的消极影响。③

(二) 友情与生命发展的关系

没有人可以离开友情而独自存在,社会心理学的研究表明,个体由自然人向社会人转化的重要途径是社会交往。一个人对社会的适应能力归根结底表现为与周围人交往的能力和交往的状态,一个人善于与他人交往并保持一种良好的交往关系,就能

---

① 谢剑媛. 价值观变迁对大学生友情观的影响研究[J]. 法制与社会,2020(6):193-194.
② 林润忠. 积极开展"友情教育"促进新生健康成长[J]. 太原城市职业技术学院学报,2017(5):118-119.
③ 谢剑媛. 价值观变迁对大学生友情观的影响研究[J]. 法制与社会,2020(6):193-194.

够给他带来心理上的安全感和满足感,有助于个体心理健康发展。[①] 友情是我们每个人生命中不可或缺的真挚情感,更是大学生人际关系构建、人生观健康构建、为青春生命注能的重要情感组成。

【生命叙事】

湖南一高校现"学霸宿舍",宿舍成员全部考研成功[②]

随着考研结果的陆续公布,网上涌现出许多学霸宿舍,这让不少人感叹:"一个人考研成功不是学霸,全宿舍考研成功才是真正的学霸!"湖南一高校数学学院也有一个"学霸"宿舍。宿舍四人以梦为马,"四朵金花"全体考研成功。

"寝室四人都考研,每个人都是彼此的研友,每天相互督促与鼓励,一起讨论、解决问题。"宿舍长刘同学认为,这是她们都能考上研究生的重要原因。"室友的督促和影响是我前行的动力和支柱,她们努力和向上的状态带动我不断克服困难,坚持前行。"唐同学说。在备考的过程中,她们不是各自为战,而是成了亲密战友,彼此支撑着前行。

在大三下学期的备考期间,428 宿舍的"四朵金花"在太阳还没有升起来的时候便钻进了图书馆,直至夜色昏沉时才踩着步子回到寝室。宿舍四人一直以来坚持不懈,学校的图书馆就是她们养精蓄锐的备战场,二楼自习室就是她们的常驻地。

减压是考研过程中必备的一课,有的时候压力太大,428 宿舍会开展有趣的"卧谈会",四个女生聊天胡侃到半夜。聊天的内容就是普通女孩聊的话题,聊到累了倦了,便都自然地在莹莹的月光下闭目而眠。

对学习的热爱、对自我的严格要求以及整个宿舍内良好的氛围,让她们对知识的理解不断加深,并取长补短、互补互促。也正是在这一次次的智慧碰撞中,让她们不断精进,最终勇登高峰,一览众山之小。

1. 互助与分享——生命的助推器

真挚的友情是个人生命的有力支撑,没有人可以完全不依赖他人的帮助而存在于这个世界上,中国有句古话"一个好汉三个帮"便道出这个真理。友情是人们生存维艰中的一抹光亮、温暖和希望,回顾历史长河,许多经典的友情故事流传至今。白居易和元稹的患难之交,管仲和鲍叔牙的"管鲍之交"都是人伦友情的典范;马克思如果没有恩格斯的帮助与鼓舞,也很难写下指导革命运动的理论著作。"平居可与共道

---

① 赵志毅.论大学生友情教育——兼议大学生正确人际交往观的形成[J].南京师大学报(社会科学版),2004(3):76-80.

② 搜狐新闻 https://www.sohu.com/a/232127840_368270,2018-05-19.

德,缓急可与共患难"①,朋友是生命中可以共同面对人生风雨的人。可见,一段深厚的友情可以在我们艰难困苦的时刻给予我们鼓励,重返生命的高光时刻。

2. 陪伴与依靠——生命的同行者

马斯洛提出的需要层次理论认为,人的基本需要从低到高可以分为五种:生理的需要、安全的需要、归属与爱的需要、尊重的需要和自我实现的需要。姚景照的研究认为,在友谊寻求阶段,友情的功能主要表现在对安全的需要、归属与爱的需要和尊重需要的满足。② 在友情的陪伴下,我们排除了孤独,最大限度地满足了双方归属与爱的需要。如今许多大学生都是独生子女,在父母无微不至的关爱下长大,面对新的环境很多人都感到不适。一段诚挚的友情可以给彷徨的生命带来心灵的依靠与归属,加快适应大学生活。健康而真挚的友情是一种强大的精神力量,有些时候,与朋友之间无需过多的言语表达,相互陪伴与依靠已是彼此生命中最大的慰藉。

3. 自我完善与成长——生命的隐形翅膀

通过建立友情,人们进一步进行自我观察、自我分析、自我评价,客观地认识自己,产生自信感和自尊感,从而养成自我检查和自我控制的良好意志,形成和谐的具有高效能和创造性的健康个性;同时,通过友情发展健全的自我意识,通过与他人的互动,掌握倾听与沟通方式、善于使用语言技巧、能够识别对方情绪并控制自己的情绪等,这都是大学生友情所提供的。

每个人都能够从友情中汲取养分,获得生命的成长,达到友情发展的最高级阶段。在此阶段,各方都为对方成长提供营养,在促进对方成长的同时,更使自己获得成长,主要表现在自我内在方面,如对世界、对自我信念的改变等。真挚的友情为我们带来自身的完善与成长,帮助我们更好地创造和把握生命之美。

(三) 大学生友情的构建与加强

社会性是人的根本属性,人总是处于各种各样的社会关系之中,友情便是其中之一。积极的友情使我们迅速地适应新环境、获得人生帮助、分享生命中的喜与忧;但是,有时也会因诸多因素而产生友情焦虑甚至暴力事件,造成情绪与心理上的困扰。因此,如何构建与维持一段健康的友情,是每名大学生的人生必修课之一。

1. 友情的构建基础

俗话说"物以类聚,人以群分",这其中便透露出交友的基础,即拥有共同的兴趣爱好或价值观念的人更容易成为朋友。共同的价值观念是构建彼此友情的重要基

---

① 盛伟.蒲松龄全集(第二册)[M].上海:学林出版社,1998:1369.
② 姚景照.论大学生友谊及友谊观的形成[J].当代教育理论与实践,2011(4):44-45.

础,所谓"志同道合"与"道不同不相为谋"便说明了价值观的一致与否为构建友情所带来的影响。同时兴趣也是一种心理指向,能够使人与人之间产生强烈的吸引力。互相理解是大学生友情的另一种重要形式。大学生刚刚远离家乡与同窗好友,独自进入陌生的环境中,生活与学习方式都产生了巨大的变化,此时他们比任何时候都更需要老师与朋友的理解与支持。

此外,性格的相似或互补也会成为友情中彼此吸引的重要因素。总之,友情的建立应以彼此间的促进为原则。

2. 如何构建积极的友情

（1）自我教育层面

其一,自我完善。大学生应树立积极健康的交友观念,从自身出发,提高自我认识水平,客观全面地认识自我,寻找适合自身的交友方式,若想吸引朋友,自身需有好的品性。如今越来越多的大学生忽视了精神交往的意义与价值,在交友中应端正自己的交友目的,保持纯正的交友原则,切忌功利主义的交往。

其二,彼此尊重。尊重他人是人际交往的基本性原则,一段良好的友情是在相互尊重、相互信任的基础上建立起来的。相互尊重包括尊重对方的价值观、隐私、民族风俗、生活习惯、处事原则等,只有相互尊重,才会相互信任,友情才会牢固。

其三,沟通与交流。真正的友情是独立的生命个体之间心灵和情感的交往,友情的建立是一个情感互动和人际交往的过程,个体应提升自我的有效沟通能力。及时有效的交流与沟通不仅可以避免误会的产生,同时也可以满足个体亲和的需要,促进彼此间情感。

其四,理解与宽容。真正的友谊总是预见对方的需要,而非宣布自己需要什么。在友情的建立中除了关注自己的"说",也要注意他人的"听",表达自己的同时理解他人感受。学会运用"心理位置互换"的方法,将心比心,设身处地地为他人着想。

其五,坦诚相待。友情需要不断培养、浇灌才能成长,真诚是最基本的相处之道,与朋友相处切忌遮遮掩掩、口是心非。只有彼此真诚,有了心与心的交流才能互相信任,放心地进行交往,在交往中培育和发展友谊。

（2）学校层面

学校是大学生主要的生活与活动场所,当大学生在校产生友情困惑时,有必要接受正确的情感教育指导,正确处理与约束个人情感。面对心理困惑,大学生可主动向信任的同学、老师或辅导员倾诉,或与班级的心理委员沟通交流,及时找他们谈话获得相应的帮助;如果问题解决不了,也可以求助学校心理咨询中心,第一时间反馈给心理方面的指导老师,进行咨询与干预。

除此之外,大学生还应学会充分运用新媒体,利用其随时随地互动交流的特性,积极与外界沟通。有时候,大学生不愿将友情困扰当面与教师交谈,但又渴望得到理解与共情,如今我们可以通过微信、微博、邮箱等现代化信息手段进行谈心,避免尴尬，与此同时大学生也将获得充分的思考空间，进行更深入的交流，获得及时的疏导。

（3）家庭层面

家是最温暖的港湾，健康、和谐、愉快的家庭氛围通常使大学生拥有更多的心理安全感，因此当大学生交友受挫时，在与朋友、老师交流之余，可及时向父母倾诉，积极与家长沟通，寻求父母的帮助与建议。在父母的关心与安慰下，可以及时减缓心理压力，学会全面认识自己，客观理解世界，以平和的心态去面对情感困难，从而培养积极向上的情感，许多问题也将迎刃而解。同时，大学生应当定期与父母进行沟通交流，使父母及时了解自己的交友状态及心理情况，使家庭在心理上予以及时的帮助与一定的支持，从而使自己的交际困惑与危机得到及时疏导和应对。

3. 友情维系与发展的禁忌

（1）自卑

自卑是由于对自己的能力和品格缺乏自信而产生的情绪体验。自卑者往往过低地评价自己，轻视自我，对自己不满意，从而导致回避社交，不敢与人交往等。过度自卑引起的交往障碍将会妨碍友情的建立。大学生应学会正确地认识与接纳自己，正确地与他人进行比较，循序渐进，积极地尝试进行交往锻炼。

（2）猜疑

猜疑往往是自信的缺乏与对他人的不信任所造成的，毫无根据的猜疑不仅会给自己造成心理压力，更会影响朋友间的情谊，造成不必要的误会，导致人际关系紧张。大学生应该严于律己，宽以待人，对别人的要求不应过分苛刻，而应提高自己的修养，培养正直、实事求是的作风，养成正确推理与判断的思维习惯。在此基础上，建立牢固的友谊。

（3）嫉妒

嫉妒是对于别人的能力、地位、成就、外貌比自己强而产生的一种对他人的不满及怨恨情绪。嫉妒心理对人际关系的破坏作用极大，甚至还常常伴有报复心理。身为大学生，应当拓宽视野，培养高尚的情操，丰富自己的知识体系，学会全面客观地看待问题，多与他人交流谈心，使心胸变得开阔起来。

总而言之，在生命的长河中，每个人都离不开友情，但要获得真正的友谊并不容易。友情是一株成长缓慢的植物，是如此的细腻而珍贵，它需要用真诚去播种，用热情去灌溉，用原则去培养，用谅解去护理。相信在心的播种下，每个人都会收获生命中高山流水般的友情！

四、生命与爱情

（一）爱情的真谛

爱情是古老而常新的话题，是人生经历的重要组成部分，是人类特有的高级精神生活。宋代岳珂在《桯史·记龙眠海会图》中提到的"如鱼饮水，冷暖自知"一语深刻道破了人们对于生命体验、爱情感悟的不可通约性。当相信爱情，对它充满激情时，爱情就如六月盛开的玫瑰，娇艳而热烈；随着时间流淌，爱情又恰似那红红的夕阳，温暖而深沉，爱情就在这热烈与静谧中，融入了人们对于生命真谛的追求与理解。

1. 爱情的传统理解与现代意涵

千百年来人们一直关注，爱情究竟是什么？在中国古代，牛郎织女鹊桥相会，孟姜女为夫哭长城，梁山伯与祝英台化蝶双飞生死与共，许仙与白素贞的人妖凄美爱恋，四大民间爱情故事反映了人们对真挚感情的认可与感动。爱情不仅关系到个人的幸福、家庭的美满、社会的和谐稳定，而且体现着人类社会的文明进步程度以及人类道德观念的差异，同时也受到社会的政治、经济、文化等因素的影响。

自古以来，我国传统文化对于爱情的表达含蓄而内敛。《诗经》中"投之以木桃，报之以琼瑶"，南朝乐府民歌中"我心如松柏，君心复何似？"，均是以"植物"暗喻爱情，将爱情寄予如此温润、内敛的植物上，以表达对爱情的向往与忠诚。可见，古代诗人往往善于间接吟咏爱情，而不是直接展露内心。

随着社会的发展进步，思想观念发生改变，人们对于自由爱情充满渴望，爱情不再是被动的情感寄予，而化身为主体情感的抒发。现代诗人林子在《给他》中，用"在爱情的翅膀下面，你的心/常常不知道是在向着太阳飞翔"，给予了爱情以躯体和血液，让爱情赋有生机与活力。在现代诗歌当中，人们尝试挣脱封建教条的羁绊，勇敢追求爱情和个性自由的解放，获得生命体验与情感追求，并在时代背景的烘托下，赋予爱情至高无上的地位。

爱情是人类群体之间强烈而复杂的依恋，是一种无私而真挚的高级情感。亚当·斯密在《道德情操论》中提道："爱情是在不同性别的两个人间，由于长期互相倾心思念对方，而自然滋长出来的那种强烈依恋的感情。这种爱恋之所以感动我们，并不在于它是一种感情，而在于它是一种情境，会引起其他一些感情使我们感动。爱情当中混杂着大量的仁慈、慷慨、亲切、友谊、尊重；这些感情，在所有其他感情当中，是我们最有同情感的那些感情。"[①]而苏霍姆林斯基认为"真正的爱情能够促进自我教育和自我完善，使人们变得更纯洁、更高尚、更勇敢、更忠于人类的崇高理想"[②]。从广义上讲，爱情可以跨越性别、时空的界限，超越生命，战胜自然，其包含亲子之情、友谊之情、师生之情、同性之情等，是宏观意义上人与人之间复杂而又崇高的情感。从狭义上讲，爱情特指异性之间的爱恋之情，是至高至纯至美、相濡以沫的情感体验。现在研究者普遍认为，爱情是一对男女基于一定客观物质条件和共同的人生理想，在各自内心中形成的相互间最真挚的爱慕，并渴望对方成为自己终身伴侣的强烈、专一

---

① ［英］亚当·斯密. 道德情操论［M］. 谢宗林，译. 北京：中央编译出版社，2008：33 - 35.
② ［苏］苏霍姆林斯基. 爱情的教育［M］. 北京：教育科学出版社，1985：22.

和稳定的感情。[①]

可见,爱是一种复杂的人类社会现象,通常由三个要素组成:"一是性爱,它是爱情产生的生理基础和自然前提,区别于亲情、友情等人世间的其他情感,使爱情成为特殊的'情爱';二是理想,理想赋予爱情深刻的社会内涵,是爱情生长的内在根据;三是责任,责任是对性爱和理想的升华,因此也成为爱情得以长久的重要保障,是坚贞爱情的'试金石'。"[②]三种要素构成了爱情的重要内涵。

2. 爱情的理论阐释

伴随 20 世纪初"自由恋爱"的理想和弗洛伊德性欲理论引入以来,学者们一直致力于从多个角度探讨爱情的本质。一些学者由于爱情的复杂性而难以被定义,因此通过对爱情类型进行划分以讨论爱情的本质,并用不同爱情类型映射人类的爱情观念。

诺克斯(Knox)和斯帕克斯基(Sporakowski)认为,浪漫主义爱情和现实主义爱情是爱情的两种基本态度。浪漫主义爱情的特征是崇尚"真正的爱情一生只有一次""爱情是结婚的唯一标准""一见钟情"等观念。现实主义爱情是浪漫主义爱情的对立面,是一种平静的、可靠的、能给予更多安慰类型的爱情。[③]

加拿大社会学家李约翰(John Lee)认为爱情的三原色是"激情""游戏"和"友谊",这三种颜色的再组合便构成爱情的次级形式。于是他总结出爱情的 6 种类型[④]:① Eros,即"激情型",是指一个人所追求的爱人在外表上酷似自己心目中已存在的偶像;② Ludus,即"游戏型",是逢场作戏、玩世不恭的花花公子式的爱情;③ Storge,即"友谊型",是一种缓慢发展起来的情感与伴侣关系;④ Mania,即"占有型",指以占有、忌妒等强烈情绪化为特征的爱情;⑤ Agape,即"利他型"(或无私的爱),在这种爱情之中,爱被视为他(她)的义务,并且是不图回报的;⑥ Pragma,即"实用型",是一种务实的或功利的风格,譬如把对方的出身以及其他客观情况都考虑在内。John Lee 的 6 种爱情类型理论成为后来众多爱情观研究的理论基础。

1986 年斯滕伯格(Sternberg)提出了爱情三元理论(triangular theory of love)。他认为爱情包括亲密(intimacy)、激情(passion)及承诺(commitment)三种成分。三要素的不同组合构成 8 种不同类型的"爱情",即喜欢式爱情(只有亲密)、迷恋式爱情(只有激情)、空洞式爱情(只有承诺)、浪漫式爱情(亲密与激情)、友谊式爱情(亲密和承诺)、愚蠢式爱情(激情加上承诺,如一见钟情)、完美式爱情(三种成分集于一种关

---

① 杨光金,陈朝阳. 大学生同伴依恋与爱情观的关系[J]. 中国健康心理学杂志,2015,23(12):1850 - 1851.

② 常秀芳. 当代大学生爱情观教育研究[D]. 辽宁师范大学,2012:7.

③ D. H. Knox and J. J. Sporakowski. Attitudes of College Students Toward Love[J]. Journal of Marriage and the Family,1968(30):638 - 642.

④ 侯玉波. 社会心理学[M]. 北京:北京大学出版社,2002:148 - 152.

系中)、无爱式(三种成分俱无)。① 斯滕伯格的理论表明了爱情是由元素构成的情感,是对前人理论的延伸。

中国对爱情分类的探讨起步较晚,学者张耀翔在1947年发表的《情绪心理》著作中对"爱的心理"进行论述,内容涉及儿爱、母爱、父爱、孝、报恩、友爱、仁爱、性爱、本能的爱、恋爱、同情等。李朝旭等人则采用"爱情"为刺激词,对278名大学生进行自由联想测试,结果发现,当代中国大学生的内隐爱情理论包含以下5个方面:① 伦理与责任;② 浪漫体验;③ 冲突及痛苦;④ 理性;⑤ 朋友式关爱。②

可见,我国大学生对于爱情更多联想到的是道德伦理与婚姻家庭,体现出对于爱情的社会理性。而浪漫体验的平均联想强度仅次于伦理与责任,二者势均力敌、道德伦理较重的格局基本吻合了两千多年前儒家"发乎情,止乎礼"的爱情理念③,逐渐形成了当今大学生的爱情观念。

(二) 爱情与生命发展的关系

在生命体验中,情感能够调控人们对于生命的认识,强化生命意识的养成,指导生命行为的习得。当代大学生应把握好理性与感性之间的天平,在对理性知识进行学习的同时,重视情感体验,从而养成积极、正向的情感价值观。

1. 爱情奏响生命之歌

爱情是在个体生理成熟的基础上,促进心理发展的情感体验。爱情作为人生成长过程中必不可少的一环,对于大学生的价值观形成具有重要的影响作用。

(1)爱情助力生命存在

大学生正处于价值观建构的重要阶段,会试图进行生命意义寻求。因此,大学生在选择恋爱对象时,首先考虑的因素例如物质条件、关爱关心、彼此是否平等这些对于其本人可能自身匮乏的相关条件,试图通过爱情的获得以满足需要。因此,大学生应通过爱情体验明确自己生命的意义,确立自己的人生理想,对自身给予正确、恰当的定位,进而与心灵相吸、志同道合的恋爱对象共谱爱情的和谐乐章。④

(2)爱情丰富生命情感

大学生正处于成年早期,根据埃里克森的人格发展理论,此阶段主要发展趋向是获得亲密感,避免孤独感。在此阶段的大学生需要通过沟通和交往,经历情感体验,建立爱的亲密关系。爱情作为生命体验中的重要组成部分,是人类的高级精神生活,

① R. J. Sternberg. A Triangular Theory of Love[J]. Psychological Review, 1986(93): 119 - 138.

② Li, Z., Xu, W., Lin, Y. Implicit love theory of contemporary Chinese college students[J]. International Journal of Psychology, 2004, 39(5/6): 328 - 328.

③ 林艳艳,李朝旭. 心理学领域中的爱情理论述要[J]. 赣南师范学院学报,2006(1):40 - 44.

④ 张海霞,郭成. 大学生生命意义感和婚恋观的关系[J]. 中国性科学,2017,26(5):152 - 155.

它不仅可以带给人精神上的激励、情感上的愉悦、生活上的充实,并且能够激励人奋进,是人经历多种情感体验的重要过程。因此,生命的意义不仅仅在于寻求,更在于体验。通过情感体验丰富生命体验,积极看待情感经历带给个体的成长,有助于大学生以积极的态度处理情感上的挫折。

(3)爱情激发生命力量

大学生会因生命意识淡薄、人生阅历较短而对生命价值感到困惑、迷茫,陷入前所未有的困境,对生命的存在产生怀疑,甚至企图轻易放弃。爱情有助于大学生认识生命的价值,通过关系的维护与建立,增强家庭责任感,给予信心与前进动力,进而承担一定的社会责任与义务,促进生命价值的实现。

【生命叙事】

三毛与荷西的爱情故事[①]

普普通通的感情,才最是长情。中国台湾作家三毛与荷西二人相识在西班牙,两人因为共同的兴趣互有好感,常常一起看电影,逛公园。面对六年的分别,二人也没有强求或选择遗忘,跟随自己的心走,最后重遇当初的心动。

三毛与荷西的恋爱态度值得我们思考,顺其自然,不过度迎合,不一味抗拒,健康交往,才是交友和恋爱的正确态度。我们没有必要因为一时的"孤单"而对自身的价值妄加定论,盲目从众地去谈一场莫名其妙的恋爱。毕竟价值从来都不是依靠他人的喜爱来实现的。在尚未遇见爱情之前,最好的状态就是充实自己,等到遇见最好的他/她时,你也是最好的自己。

2. 生命之光辉映爱情之火

情感的获得有助于大学生树立正确的人生观和价值观,并在生命体验的过程中,实现生命本身的意义与价值。同时,生命具有精神属性,大学生在生命的体验与架构当中,有助于情感的调控与升华。

(1)生命成长调控爱情的方向

在大学生生命体验过程中,爱情是其人生必不可少的一部分。部分大学生会因众多外在条件,在爱情面前失去自我。然而爱情并不是人生的全部,在人生的路途中会相遇诸多风景,爱情只是其中一道绚丽的色彩。当代大学生易沉迷于感情之中,奉行爱情至上理念,错把爱情当作人生之中最重要的部分,从而忽视其作为学生角色的主要任务——学习,进而偏离正确的人生价值取向,甚至做出错误的决定与行为。因

---

① https://baijiahao.baidu.com/s? id=16384889894184889819&wfr=spider&for=pc.

此,生命成长有助于调控大学生对于爱情的价值取向,摆正爱情的位置,引导大学生以正确、理性的态度对待爱情。

（2）生命的完整性实现认知、情感的统一

在大学生生命体验当中,大学生会作为主体有意识地对生命认知进行积极建构,不断丰富情感体验的获得,实现生命价值的完成与统一。爱情作为生命情感体验的重要组成部分,会随着人生经历的不断丰富,使大学生命认知与情感相互影响、相互制约、协调发展,进而不断地认识到爱情在人生中特殊的价值,奏响以爱情瑰丽色彩构成的动人乐章。

（三）大学生爱情的遇见与生长

爱情是人生的重要内容,但不是人生的全部。当代大学生应正确认识爱情的本质,建立正确恋爱观。随着社会发展,人们的思想观念发生变化,大学生作为新一代青年群体,易受到社会观念杂糅的冲击,由于对于爱情的理解还不透彻,加之缺乏一定的教育引导,爱情观念出现混乱。从学校角度来看,在爱情观教育上存在教育理念滞后与价值取向的偏差、教育内容与方式的不适当,以及教育者的漠视态度等诸多误区与缺陷,导致学校的爱情教育缺乏实效性。从家庭角度来看,父母对爱情教育的认识与新时代恋爱观会产生冲突,使得大学生陷入两难境地。同时,父母对于爱情观、性教育会采取回避的态度,以及自身的相关知识与教育能力的不足,导致家庭爱情教育未能有效发挥。从社会角度来看,对大学生群体爱情观教育方面的关怀也极为有限,相关教育资源还未得到有效开发和利用。①

因此,当代大学生应在科学、正确的原则指导下,以价值观和人生观教育为切入点,以道德观教育为基础,以理性教育为导向,构建正确恋爱观,摆正爱情在人生中的位置,科学地认识爱情、正确且勇敢地面对恋爱挫折。②

1. 树立正确恋爱观

大学生处于心理发展尚未成熟,个人价值观建构尚不清晰的阶段,在面对情感问题时易受到挫折,导致恋爱观畸形发展。因此,大学生应积极参加相关情感教育讲座,阅读相关书籍,认识到爱情不仅可以帮助彼此获得发展动力,而且可以丰富生活体验,促进学习和事业的发展。同时,大学生要认识到爱情并不是生命的唯一,在将事业和理想置于主体地位的同时,把爱情视作生命的调味剂,赋予爱情真正的意义,从而端正恋爱态度,提高抗挫能力,树立正确恋爱观。

2. 重视情感道德引领

《诗经》为我们展现了人类对于美好、真挚情感世界的追求,体现了人类对生命本

---

① 关青. 大学生爱情观及爱情行为偏离与矫正[J]. 现代教育管理,2011(3):98-100.
② 吴静. 大学生爱情观教育研究[D]. 安徽工程大学,2014:31.

体需求获得的渴求,以及主体价值实现的强烈诉求,而真正美好的爱情是与高尚的道德相连的,失去道德的爱情是遭人鄙弃的。大学生爱情观需要爱情道德加以规范和制约[①],在恋爱动机、择偶要求、爱情行为方式等方面保有客观的立场和态度,在爱情中获得情感给予的同时,受到思想道德的引领与制约,形成爱的包容与给予的人格,促进人际关系和谐发展,焕发爱情的活力与生机。

3. 增强爱情责任意识

责任感是大学生爱情责任意识中的情感因素,是大学生在恋爱过程中承担责任、履行义务的自觉意识和情感体验[②],是家庭稳定的基础条件。大学生在恋爱过程中应尊重人格平等,加强自身责任感和义务感,承担爱的责任,增强恋爱持久性,认识到爱的珍贵与崇高性,避免出现不负责任的行为,给恋爱双方造成严重的伤害。

4. 提高爱情处理能力

对于刚刚成年的大学生来说,由于其心理发展尚不完全,缺乏一定的社会经验,自控力较为薄弱,是非分辨能力较差,在恋爱中容易失去自我,面临挫折时容易被困难击倒,易陷入两难境地,甚至做出不当行为。因此,大学生应增强自我监督和自我教育的意识,提高自我判断、自我监督和自我评价的能力,学会用理智控制行为,用道德约束举止,遇事沉着冷静,能够依靠自身的力量去克服各种困难,进而增强意志力,使恋爱成为一种慎重、成熟和理智的选择与行为。[③]

5. 加强日常沟通与交流

在恋爱关系当中,双方均是独立个体,需要在交往过程中相互磨合,促进彼此心灵相通。当出现矛盾时应主动与对方进行沟通,耐心倾听,及时了解对方的想法,增进彼此间的默契。当双方情绪难以平复时,可以适当冷静下来与朋友沟通交流,以寻求其他方式来积极化解。如果出现异常心理现象,应采取积极的态度,主动与辅导员老师联系,及时消灭危机事件发生的可能。此外,可以班级为单位组织开展丰富多样的爱情观团建活动,在沟通与交流中,进一步端正恋爱态度和恋爱动机,为将来营造和谐的生活做好积极准备。

6. 合理认识爱情与婚姻的关系

爱情是人类繁衍与进步的一种积极情感诉求,是两人相亲相爱的心灵绽放,与爱

---

① 苏红.大学生婚恋观结构特点及影响因素分析[D].西南大学,2006:1,2,3,7-17,64-65.

② 王维,罗匡.大学生爱情责任意识的调查分析[J].长沙航空职业技术学院学报,2009,9(1):9-12.

③ 吴静.大学生爱情观教育研究[D].安徽工程大学,2014:35.

情关系最为密切的就是婚姻,爱情与婚姻的关系是难舍难分,如影随形。真挚的爱情是婚姻的浪漫的底色与和谐婚姻状态的强大保障,美满的婚姻是爱情的归宿与升华。一对对恋人,经过爱情的滋润与考验,期待走进婚姻的殿堂,开启美好幸福的新生活,这是令人向往和祝福的。但是,面对爱情与婚姻的关系,恋人们也要客观、理性地对待爱情可能出现的不同结局,也许是轰轰烈烈的爱情,最终走向冰点,那就要冷静、豁达地看待分手,若能送上衷心的祝福,那更是难能可贵的情操和人性。我们还是希望爱情和婚姻能够携手同行,修成正果。

7. 爱情助力未来学业与事业的发展

人生除了去追求甜美的爱情,还应该为一件大事而来。处理好爱情与未来学业和事业发展之间的关系成为大学生学习与生活、现在与未来重要的问题。爱情与未来学业和事业最好的关系状态是相互促进,大学期间的爱情为不断努力学习增添动力和色彩,还可以为未来发展提供助力和建立方向。恋爱的双方会为共同的生活和奋斗目标进行规划和设计,并为此付诸行动。如果两个人的未来发展步调不统一,或者现实选择出现矛盾,势必会对爱情产生考验,比如,原本计划两个人同时继续考研深造,结果一方没能如愿,或者一方出国,另一方在国内发展,这些都是需要做好充分的思想准备和应对办法。最理想的处理方式是,做好多方面的准备,或者不同结局的考量,不要孤注一掷,不能让爱情和未来发展产生巨大的矛盾和冲突,如果采取激烈固执的应对方法,很可能出现两败俱伤,伤了感情,耽误了前程。所以,在面对爱情与未来选择和发展的问题时,恋爱双方都应该客观、理性地判断与设计,面对各种结局都应该冷静,和平面对和解决,必要时可以求助于老师、家长、朋友,或者专业人士咨询探讨。

❀【生命叙事】

学业爱情双丰收高校情侣保研名校①

5月20日,这一天已经成为众多情侣表达甜蜜爱意的日子。在中国石油大学(华东),有这样一对情侣,他们不仅恋爱甜蜜,而且学习成绩优异。他们在恋爱中平衡与学习之间的关系,一路相互促进携手前行。

这对"学霸情侣"是来自中国石油大学(华东)材料成型及控制工程专业2014级本科生王然(化名)和房梦涵(化名),她们已携手走过3年甜蜜的时光,并于2017年9月,分别被保送至西安交通大学和北京航空航天大学攻读研究生。大学四年间,两人共获得50余项荣誉,且获得2项国家实用新型专利。

---

① https://baijiahao.baidu.com/s? id=1600764290165865013&wfr=spider&for=pc.

在交往中,他们不仅有恋爱的小甜蜜,还志趣相投和性格互补,用他们自己的话来说,两人保持高度一致的步伐前进着。很多校园情侣一直苦恼于无法兼顾恋爱与学习,但在他们眼中,影响学习的因素不是男女朋友,而是手机。在学习中两人相互监督,自习时一律把手机关机,避免被外界打扰。最重要的是,两个人在学业上能互相监督、互相提醒。

为了更高效率地学习,就算平时上课,在同一个班级的王然与房梦涵也不会并排坐在一起,而是坐在前后排,他们认为,教室不是谈恋爱的地方,既影响自己的效率,也影响别人的学习。

在保研路上,网申、参加夏令营、获得推免资格、参加预报名复试、联系导师……一关关,一轮轮,他们也并不是一帆风顺。

大三下学期5月份,王然和房梦涵就开始关注网上的高校保研信息。王然并不擅长扫描证书、简历排版等工作,这些都由房梦涵一手包办。在很多网申石沉大海时,房梦涵偶尔也会焦虑,看待事情理性和周全的王然便是她的"正能量导师",给予她支持和鼓励。

在得知保研结果后,两人将进入异地恋阶段,周围的朋友们也都是一片惋惜。西安至北京,1 000多公里,但在两人看来并不是太大的阻力,whatever,心近就好,既然勇敢相爱,就要勇敢坚持。

爱情是美好的,它既是一门艺术,也是一门学问,需要每个人用心经营。当代大学生正处于身心发展的重要阶段,会由于其个性特点自然而然地向往和渴望爱情。同时,爱情又是世界上最复杂的情感,大学生由于心理发展尚未成熟,世界观、人生观与价值观尚未健全,往往不能正确地把握爱情,会带来一定的心理负担。因此,大学生应树立正确的恋爱观,增强恋爱责任感与道德意志力,把握生命与爱情的关系,为幸福的人生打下坚实的基础。

【生命活动】

主题:揭开神秘的面纱——爱情是什么?

活动目的:认识爱情的内涵与发展阶段,培养正确的恋爱观。

活动内容:手绘爱情;分享时刻。

活动目标:通过用画笔绘制自己心目中的理想爱情,引导学生去思考爱情在自己的人生中的意义与价值,深化其对于爱情的理解与认同,进而丰富并升华生命情感体验。

活动方式:绘画法、分享讨论法。

活动材料:纸、彩笔、道具。

活动过程：

一、手绘爱情

每位同学用一种能代表心目中爱情的颜色画笔，在纸上绘制出理想的爱情形象或是爱情场景。

二、分享时刻

1. 为什么用这个颜色表达心目中的爱情？

2. 你绘制的这幅爱情图想表达什么？

【推荐书目】

1. 朱小蔓.情感教育论纲[M].南京:南京师范大学出版社,2019.

2. 周国平.我爱故我在:周国平谈情感和体验[M].北京:求真出版社,2012.

第三章 生命体验:生命的存在方式

【生命格言】

生命本身具有意义,正是在生命那里,而不是在抽象的逻辑原则中,他才发现了实在和真理,也正是在生命中,而不是在先验王国中,他才发现了所谓的真善美。

——狄尔泰

【知识导图】

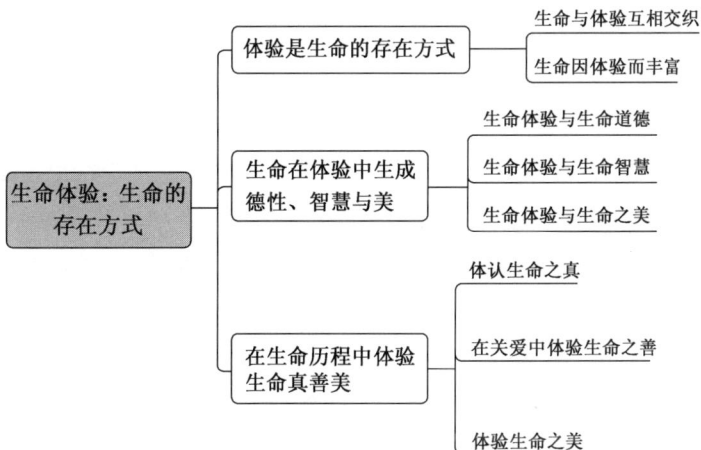

【生命叙事】

叶嘉莹:世界吻我以痛,我却报之以诗①

央视颁布"感动中国 2020 年度人物",一心致力于传播中国传统文化的中华古典文化大家叶嘉莹先生众望所归当选。她被称为中国最后一位"穿裙子的

---

① 节选自搜狐网. 人物故事"叶嘉莹:诗意的活着,让生命变得有意义"[EB/OL]. https://www. sohu. com/a/324676141_100150488(题目为编者自拟).

士"。她是中国古典诗词研究专家,受聘于台湾大学、哈佛大学等多所大学的客座教授;她是2015—2016年度"影响世界华人大奖"终身成就奖的获得者。

1924年,叶嘉莹出生在北平的一个书香世家,当时正值动乱年代,父亲因为工作原因南下,叶嘉莹和母亲相依为命。17岁,母亲猝然故去,叶嘉莹第一次感受到生命的无常,料理完母亲的后事,数十天闭门不出,写下《哭母诗八首》,字字泣血,句句锥心。

24岁,叶嘉莹跟随丈夫来到台湾,生下大女儿后,不久丈夫就以"莫须有的罪名"被捕入狱。她的住所被抄了,失去了中学教师的工作。母女俩只能寄人篱下生活。关押3年后,丈夫出狱,没有了工作,性情变得暴戾。第二个女儿出生时,丈夫瞥了一眼就冷漠地走了。

52岁,叶嘉莹转机去看望新婚不久的大女儿,返程的飞机刚落地,就收到了女儿和女婿因车祸双双罹难的噩耗。年逾半百,痛失爱女,叶嘉莹悲痛昏厥。为祭奠女儿,她一口气写下了十首诗,每一句都是对女儿最透彻的思念。她叹命运不公,反思劳瘁一生的意义。经此一难,叶嘉莹突然悟到,"把一切建在小家、小我之上,不是一个终极的追求和理想"。

1979年春,叶嘉莹在南开大学开始了三十余年的教书报国路。在此期间,叶嘉莹应邀到国内的几十所大学讲学,以及辗转国际多所大学讲学,她将传承古典文化作为自己的责任。

除了教课,叶嘉莹在南开大学创办了"中华古典文化研究所",设立"驼庵"奖学金。她在晚年累计捐赠3 568万元,在南开大学设立了"迦陵基金",用以支持研究古典诗词文化。

叶嘉莹的大半生都在颠沛流离,至亲一个一个被夺走,她伤心悲痛却从来没有一蹶不振,每当拿起诗词时,她就有了力量和这个世界对抗。诗词存在于苦难,也承受着苦难。苦难之中,人终究还要有所持守,完成自己。"命运把我放在哪里,我就落在哪里,就在哪里开花。"一个人对内心信念的坚持,既能抵御风雨,也能让内心强大,世界以痛吻我,我却报之以诗。

一、体验是生命的存在方式

王国维在《人间词话》里说,"天以百凶成就一词人"。所谓"百凶",其实就是人生不同的经历与阅历。在体验人生百态与世情冷暖之后,情感得到升华并表达,便有了诗词歌赋等歌咏以言志。

体验是生命的存在方式,丰富的生命体验,结合坚韧不拔的毅力,会让我们充分挖掘生命潜能,发现更好的自己,会为自己开创出一番新天地。在体验中,可以发现自己的长处,悟到书本上学不到的道理,也可以反思自己的缺点,在实践中修正自己的坐标。体验可以让个体生命更好地发现自己、发现他人,更好地体悟生命之道。

（一）生命与体验互相交织

1. 体验与生命体验

"体验"一词，德文原作 Erlebenis，源于 Erleben。在德文中，生命和生活都是一个词源 ben，"体验"一词是在此 ben 一词前加上一个具有能动意味的前缀，由此合成出 Erlebenis。从"体验"一词的构成可以看出体验与生命、生存具有密切的联系。在《现代汉语词典》中，体验被解释为：通过实践来认识周围的事物；亲身经历。即人们生活在体验中并通过体验而生活。在《哲人辞典》中，体验被解释为：体验，与"生命"范畴相通，是构成精神世界的基本细胞。体验是构成生命统一体的一个单位，对生命的存在产生重要影响，是推进生命不断前进的重要动力，生命和体验是一个统一的存在。

生命体验包括生命与自身、与所生存的社会和生态环境的联系及在其中生成的内生命体验、社会体验、自然生态体验。生命首先与自己发生着关系，同时，它也脱离不开社会和生态环境，三者结合的生命体验才更完整。

在生命体验中，个体生命首先体验到自己作为一个具有个性的存在而带给周围世界与他人的影响，体验到因为自己的存在而丰富了多彩世界的安宁、和谐、满足和幸福的感觉。个体领悟到自己存在的意义，体验到自己是作为自己而存在的，从而超越自我，走向更为广阔的精神生命世界。这就是个体的内生命体验。

当个体步入社会生活中，与社会系统发生关系，被"置身局中"时所收获的感动与感悟就会造就个体生命的社会体验。在有关系存在的地方，个体总是置身于关系情境中并与之发生关联。社会体验的不断深化意味着个体与周围关系、世界关系的不断扩展及因此带来的体悟的不断加深。

自然生态体验是个体生命在自然之境中的体验，它侧重于对人与大自然之间关系的领悟。在生态体验中，作为感性个体的人在其生态阅历的基础上，唤醒和发展其生态潜能，不断领悟自己内部世界与外部世界之间错综复杂的矛盾关系，人类及其个体与自然界、人类社会和文化精神保持多样性的内在之"道"，自觉调整和优化自己的生存态度与生存方式，以求得新的生态和谐，达成新的道德境界。[①]

2. 体验是生命存在的直接形式

19 世纪下半叶至 20 世纪初，生命体验哲学方兴未艾。其形成了一股强大的冲击力，研究指向生存、生活、生命和体验，试图把感性个体的生存性从纯粹思辨的领域中解放出来，并对实际生活和现实世界中的生命体验进行深入研究。叔本华认为，世界不是指理论上可以认识到的世界，而是指在生命的进程中所体验到的世界，认识活动在更多的意义上是生命体验而非"逻辑统一"。只有重视体验，才能发挥生命存在

---

① 刘惊铎. 道德体验论[D]. 南京师范大学，2002：8.

的主动性与主体性。迦达默尔认为："只要某些东西不仅仅被经历了，而且其所经历的存在获得了一个使自身具有永久性意义的铸造，那么这些东西就成了体验。"体验使人更加靠近人的生命本身。刘惊铎研究指出，体验是一种图景思维活动。图景是跨时空的整体性存在。它包括过去的生活历程、当下生活场景和未来人生希冀的蓝图。当一个人真正发生了体验，他会领悟到人类如此丰富的语言的匮乏性，找不到语言来表达当前的体验，但头脑中常常发生活生生的图景转换活动。①

生命体验是一种活生生的人生感受，其中交织着认知的成分和情意的成分，两者之间是相通的。"关注个人的生命经历、经验、感受与体验，其实质就是关注学生的生命。"②因此，体验是生命存在的呈现，是与生命直接相关的一种存在方式。体验作为构成生命的基本因素，使生命得以拓展和丰富，并且因生命而发生，生命整体也在体验中得到了再现。体验与生命互相交织于彼此之中。因为体验，生命拓展了深度与广度；因为生命，体验得以发生和发展。

【生命叙事】

八个大学生"流浪汉"的故事③

这是一个真实的故事。某高校挑选 8 名身体素质好、意志坚强的男同学赴山东省济南市，要求他们在身无分文的条件下，凭借个人的能力独立生活 10 天。

杨志锋是 8 个人中最先找到工作的。7 月 12 日上午，他找到在小酒店干勤杂工的工作。工作之余，还要辅导店老板正上小学四年级的女儿做功课，忙完了还要逗老板不满 2 岁的儿子玩，哄孩子睡觉。只要孩子哭闹，就要遭到老板的训斥。他说，在这段日子里，他有一种苟且偷生的感觉，对"仁、忍、韧"的体验是他此次活动最大的收获。

刚来济南的头几天，吴宏伟帮人卸过西瓜，卖过茶叶蛋，给报社投过小稿，艰难度日。7 月 16 日，一个偶然的机会在街上同两个韩国游客相遇，吴宏伟一口流利的普通话和对足球的独特见解深深地打动了两位韩国游客，他们邀请吴宏伟做他们的导游，并向他学习中文。在以后的几天，吴宏伟俨然成了一名业余导游兼中文教员，几天时间逛遍了济南市，自己落得个逍遥自在，吃喝不愁。活动结束时，两个韩国游客执意要和他交朋友。

朱英福，人很机灵，日语说得也很流利，所以他把眼光瞄上了外资企业和外贸公司。可事与愿违，求职时离求职标准总是差那么一小截儿。7 月 14 日，朱

---

① 刘惊铎. 道德体验引论[J]. 陕西师范大学学报(哲学社会科学版)，2003(1).
② 刘慧，朱小蔓. 多元社会中学校道德教育：关注学生个体的生命世界[J]. 教育研究，2001(9).
③ 郭光宇. 八个大学生流浪汉的故事[J]. 中国大学生就业，2000(4).（有删减）

英福只好来到一家建筑工地打工。晚上收工，浑身散了架，翻来覆去睡不着，心里一个劲儿默念着：要是我的字写得再漂亮些，我会应聘那家外贸广告公司的，就不会这个样子了。

屈翰增富有挑战精神。他对此行充满了信心。他说，在一个陌生的城市挑战生存，要选择最低起点，这样会让自己感到心里踏实，且每前进一步，都会有一种成功感。现实印证了他的想法。踏上济南的头两天，他流落街头，帮人散发广告传单，收入填不饱肚子；中间两天，他在建筑工地做苦力，有了饭吃，有了地板睡，算是提高了一点；后来 6 天他选准了在一家酒店做侍应生，相当出色，劳动强度大大降低。真可谓节节上升，每一步都是主动的、踏实的，充满了愉悦。

7 月 14 日，就在李格、赵宗杰生活无着，准备宣告活动失败的那天下午，"红辣椒快餐店"老板黄女士听了他们的经历，破例接收他们在店里做侍应生。两人在总结中写道：侍应生的经历我们终生难忘，它使我们除去了浮躁和轻狂，认识了不足，超越了自我。作为一种报答，他们在这里干得很卖力，适应也很快，到 7 月 20 日归队时，大家早已是依依不舍。小李、小赵说在店里学到了许多课本上学不到的东西，对做人有了新的理解和感受，更重要的是体会到了一种发自内心的敬业精神，这将使他俩终身受益。

李见营是最后找到工作的一个。作为小队队长，他想求得一个和专业相近的职业，为大家做个榜样。刚来头几天，他一直往游泳馆和体操馆跑，想做一个游泳教练或者健身教练，但那里要求出具健康证明，还要交一定数额的押金。没办法，他只好到川菜馆当起了厨师。他说他寒暑假在家经常帮厨，练就了一手较为熟练的做菜技术。起初老板不信，可一看他的刀功，禁不住啧啧称赞。等活动结束小李返校时，老板拍着他的肩膀说："小伙子，再干半年，你会成为我们这里最优秀的厨师。"

郑文华在试了好几个工作之后，才勉强被一家餐馆收留当服务员。可就在临归的前一天晚上，他给一位戴眼镜的客人拿餐巾纸时，因为多说了一句话："您也是大学生吗？"竟被客人的同伴嘲弄了一番。幸好店主及时解劝，事态才没有发展下去。事后回想起来，他说，这对自己绝对是一个教训，自己对社会了解得太少了，思想的单纯必然造成行动的鲁莽，死啃书本充其量只能是个两脚"书橱"。思路决定出路，社会是所大学校，他下决心读懂社会这本最难啃的教科书。

（二）生命因体验而丰富

生命体验是生命存在的直接形式。恰如狄尔泰所说，"我们通过体验和理解所领会的,是作为把人类包含于其中的脉络而存在的生命"①。人生丰富与否与生命体验的丰富与否密切相关,通过丰富生命体验可以使生命更丰富。生命体验是个体生命历程中的财富,使个体生命得以丰富。它可能是模糊的,也可能是明确的,可能是"亲验"的,也可能是"想验"的。

1. 体验可以开拓生命视野

体验是一种"图景思维活动"②,是个体生命在成长历程中由外部事物所引起的内心感受和体认,是将自然空间和自然时间创造成生命时间和生命空间的"图景思维活动"过程。在体验的过程中,体验与体验者的经验、情感、思想交融,生成个体独特的生命意义,进一步拓展个体的思维、建构个体的内心世界、生成个体的道德品质;这一切同时反作用于体验者,在体验中生成更加丰富的个人感受,从而拓展体验者生命的深度与广度。

不断丰富自己的生命体验,会使我们的视野不再局限在一个很小的范围内。丰富的生命体验,会为自己开创出一番自己可能都没有想过的天地。

2. 在体验中,更容易领悟生命、感受生命之美

生命是大自然智慧与美的体现。黑格尔曾说过"自然美的顶峰是动物的生命",生命科学兴起之后,人们对生命美异乎寻常地关注③。生命之美是生命的节律、色彩、运动等综合形成的形式美,也是思想、精神、情操等综合形成的内在美。奉献是美,努力也是美;天生丽质是美,自我完善也是美。东方人的节奏和谐、美善同一、心物融合、宁静而超脱,悠然意远而又自强不息是生命之美;西方人的探索无穷、追求无限、伸张人类权力意志,闪耀痛苦的光辉而又充满欢乐意识也是生命之美。④

无论是形式美还是内在美,在生命情感的交流、生命与生命的感应和共鸣中才能体现和升华。也就是说,生命之美只有在生命的活动历程——生命体验中才能实现。尝试过、寻求过、体验过的人,才能真正理解生命。甜蜜的生命体验让人懂得生命中的愉悦,痛苦的生命体验让人懂得生命中的坚韧、执着。懂得生命之美、领悟到生命感动的人,总是那些经历过、体验过的人。

3. 不同的体验,造就个体生命不同的人生

世界上没有两片完全相同的树叶,也没有两个完全相同的人。生命体验也是如此,每个人的体验都是独特的。不同的生命体验,带给人们不同的生命感受,正因为

---

① [德]威廉·狄尔泰.历史中的意义[M].艾彦,逸飞,译.北京:中国城市出版社,2002:10.

② 刘惊铎.道德体验引论[J].陕西师范大学学报(哲学社会科学版),2003(1).

③ 姚全兴.由生命科学拓展的当代社会科学新视野[J].山东医科大学学报(社会科学版),2000(2).

④ 姚全兴.生命美育论[J].贵州大学学报(社会科学版),2015(3).

一个个不同的生命体验不断地积累下来,才形成了每个人独特的、与众不同的人生。

"生命叙事"中的 8 个同学,在 10 天艰苦谋生的体验中观察了人生百态,品尝了不同生活境遇下的酸甜苦辣,在历练中思考了自己,感受了世界,收获了经验,获得了成长。生命需要体验,生命只有在体验中才能丰盈。

二、生命在体验中生成德性、智慧与美

人在情境因素激发下产生体验,通过环境和事件的作用感受、理解和领悟生命,经历内心的感动从而生成生命智慧、生命意识和生命能力,并感受到生命之美。体验就是生活,世界因体验而有其意义。

(一)生命体验与生命道德

每个人每天都在过着自己平凡却独一无二的日子,每个人都拥有对自己的生命以及生命的绵延、对我们生活的世界、我们的生命历程的认知与感受,这就是我们的生命体验。

1. 生命在关系中生成道德体验

生命不能脱离关系存在,个体在彼此交织的关系中生成体验。狄尔泰认为,生命就是人类社会中由各种各样的关系交织起来的一切人类生活。在自然辩证法中,人的本质就是各种社会关系的总和。人是自然界中的存在,天地万物与人,同为自然整体的一部分,彼此之间互相感应,相互联系、相互支撑、相互制约。人在生命实践活动中不可避免地与自己、与他人、与社会、与他类,以及与整个大自然发生这样或那样的关系。为了规范关系中个体的行为,使关系处于平衡状态,产生了作为调节社会中人与人之间的关系的基本准则,即道德。

感性个体的人总是处于一定的关系世界之中,有对包括自己在内的整个关系世界的融通性领悟。只要一个人对其周围的关系世界发生了含有价值判断的融通性领悟,这时的体验就是一种道德体验。[①] 道德体验是个体生命在实践中产生的,它也是一种生命体验。

2. 生命体验具有道德价值

生命体验可以生发生命道德。生命道德是调整人与生命关系的道德,人与生命关系包括人与自己生命、他人生命以及与他类生命之间的关系。生命道德最基本、核心的意涵是关爱生命。

人的生命是在活动中由体验建构的,主体的体验以及对体验事件的解释构建起自己的内心世界,形成了人的道德品质。每个人的道德品质都受到生命体验的影响;

---

① 刘惊铎. 道德体验论[D]. 南京师范大学,2002:18.

生命的过程也是体验的过程,体验作为生命活动的方式,内在于人的生命并建构着人的生命,同时也建构着个人的现实生活世界。体验,不仅具有生命的意义,而且还具有道德教育的价值。苏霍姆林斯基曾指出,只有当道德准则被学生自己去追求、获得和亲身体验过的时候,才能最终真正成为他们自己的精神财富。也就是说,个体道德的发展,都是建立在其自身的生命体验和生命感受的基础之上。

3. 生命道德影响生命体验的生成方向

生命道德促生美好的生命体验。人怎样认识生命、怎样理解生命、怎样对待生命,都会影响人对人、社会、自然的关系,也会影响个体生命体验的生成。个体生命"以其独特的遗传因素与环境相互作用,并通过其经历与经验、感受与体验体现出来。而人又是以其经历而形成的自我经验来感受生活、感受他人、感受世界,也是基于他的生命感受、他的自我经验来理解生活、理解他人、理解世界的"①。

对美好生活的追求是全社会的目标,也是每个人的目标。我们追求的美好生活是以关怀人的生命状态、提升人的生命质量、促进人的生命发展为理论旨归和实践目标的。现实的生活是否美好,归根结底来自每个个体对自身生命状态的体验和感知,即美好生活的实现不但需要强大社会系统的支持,还需要有生命个体的自我建构和生命道德的自觉践行。人们在追求美好生活的体验过程中需要以生命道德指引,通过生命教育来启迪和提升生命的意义和价值。

(二) 生命体验与生命智慧

1. 何谓生命智慧②

生命智慧就是生命所具有的指向生存与发展的智慧。不仅包含孕育生命的智慧,也包含发展生命的智慧;不仅包含生命在自然进化过程中,自身所形成的保障和有利于生命生存与繁衍的本能性智慧,也包含个体生命在生活过程中所形成的生活性智慧。对于人而言,生活性智慧主要是指对生命本身的生与死、生命与生命、生命与自然等关系的洞察与感悟所形成的智慧。

2. 生命智慧是生命体验的结晶

生命智慧生成于生命体验中,又指导生命体验。我国古人从生活体验中概括抽提出来的一些人生智慧,展现了他们的生命智慧。例如,"塞翁失马,焉知非福""有所不为,才能有所为"等。可见,生命智慧是个体在体验中对各种关系的感悟与反思,只

---

① 刘慧,朱小蔓. 多元社会中学校道德教育:关注学生个体的生命世界[J]. 教育研究,2001(9):2-7.

② 刘慧. 陶养生命智慧[M]. 北京:教育科学出版社,2008.

有体验到人与人、人与社会、人与自然关系的意义并进行反思时，才会有智慧产生。"当一个人具有较高的道德智慧时，就会在面对和处理人与人、人与社会、人与自然的各种利益关系时，尤其是面对艰难的道德抉择时，穿透迷雾而表现出一种平淡恬静、从容自如的睿智。"①

【生命叙事】

苏轼：也无风雨也无晴②

元丰二年，当时担任湖州太守的苏轼因"乌台诗案"被捕入狱，折磨数月后被贬谪到穷苦小镇黄州。初到黄州，生活穷困，缺衣少食。于是开垦了城东缓坡上的一块荒地，种粮种菜，酿酒做饭。在这里，他做东坡肉，煮东坡羹，酿东坡酒，撰东坡词，从此东坡居士名满天下。苏轼的乐观豁达，令他即便是面对被贬的苦难生活，依然活得很有诗意，有诗为证——《定风波·莫听穿林打叶声》。

"莫听穿林打叶声，何妨吟啸且徐行。竹杖芒鞋轻胜马，谁怕？一蓑烟雨任平生。

料峭春风吹酒醒，微冷，山头斜照却相迎。回首向来萧瑟处，归去，也无风雨也无晴。"

本诗的写作背景是苏东坡与朋友一同出门，半路遇天降大雨，但雨具被拿走，两人举步维艰，十分狼狈。本是很稀松平常的一件事，但到了苏轼这里却别具一番滋味。他认为无须去理会那穿林打叶的雨滴声，何不一边吟咏长啸，一边怡然自得地往前走。这不仅是诗人在雨中漫步，也是诗人在坎坷的人生道路上漫步。"一蓑烟雨任平生"，更是将诗人面对风雨人生仍旧我行我素、不畏坎坷的超脱情怀展现得淋漓尽致。下阕，风雨过后，斜阳相迎，一句"回首向来萧瑟处，归去，也无风雨也无晴"把诗人内心留下的唯有饱经风霜后的恬静和泰然显露无遗。这是他真实人生态度的自然写照：心胸开阔、意志坚定、乐观自信。

3. 生命体验是陶养生命智慧的途径

生命智慧并非外在于生命，而是就在生命本身；生命智慧不是探究找到，而是生命智慧潜能的适时生长与显现。这种适时的生长与显现，必须借助生命体验这个途径。体验是情感和理性交融的结晶性产物。朱小蔓教授等从情感体验的角度揭示："情感体验不是对当前刺激物、当前情境的瞬时、单一的体验，而是个体用自主的、全

---

① 张茂聪. 道德智慧：生命的激扬与飞跃[J]. 教育研究，2005(11).
② 黄素玲. 浅析苏轼洒脱达观的生命智慧[J]. 参花(下)，2017(11).

身心的经验参与的一种全方位、全历程、全情境的整体性体验。"对个体而言,体验是由外部情境所引起的个体的心理感受、亲身经历,在体验中的感受经反思经过人脑的整合可以生成智慧,并指导个体的实践活动。

(三)生命体验与生命之美

1. 审美活动是一种生命体验

生命之美需要通过审美活动展现。审美活动是人类一项不可缺少的精神文化活动,是人类的一种基本的生存活动,是人性的一项基本价值需求。审美活动的本性就是一种人生体验、生命体验,一种存在本身的喜悦体验。[1]

一切审美活动都离不开生命本体。美在生命之中,审美活动就是通过体验将生命之美展现。因此,人对生命之美的认识、理解与感悟,主要通过生命体验得到。

生命之美是由生命创造的。个体生命在社会生活持续展开的过程中,不断地将自己优势潜能实现出来,不断将生命本身具有的美展示出来。提升生命之美的生命体验,就是要帮助个体生命提升生命选择力、实现优势潜能的践行力,帮助个体生命有能力活出生命之美。

2. 体验生命之美带给生命正能量

从美的角度体验生命,可以获取与传递生命正能量。[2] 生命之美在人的心中具有重要的位置与价值。正如加德纳所言:"'美'的体验仍然是我们活着,并且想要继续活着,与他人分享生命中的快乐的主要原因。只要我们超越了单纯的生存,那么生活的质量就显得很重要了。而缺少'美'的生活,将会是十分空虚而寂寞的。"[3]美的体验带给人的是积极、正向与美好,带给人的是温暖与喜悦,给人以生命存在与发展的正能量。从美的层面思考、理解活着的意义,从美的角度唤醒、引发人们对生命意义的探寻,更符合中国人的观念、情感与思维方式。

美的生命体验不仅能使人愉悦,使人着迷,收摄人的注意力,而且能给人乐观向上的感悟。教育,要通过生命美育促成学生体验生命之美。如蔡元培先生在《审美与人生》所说:"人人都有美感,而并非都有伟大而高尚的行为,这由于感情推动力的薄弱。要转弱而为强,转薄而为厚,有待于陶养。陶养的工具,为美的对象;陶养的作用,叫作美育。"

---

① 陈修梅,刘慧. 遮蔽与澄明:生命教育中的"生命之美"[J].当代教育科学,2017(5).

② 刘慧. 生命之美:生命教育的至臻境界[J].教育研究,2017(9).

③ [美]霍华德·加德纳. 重塑真善美[M].沈致隆,杨彦捷,译.北京:中国人民大学出版社,2012:189.

三、在生命历程中体验生命真善美

生命之真善美的体验在生命历程中常常是同时发生、交织进行、苦痛与幸福兼具。人生体验中对真的感悟，对善的追求，对美的境界感受，教人学会珍惜与悦享，学会给予与关怀、感悟生命之美，升华生命智慧。

（一）体认生命之真

1. 生命来之不易，并非只是"偶然"

生命是整个自然界最神奇、最独特的现象。当代生命科学的研究成果已经揭示，在几十亿年的演化过程中，生命本身进化出遗传、自组织、复杂性、不确定性、混沌与秩序、适应性、进化、时间、创造等生物学特性，并伴随着科学研究的深入，还揭示了诸如生命也具备向上性、向善性、智慧性等社会学属性，这些特性从不同的方面和侧面证明生命的存在，显示着生命的丰富性和独特性。个体生命的独特性与多样性，构成了整个生命世界的多样性存在，而孕育在生命之中的情感，更加丰富了生命世界，使生命世界多姿多彩。① 现代科学研究也表明，"人是一个整体，是生理—心理—社会的整体，任何万里长城也不能分割开人的人类部分和他的动物部分"②。人的整体性大于人的任何一个部分或几个部分之和，同时整体所具有的一些特性是任何部分所不具有的。每个个体生命都兼具生命的独特性、关系性、整体性，并是三者的共在。每个生命，都有其自身的"小宇宙"，而又共同构成了我们的"大宇宙"。

🍀 【生命叙事】

　　瑞士著名摄影师伦纳特·尼尔森（Lennart Nilsson）一直对生物学很感兴趣，在20世纪60年代前后，他决定把人类胚胎发育的每一步过程都拍录下来。这项计划得到了《生活》杂志的支持，在4年的努力之后，尼尔森完成了任务，作品发表在《生活》杂志上，引起了世界性轰动。

　　借助于扫描电子显微镜，尼尔森得以拍摄出被放大了数十万倍的照片。通过一台高倍率的电子扫描显微镜，尼尔森带领人们进入一个原本无法观看的世界——身体的内部，细胞、各种组织以及我们如何被孕育、如何在母亲的体内生长并最终来到这个世界上。这一切显得如此神奇和美好，它让人们感到与自己的身体从未有过的亲近。

---

① 刘慧.生命德育论[M].北京：人民教育出版社，2005：18.
② [法]埃德加·莫兰.迷失的范式：人性研究[M].陈一壮，译.北京：北京大学出版社，1999：6.

2. 在尊重中体验生命之意义

人生并非一帆风顺,生活中有苦有甜有煎熬,了解生命来之不易与独一无二后,更应该尊重生命、真爱生命并悦享生命。拥有生命就是幸福,体验活着的各种滋味就是生命的意义所在。

人生百态,世相不同。尊重生命就是要爱护和珍视生命、平等地对待他人与他类生命、尽己所能地让生命丰富与成长,进而学会悦享生命,从生命的长度、宽度、深度三维立体地关注生命,追求、创造并实现生命意义。

尊重生命中的苦难,发现苦难与挫折的建设意义,从积极、正向、美好的方面去热爱生命、悦享生命,就可以在生命成长中,无论处在什么状态,无论遇到怎样的艰难困苦,都不会辜负生命,都能体会到生命的意义。

尊重生命中的期望,对生命"有所期待"。希望是一种力量,是生命的力量。生活本身是开放的、不确定的和难以预测的,常会有意外与不可避免的事件决定着或改变着一个人生命的轨迹。在茫然不知的状态下,在寂寞、孤独中,在各种艰难的处境中,在大病侵袭时,在突遇"灭顶之灾"时等,仍能憧憬美好的生活,坚信"生活会继承下去",学会在酸甜苦辣交织中体验生命的苦痛与美好,如叶嘉莹先生一般绽放出最美的花朵。

【生命叙事】

一位教授在学生毕业前的最后一节课上说:"你们可能并不那么喜欢实验课,但我希望你们能记住这最后一堂课。"

教授说:"水有三种状态,人生也有三种状态。水的状态是由温度决定的,人生的状态是由自己心灵的温度决定的。假若一个人对生活和人生的温度在0℃以下,那么这个人的生活状态就会是冰,他的整个人生也只有他双脚站的地方那么大;假若一个人对生活和人生抱平常的心态,那么他就是一汪常态下的水,他能奔流进大河、大海,但他永远离不开大地;假若一个人对生活和人生是100℃的炽热,那么他就会成为水蒸气、成为云朵,他将飞起来,他的世界和宇宙一样大。"①

(二) 在关爱中体验生命之善

善,既是道德行为评价尺度,又是人们对道德行为评价的一种表达。生命之善,主要是指关爱生命,人们出于对生命的关爱来维护自己与生命的关系,包括对生命的

---

① 徐宏丽. 最后的实验课[J]. 青年科学,2009(1).

给予、关心、责任、尊重等。在一定程度上讲,人与生命之间的关系,辐射人与人、人与社会、人与自然之间的关系。

体验是生命的存在方式,生命离不开体验。生命道德包含对生命的体验、对生活的体验、对个体生命和类生命全过程的关爱。个体生命在体验中通过亲验或想验,引起内心感受、体味,进而成长、成熟,涵养生命道德。个体只有在体验中,才能提高个体的道德境界,实现知、情、信、意、行的整合,实现人的成长、成熟。

1. 在自律中体验对自我生命之善

自律是实现自爱途径之一。自爱是生命之善的起点。自爱是个体生命对自身的关怀,是引发个人美德、推动个体生命超越自我、追求美好幸福生活的德性品质。真正的自爱是在与他人、他物及周围环境的"共作"中得到实现,最终达于爱他人、爱社会的境界。自爱首先体现的是自我与生命的关系。

"自律"有"遵循法度,自加约束"的意思。自律的必要条件是遵循现有的规则,让自我约束的力量更为强烈。马克思说过,"道德的基础是人类精神的自律"。儒家思想中的"内省""慎独""克己复礼""力行近乎仁"等心性修养方法,就是道德自律实现的圭臬。

自律是个体积极主动的自我约束、自我选择、自我规划、自我评价,并要求建立良好的内心法庭,对自己的言行进行自我裁决;其实质是自爱。"如果人人都追求其自身最高的善、最高的美德,自爱就会促进最大的公共幸福。"①

做一个自律的人,心中要有对自己、对未来的明确目标。目标是动机,也是需要,是个体生命生成的动力所在。培养自律最佳的方式是为自己制定系统及常规,特别是在人生重要的需要长期的成长及追求成功的指标项目上。

做一个自律的人,在日常生活中要时常自省。通过自我的不断认识,提高认识水平,从思想上提升,而后到行为上的不断控制,不断提高自我。

【生命叙事】

徐溥储豆律己②

徐溥(1428年—1499年),字时用,宜兴(今江苏省宜兴市)人,明朝内阁首辅。徐溥入阁为相十二年,亲民爱才、为官清廉、忠于王朝,被誉为明朝贤相之一。

徐溥自幼天资聪明,读书刻苦。少年时代的徐溥性格沉稳,举止老成,他在

---

① 刘慧.生命德育论[M].北京:人民教育出版社,2005:33.
② 节选自 https://www.51test.net/show/6017293.html,2015-10-20.

私塾读书时,从来都不苟言笑。一次塾师发现他常从口袋中掏出一个小本本看,以为是小孩子的玩物,等走近才发现,原来是他自己手抄的一本儒家经典语录,由此对他十分赞赏。徐溥还效仿古人,不断地检点自己的言行,在书桌上放了两个瓶子,分别贮藏黑豆和黄豆。每当心中产生一个善念,或是说出一句善言,做了一件善事,便往瓶子中投一粒黄豆;相反,若是言行有什么过失,便投一粒黑豆。开始时,黑豆多,黄豆少,他就不断地深刻反省并激励自己;渐渐黄豆和黑豆数量持平,他就再接再厉,更加严格地要求自己;久而久之,黄豆越积越多,相较之下黑豆渐渐显得微不足道。直到他后来为官,一直都还保留着这一习惯。凭着这种持久的约束和激励,他不断地修炼自我,完善自己的品德,后来终于成为德高望重的一代名臣。

徐溥对自己行为的高标准约束显示了他强烈的自律意识,即使是在个人独处时,也能自觉地严于律己,谨慎对待自己的一言一行。慎独是自律的最高境界,它能让一个人在独立工作、无人监督的时候仍然能够不被外物所左右,丝毫不放松自我监督的力度,谨慎自觉地按照一贯的道德准则去规范自己的言行,一如既往地保持道德自觉。

2. 在给予中体验对他人生命之善

人本主义心理学认为,在给予的行为中,给予方体验到力量、财富、能力。这种提高生命力和潜能的体验可以使人内心充满欢乐。给予比接受更快乐,因为在给予的行动中表示了给予方的生命存在。在物质的范围内,给予意味着富有。并不是因为拥有许多才富有,而是给予了许多才富有。①

当一个人给予另一个人的是他生命的活力,他给予这个人的是他的欢乐、旨趣、理解、知识、幽默、悲哀,给予的是他的生命活力的全部表达方式和全部证明方式。这样,在给予他的生命时,他使另一个人富有起来,通过提高他自己的生命感,他提高了另一个人的生命感。可见,给予生命是指一个人给予另一人的生命活力,是一个生命给予另一个生命的帮助、回报、奉献,给予不是牺牲,而是快乐,提升彼此的生命。

如果说在自律中体验的是个体与自我生命的关系,那么,在给予中体验的就是个体与他人生命、他类生命的关系。给予的过程是一个由自爱走向仁爱的过程。这是将对生命的关爱辐射到了人—人关系与人—物关系中去。

人际交往困惑是当前大学生重要的生命困惑之一。有研究者在山西八所高校800名学生中进行了人际关系调查,有40.58%的学生认为自己人际关系很好,41.62%的学生回答一般,12.83%的学生认为很差,还有4.97%的同学不确定,从中可以看出大学生人际交往的状况整体较满意,但是也有很大一部分学生人际交往不

---

① [美]弗洛姆. 为自己的人[M]. 孙依依,译. 北京:生活·读书·新知三联书店,1988:248-251.

理想。① 对上海某高校心理咨询处的调查显示:前来咨询的学生中,咨询内容属于人际关系方面的占 40.5%,居第一位②,可以看出大学生人际交往问题不容忽视。而在调查"您觉得对您的人际交往影响最大的因素"选项中,44.6%的调查对象认为影响人际交往最大的因素是自己,比例最高。③

日常的人际交往,是生命的重要体验之一,怎样才能处理好人际关系呢? 马克思主义认为认识对实践具有反作用,具体到大学生的人际交往中,可以说确立什么样的人际交往理念,就会有什么样的人际交往关系。

首先,给予别人关心,践行仁者爱人,达到和谐共生。

儒家提倡的"仁爱"建立在爱己、爱亲的根本之上,在此基础上又扩展到对社会大众的爱,即"仁者爱人"。学会给予关心,从点滴做起,从和自己最近的关系开始,最终辐射到整个自然界。作为家庭中的一员,要爱自己的父母亲人;作为班集体中的一员,要爱老师和同学;作为学校里的一名学生,要爱母校;作为国家的公民,要爱祖国;作为人类,我们要去爱地球上的每一个同类;作为自然生态系中的一分子,我们还要爱与我们生活息息相关的他物与他类。

其次,给予他人宽容,践行忠恕之道,做到互利双赢。

忠恕之道,是"己所不欲,勿施于人",如果是自己不想要的东西和不想做的事情,就要考虑他人的想法,不要强迫施加给他人,因为别人也不愿意接受被强加给自己的东西。忠恕之道,也是"己欲立而立人,己欲达而达人"。在成就自己的同时也去成就别人,达到互利双赢的状态。这是践行仁爱的方法,也是"己所不欲,勿施于人"原则更高层次的人际交往原则。

大学生在人际交往中,要注重涵养生命道德,在人际交往中怀有爱心,懂得成人之美,在自己方便的时候去帮助别人。如果在人际交往过程中,能够把握给予生命、立己达人的原则,懂得"与人方便,自己方便"的道理,那么就一定会收获别人的友谊。

【生命叙事】

严寒的冬天里,一群人点起了一堆火。大火熊熊昂昂,烤得人浑身暖烘烘的。有个人想:天这么冷,我绝不能离开火,不然我就会冻死。其他人也都这么想。于是这堆无人添柴的火不久便灭了,这群人全被冻死了。

又有一群人点起了一堆火,一个人想:如果大家都只烤火不捡柴,这火迟早会灭的。其他人也都这么想。于是大家都去捡柴,无人烤火。可这火不久也熄灭了。原因是大家只顾捡柴,没有烤火,都被陆续冻死在了捡柴的路上,火最终

---

① 陈海燕.大学生人际交往能力的培养路径研究[D].山西农业大学,2013:9.
② 李为举.大学生人际和谐教育探析[D].山东师范大学,2008:10.
③ 刘娟.大学生人际交往关系问题研究[D].山西财经大学,2014:21.

因缺柴而灭。

又有一群人点起了一堆火，这群人没有全部围着火堆取暖，也没有全部去捡柴，而是制定了轮流取暖捡柴的制度，一半人取暖，一半人捡柴。于是人人都去捡柴，人人也都得到了温暖，火堆因得到了足够的柴源不住地燃烧，大火和生命都延续到了第二年春天。积极主动，忘我牺牲，对于一个组织、一个团队来说，是一种难得的精神，但绝不能是其生存的根本，靠主动靠奉献只能维持一时，铁的制度才能维持长久。①

因此，我们在和人、社会、国家、世界，甚至整个自然界相处时，应时时怀给予生命之心，践行关爱生命之善，"博施济众"，在给予中体验仁爱，也必将会体验快乐。

3. 在感恩中体验对自然之善

大自然是一切生命之母，感恩自然是生命道德的重要一维。敬畏生命，感恩自然，关爱所有生命，最终走向人与自然的和谐共生。个体生命独一无二，但并不是孤独存在，个体生命与其他生命（同种或不同种），相互帮助、相互依存，是一种共生关系。日本哲学家村上和雄先生从基因学的角度深刻地指出：生命不息，并不是靠人类自己长期的磨炼和不懈的努力，而是靠从大自然中耕获多达几十兆的馈赠物，所以人类对于自身能够年复一年、日复一日地平安活下去，应该感到难能可贵，对于大自然的馈赠，应该感恩不尽。②

感恩是人类固有的一种情感，其产生的过程通常是自发的，并且伴有明显的愉悦体验。感恩是人类与大自然和谐共处的第一步，没有一颗感恩的心，人类就无法认清自然对我们在物质和精神上的恩惠，无法认清自身与自然的关系，也无法真正践行生态文明。

感恩之心要通过能激发深刻情感体验的事件来培养，要通过加强情感体验的特定的活动设计来实现。

首先，在感恩自然教育的形式和内容方面，要多开展体验式活动课程，在课程设计与教学中重视体验性，让学生在"亲验"中增进对自然的感恩。例如，学校可以通过举办实践活动或开展研学活动来增进学生对自然的了解与感恩之心。有很多学校已经和城市附近农场或林场建立联系，定期组织学生参与农业生产，或去学习一些农业技术。农忙的时候可以让学生去果林采摘果实，平日可以从事一些除虫、除草的事务。也可以参与一些城市环保活动，在活动中保证学生有共通的责任，例如分工照顾一棵树，每人负责一片草地的卫生。甚至可以采用学徒制，有经验的同学一对一辅导新手，这有助于我们将感恩自然的事情与自己的主观体验联系起来，在与自然的交往

---

① 选自简书，https://www.jianshu.com/p/de01dd1f04b3，2019 - 01 - 06.
② ［日］村上和雄. 生命的暗号——人体基因密码译解［M］. 李平，译. 北京：中国人民大学出版社，1999：156，8，原著者前言.

实践活动中体验对自然的崇敬与爱戴之心。

其次，在课程内容的选择上重视真实性，以人作为教育和传播的途径。例如，倾听杰出环保志愿者的座谈交流，从他们的经历中体验生活，自觉带入体验者的体验之中，用间接体验的方式，触动我们的心灵，触发对自然的感恩之心。

（三）体验生命之美

体验是生命的存在方式，是一种思维图景活动。体验不仅指经历某件事，还要从经历中获得收获——这就是有所"悟道"。人对生命之美、生命之善的认识、理解与感悟主要是通过生命体验得来的，同时通过体验超越主客二分、超越自我，最终提升生命境界。

生命存在本身就是一种美，在生命存在过程中，生命所展示出的能量、智慧，生命在体验过程中的创造，无不体现生命的美感。正因为如此人类社会人才辈出、成果斐然。生命所张扬的美完全体现在人类社会的文明成果上。

【生命叙事】

生命之美：奇异植物的生存智慧[1]

相比视觉，很多昆虫的嗅觉和味觉更为发达，所以有些肉食植物的捕虫结构还会释放出芳香甜味物质等化学信号，这些化学信号可以传播到很远的地方来吸引昆虫。最常见的吸引猎物的化学信号是蜜汁，分泌蜜汁的结构一般都位于捕虫器危险区域的边缘。猪笼草在捕虫囊的边缘会分泌甜味物质，其浓度相比捕虫囊的内部要高得多，以此引诱昆虫在最危险的地方着陆。太阳瓶子草则在捕虫瓶顶端的勺状叶盖处分泌蜜汁。猎物被这些物质吸引而来，但捕虫囊的边缘异常光滑，当它们想在其上歇脚的时候，就会直接跌入捕虫囊中。诸如螺旋狸藻和狸藻之类的捕虫装置在地下或水中的肉食植物，还会释放可溶性吸引物质来吸引猎物。白环猪笼草会结合化学信号和触觉信号，在捕虫笼的下方以富含蛋白质的纤毛形成一圈白色的环状结构，吸引白蚁来取食。

1. 亲近自然，领略他类生命之美

大自然中，各类生命与环境之间彼此协调，形成一个和谐的、整体的生态性存在。自然界的生命是多种多样的。生命之间互相依存，相互制约，构成了色彩斑斓的生命世界。每一个生命在不同的际遇中，产生不同的生命体验，并因此生成了不同的价值

---

① 林十之.生命之美：奇异植物的生存智慧[M].长沙：湖南科学技术出版社，2019：20.

观与不同的生命内涵。无论是人还是物,个体生命正是通过环境和事件的作用感受、理解和领悟生命,经历内心的感动生成生命智慧、生命意识和生命能力,从而使个体生命呈现出多姿多彩的存在。

感悟生命,要多多亲近自然。在自然的斑斓色彩中发现美,在生物看似无规律的存在中发现智慧,在生命的互相依存中发现善。中国古人在自然中就总结出了"天人合一"的哲学思想,并将这一思想贯彻到农业生产与日常生活中,产生了"顺应天时,尊自然节律而行""中和有度"的礼制规定等独特的中国文化审美意蕴。

2. 与善人为伍,感受人性之美

美,更多的是一种抽象的感受。德国诗人席勒说过,"美是形式,我们可以观照它,同时美又是生命,因为我们可以感知它"。美既是我们的状态,也是我们的作为[①]。作为进化链的顶端,人体就像一个浓缩的小宇宙,蕴藏着种种奥妙和规律。人体的对称中存在着不对称,各个器官精致的排列组合,使功能发挥到最佳;人的手脚分工协调能力非常强,使人能做各种动作,完成各种精细的活动。同时作为万物之灵的人类,人性之美也尤为动人。

伦理学家认为,人性是一切社会一切人都具有的共同性、普遍性,意味着人性是一切社会一切人所具有的那种必然的、不可改变的、不变的属性。自爱心和同情心是人与生俱来、生而固有的本性,是人性的一部分。后天能够改变的,只是增减他的自爱心和同情心,使他成为一个富有同情心的人或缺乏同情心的人,成为一个自爱心强或自爱心弱的人。这些后天形成和改变的属性,并非人性自身,并非人性的"体",而只是人性的表现形式,只是人性的"用"。[②]

《说苑·杂言》提到孔子尝言:"与善人居,如入芝兰之室,久而不闻其香,即与之化矣;与不善人居,如入鲍鱼之肆,久而闻其臭,亦与之化矣。"即所谓:"近朱者赤,近墨者黑。"这其实说明一个道理,环境对人的影响很大。所以,我们要与品行高尚的人为伍,方能感受人性之美。

关爱生命,在生命体验中践行生命道德,在和谐圆融的关系中更容易引起人们愉悦、舒畅、振奋的美好感觉,使人们体验和谐、圆满、轻松、快慰、满足,爱与被爱、欣赏与被欣赏的感觉,从而更好体现人性之美。

生命现象扫描

观众感叹:人性之美在此绽放[③]

新冠肺炎疫情期间,各种"抗疫"类、医疗类题材的纪录片受到欢迎。2月26

---

① [德]席勒. 美育书简[M]. 徐恒醇,译. 北京:中国文联出版公司,1984:130-131.
② 王海明. 人性是什么[J]. 上海师范大学学报(哲学社会科学版),2003(5).
③ 来源:《广州日报》官方账号,2020-02-29.

日，由国家广播电视总局指导，央视新闻、哔哩哔哩和 FIGURE 联合出品，首档在武汉实地拍摄的抗疫纪录片《在武汉》上线。短短几天之内，第一集《车轮上的生命线》播放量已经超过百万。

观众：普通人的故事有震撼力

1月23日，武汉机动车暂停运营，有这么一群普通人，他们自愿成为"车轮上的志愿者"。《在武汉》选取了三位代表性人物：出租车司机志愿者陈杰、调度志愿者李少云、探险队队长大象。在自己的城市被疫情按下"暂停键"之后，他们挺身而出，用爱接力，温暖彼此。

该集播出后，许多观众对影片予以点赞。B站弹幕里满满的祝福与感谢。"越是普通人的故事，越有震撼力。这里的每一个人都值得被铭记。""一场疫情让我们经受多少困难，却让我们看到这些平凡人的不凡事，人性之美在此绽放。"

3. 直面生命困惑，感悟生命力量之美

生命困惑是生命过程中的常态。生命困惑源于生命的过程性、价值性、自觉性。[1] 当人们把自己的生命历程作为对象来加以反思时，自然会产生很多追问，如"我是什么？""我为什么会如此？""我应当如何？"尤其是处于困难、灾难、心理低潮期等处境中时，很容易产生生命困惑。个体生命的各种生命需要与欲求，往往会受制于有限的时间和外在条件的限定与约束。如何在有限的时间和空间中，去完成生命的价值与意义的追求，也是人生在世必然面对的最大困惑。困惑是生命存在的常态，正是因为有困惑的存在，才促使个体更加深刻地思考生命。

生命困惑以及困惑所带来的经历也是一种生命体验。经历生命困惑的体验对生命成长具有建设意义。对于个体生命而言，人总是在超越困惑中实现生命的美好。每一次从困惑中走出来，我们都会获得更多的人生经验、更深的洞察力、更高的智慧。

体验生命之美，要以积极乐观的心态直面生活困惑。亚里士多德说："气度宽宏的人，无论遭遇命运为善为恶，皆能适度以应之。成功不以为喜，失败不以为悲，外界的毁誉褒贬，一不介怀，只是为所当为，为所可为而已。"所以，当不得不经历那些生命中不愉悦的生命体验时，我们要怀有乐观的心态，努力用自己的方式将负向的体验转化为正向的体验，为我们的生命多增添一道自己掌控的色彩。

【生命叙事】

男孩向祖母倾诉生活中的不如意，抱怨学校里的生活让他极不适应，如朋友之间的相处、家人之间的问题、经济问题等。其间，祖母一直在烘焙蛋糕。她问

---

[1] 欧阳康.生命教育应当直面生存困惑[J].广东社会科学,2011(1).

孙子是否愿意品尝一下,男孩欣然答应了。"来,喝点食用油!"奶奶说。"讨厌!"男孩说道。"那么来两个生鸡蛋吧?""太恶心了,奶奶!""那么你愿意吃点面粉吗? 或者一些发酵粉?"奶奶问道。"奶奶,这些东西太恶心了,我都要吐了!""是的,这些东西单独尝起来味道很差。但当它们以恰当的比例和正确的方法混合在一起时,美味的蛋糕就做成了。"①

4. 成为优质自己,绽放生命之精彩

体验生命之美,从个体生命的深度看,是成为优质生命。在生命的视域中,个体生命具有多样性和可能性。从符合生命之道与生态之道来看,个体生命成为优质自己是一种最佳方向。优质自己,是指在个体生命之道及所处环境所允许的最佳自己,其特点就是能从自己的生命本身出发,珍惜和利用自己的生命资源,滋养生命,保持自身生命内在的一贯性,不断创造性地适应生存环境、不断超越"当下"的自己。世界之美、生命之美,有赖于生命创造。人的生命只有一次,如何度过一生,每个个体生命都有选择权,并通过自己的行动完成。个体生命用生命创造美,活出自己的生命之美。②

一个人创造性地适应环境,使自身优势潜能在现有条件下不断得到实现,并能帮助他人实现其潜能,进而影响与改变环境。在不断挑战自己的过程中获得每一次质的飞跃,并体验带给生命成功的愉悦。"它是一种复杂微妙、自由自在、豁然贯通的生命感受过程。它既有沉思而得的哲理,又有悠然而至的诗意;既有精神的超越,又有由衷的喜悦,成为融审美理解和审美享受于一体的审美心理。"③人们在审美活动中有所悟有所得,就会形成对生命之美的感受与判断,并将对生命审美价值的认识内化于成为优质自己的过程中,个体会产生超越的审美体验。

【生命活动】

主题:让自己成为一名组织者

活动内容:组织或参与三个以上学生社团、学生社会实践活动或者学生社会公益发展项目。你会发现你作为组织者时与平时的个人形象完全不同,不要轻易错过那些发展自己组织能力的机会。

① 冯国川.人生的蛋糕[N].环球时报,2009-07-20.
② 刘慧.学校应注重"生命之美"教育[J].当代教育科学,2016(19).
③ 姚全兴.生命美育论[J].贵州大学学报(社会科学版),2015(3).

主题:尝试一次创业

活动内容:可以在自己有兴趣或专长的领域拉上三五好友创办一个小的经济体,也可以尝试创办一个致力于社会服务的学生公益团体,给自己设定一个具体的目标,写一个小小的策划书。

和同学们分享以上活动的体验和心得。

【推荐书目】

1. 林语堂. 苏东坡传[M]. 长沙:湖南文艺出版社,2018.

2. [美]霍华德·加德纳. 重塑真善美[M]. 沈致隆,杨彦捷,译. 北京:中国人民大学出版社,2012.

第四章 生命智慧:生命的"守护神"①

【生命格言】

> 喜怒哀乐之未发,谓之中;发而皆中节,谓之和。中也者,天下之大本也;和也者,天下之达道也。致中和,天地位焉,万物育焉。
>
> ——《中庸》
>
> 智慧之于灵魂犹如健康之于身体。
>
> ——拉罗什富科

【知识导图】

```
                              ┌─ 生命有智慧
              ┌─ 理解生命智慧 ─┼─ 生命智慧的泉源
              │                └─ 生命智慧:生命存在与发展的智慧
              │
              │                    ┌─ 适应环境
              │                    ├─ 安顿心灵
生命智慧:生命的 ┼─ 生命智慧的显现与价值 ┼─ 呈现希望
  "守护神"      │                    ├─ 突破限制
              │                    └─ 成为自己
              │
              │                    ┌─ 虔诚"邀请"智慧
              │                    ├─ 开发生命潜能
              └─ 生命智慧的陶养路径 ┼─ 丰富生命情感
                                   ├─ 拓展生命经验
                                   └─ 与生命对话
```

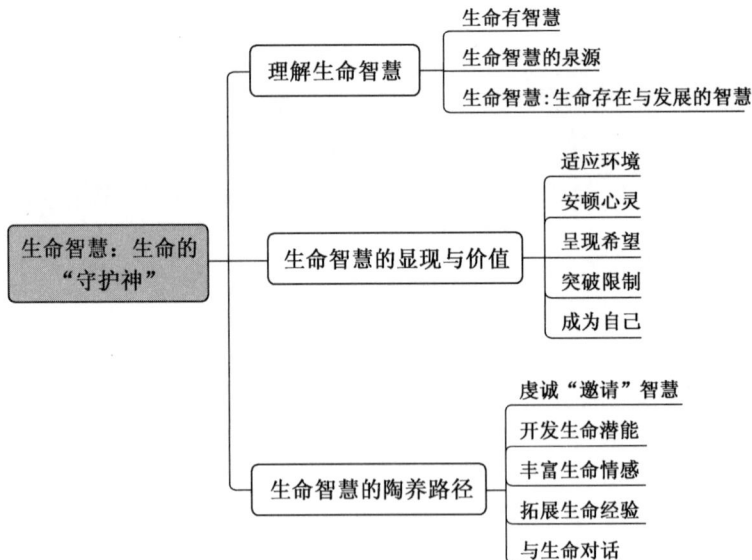

① 本章主要参考:刘慧. 陶养生命智慧[M].北京:教育科学出版社,2008.

【生命叙事】

海伦·凯勒与《假如给我三天光明》①

20世纪，一个独特的生命以勇敢的方式震撼了世界，海伦·凯勒，一个又聋又盲的人，一个生活在黑暗中却又给人类带来光明的女性。她写出的《假如给我三天光明》这本书影响了世上的千万人。这本书是海伦·凯勒对于自己的一本自传。里面记录了海伦聋盲后到成年的点点滴滴，小时候的海伦是一个聪明又活泼的女孩，六个月就可以说一些简单的话语，刚满周岁就会走路了。总之，她比一般的孩子要乖得多，好学得多。然而好景不长，幸福的时光总是结束得太早，在她十九个月大时，因一场高烧失去了听觉与视觉，就与这个世界失去了沟通，失去了联系。但她的发声器官没有受损，就是因为接受不到学习和模仿的刺激，所以不会说话。直到七岁，她在充满爱心与耐心当时只有20岁的莎莉文老师费尽心思的引导下，走出了黑暗与孤独，感受到了语言的神秘，领悟出了知识的神奇。

正是这么一个幽闭在盲聋世界里的人，凭着自己惊人的毅力，不但学会了说话，还学会了多国的语言文字，并且以优等的成绩完成了哈佛大学四年的学习，成为人类历史上第一个获得文学学士的盲聋人。她用生命的全部力量处处奔走，建起了一家家慈善机构，为残疾人造福，被美国《时代周刊》评选为20世纪美国十大英雄偶像。她一生共度过了八十八个春秋，却熬过了八十七个无声、无语、无光的孤独岁月。创造这些奇迹，全靠一颗不屈不挠的心。海伦接受了生命的挑战，用爱心去拥抱世界，以惊人的毅力面对困境，终于在黑暗中找到了人生的光明面，最后又把慈爱的双手伸向全世界。

是什么使一个人在几乎与外界隔断了交流"通道"的情况下，还能学习并取得非凡成就？尽管有外在的帮助，但如果没有内在的生命力量是不可能的。

一、理解生命智慧

一般认为智慧为人所独有，但生存，无论动植物还是人都需要智慧，智慧与生存合一，故智慧为一切生命所有。那么，何谓智慧，智慧与生命是何关系？

---

① https://www.ruiwen.com/wenxue/kewen/477841.html.

（一）生命有智慧

1. 智慧的意涵

智慧的意涵，在不同领域表达并不相同。心理学意义上的智慧（Intelligence）是指人的聪明才智，智力发达，思维有活力与创造性，能够解决认识上的问题等。在社会学领域，智慧（Sensibleness）是指人在日常的社会生活中是敏感的、明智的和明白事理的，其思想和行为等是切合实际的，是合情合理合法的，是有效和实用的。哲学领域中的智慧（Wisdom）是指人在世界观、价值观和人生观等方面所研究的智慧、才智、明智、知识、德性、学问、常识等，也指人的自由自觉的特性、人的类主体性获得比较充分的发展。那么，到底如何理解智慧？智慧与知识、经验、智力、情感等诸多因素有关，但又不是其中的某一个，也不是各要素的简单叠加之和，而是由它们形成但又有别于它们的"新质"；智慧诞生于"边缘"，与环境、情境相关，是创造性存在的，是秩序与混沌之间的相遇点，是已知与未知相遇的产物，是"活"的生成物。

2. 德性是智慧的主要显现方式

在我国道家思想中，德性与道、生命密切相关。"德"是植根于"道"而得于"道"的存在，是"道"与人及物的联结点，是构成生命特质的东西，是"道"在人性中、在生命体中的完整体现，是生命的内在根据；"性"是顺乎"德"，是生命的本质。德性就是"道"在生命体中的体现，是生命的根本属性。在亚里士多德的思想中，德性存在于一切事物中，是一切事物的优越性，并将人的德性分为理智和伦理两类，关涉思考、情感、行为等，而德性就是中道，是对中间的命中，实质是一种适度。在笔者看来，道家思想与亚里士多德思想的结合正好形成了一个完整的关于德性的论说，道家从存在的角度确立了德性与道、生命的关系，亚里士多德则从性质的角度阐明了德性与事物的关系，并通过理智与伦理两个方面来说明德性是什么。这样，我们就可以清晰而明确地把握德性。

为什么说德性是智慧的显现？对此，可以从这样几方面得到支持。首先，从含义上看，在中国的传统文化中，智慧主要是明辨是非的一种能力、品质，是中国儒家主张的基本德性中的一个重要内容。不仅在中国的传统文化中，智慧是一种明辨善恶是非的能力品质，就是在古希腊文化、西方文化中也不乏其意。智慧和德性都指向品质，而且是一种好的品质。所以，一定意义上讲，智慧就是德性，但习惯上的称谓不同。亚里士多德指出，智慧和理解以及明智都是理智德性，而慷慨与节制是伦理德性。在谈到伦理德性时，我们不说一个人是智慧的或富于理解，而是说他温良、谦恭。

一个有智慧的人，由于他的品质而被称赞，我们说被称赞的品质就是德性。① 也就是说，温良、谦恭等伦理德性与智慧的蕴涵是一致的，只是称谓不同。洛克将智慧也归属于品质，他认为智慧使一个人能干并有远见，能很好地处理他的事务，并对事务专心致志。② 杜威认为智慧是应用已知的去明智地指导人生事务之能力。③ 智慧是精神的观念的知识能力。他曾这样说过，"道德就是学习，就是生长"，"生长"既包括肉体的生长，也包括智慧的生长，而且，其中"最重要的是精神的观念的知识能力的生长"，即"智慧"的增长。④ 所以，我们可以说德性是智慧的显现。

其次，从中道的角度来看，在亚里士多德那里，德性就是中道，过度和不及都不属于德性。需要指出的是，中道并不是一个确定不变的点或线或别的什么东西，也不是在不同的状态下、不同的境遇中都是确定不变的某种形式或"死"的规范、准则，而是一种动态的存在，是与情境分不开的，是适恰的、活的生成态。

中道不仅仅是给行为方式提供一个准则，更重要的是一种理智德性的优先论。为什么会如此？其中一个主要原因是要回答：如何才能命中中间。亚里士多德认为这需要理智德性。因为伦理德性是某种选择，至少离不开选择；而一切选择都离不开思考和策划。所以，理智德性，思考和策划贯穿在全部伦理德性活动中，是一刻也少不了的。这也就是说，伦理德性离不开理智德性，勇敢、慷慨、节制等中道品质的实现活动离不开思考、策划等思维活动。所以在伦理德性和理智德性这两种德性中，理智德性一直起着主导作用。也就是说，德性不仅涉及经验、情感、知识，而且也涉及选择，即思考和策划，而这又离不开智力。所有这些与智慧的构成因素是相吻合的，所以德性与智慧密切相关。

再次，从德性、智慧与幸福之间的关系看，德性是一个人内在的可赞赏或可贵的品质，是使人获得幸福的内在品质。也就是说，德性在幸福生活中具有中心性的意义，有了德性，才可能有幸福，当然有了德性也不一定就有幸福，但没有德性是绝对没有幸福的。德性是幸福的必要条件而不是充要条件。亚里士多德在《尼各马科伦理学》中提出，幸福是合乎德性的现实活动这一基本命题。他认为幸福就是合乎德性的灵魂的现实活动，其他一切或者是它的必然附属品，或者是为它本性所有的手段和运用。幸福是自足，自足就是无待而有，它使生活变得愉快、不感匮乏。幸福是一切事物中最高选择，我们不能将它与其他的善事相混同。幸福是完满和自足的，它是行为的目的。⑤ 合乎德性的现实活动必然同时是快乐的，对于爱德性的人来说，合乎德性

① ［古希腊］亚里士多德. 尼各马科伦理学［M］. 苗力田，译. 北京：中国社会科学出版社，1999：26.

② ［英］约翰·洛克. 教育漫话［M］. 傅任敢，译. 北京：教育科学出版社，1999：117.

③ ［美］约翰·杜威. 人的问题［M］. 傅统先，邱椿，译. 上海：上海人民出版社，1965：4.

④ 郭本禹. 道德认知发展与道德教育［M］. 福州：福建教育出版社，1999：53.

⑤ ［古希腊］亚里士多德. 尼各马科伦理学［M］. 苗力田，译. 北京：中国社会科学出版社，1999：12－13.

的现实活动就是快乐自身。麦金太尔在其《德性之后》一书中,把德性既看作获得对实践而言的内在利益所必需的品质,又看作善于整体生活的善的品质。而在此所说的内在利益既是实践本身的成果(卓越),又是内心的充实,是作为人而言的好生活。雷蒙·潘尼卡认为,智慧为我们提供幸福和喜悦,它是这样一个居所,在那里我们无拘无束,在那里我们自由自在,而这意味着福乐。智慧的特征是喜悦、喜乐、欢愉、幸福、福乐。这种深沉而平静的喜悦是智慧所结的首要果实,智慧通向喜悦,为智慧预备居所——这是邀请人在人的心中营造一个幸福之家。① 由此可见,智慧使我们幸福,幸福是合乎德性的现实活动,智慧与德性具有内在一致性。从这样的意义上看,德性成长可以说是生命智慧增长的表识。生命智慧的教育可以通过促进德性成长来实现。

(二)生命智慧的泉源

生命智慧从何而来? 为什么不同的生命种类和不同的生命形态有着实质上相同的一些生命智能? 对此,需要从生物学的视野,回到生命本身来寻找。

1. 生命特性

生命本身孕育了智慧。那么,生命本身有什么能够孕育智慧呢? 这需要回到生命本身来看,生命是自然界中一种独特的现象,有着它自身的独特性质。当代生命科学的研究成果已经揭示,生命本身具有多种特性,主要体现为遗传性、复杂性、不确定性、混沌与秩序、创造性(自组织)、适应性等。②

可以说,生命智慧是生命特性的显现。生命体是生命的载体,生命的特性蕴涵在生命体之中。生命体是承载生命特性的载体。正是生命本身具有这些特性,才使得生命体能够展现保持物种、生命存在的智慧、适应环境的智慧、共生的智慧、感知自然的智慧等,才使得人能够直觉人本身与他人、万物的关系,人的身体本身蕴涵着智能,才使得婴幼儿能够与成人交流、与同伴交流、对自身和身外之物感兴趣,并不断地探索。

2. 生命本能

一定意义上讲,生命特性直接显现在生命本能中。那么,如何理解生命本能? 这直接关系到如何理解生命智慧的问题。在高级汉语大词典中,将本能解释为本身固有的,不学就会的能力。我国有学者从生物进化的角度认为,本能"是生物全部进化史的生存经验打在遗传物质上的印痕,是世世代代的行为留在遗传上的记忆,本能是

---

① [西]雷蒙·潘尼卡.智慧的居所[M].王志成,思竹,译.南京:江苏人民出版社,2000:前言,3.
② 此部分内容已经在拙著《生命德育论》(人民教育出版社,2005)一书中做了较为详细的论述,现只做概述介绍。

一种遗传意识、自然意识"①。E.弗洛姆提出，本能是一种以生理需要为根源的驱使力（官能的驱使力）。② 詹姆斯·怀特认为，本能是人生存的原动力和先天的能力。主要存在于人的右脑，人的右脑储存着在祖先的经验基础上积累起来的生存所必需的最佳信息。③ 人本心理学认为，本能在其没有实现之时，表现为潜能。潜能不仅仅是"将要是"或者"可能是"，而且它们现在就存在着。④

可见，本能是遗传的、先天的、固定不变的能力；本能是生存的原动力，与遗传有关，与后天习得的适应或调整有关。这也就是说，本能是有利于生存的潜能，是生存的原动力，但这种原动力具有相对的稳定性，而不是固定不变的，具有一定的开放性，在后天的生存中，具有组织作用和适应性调整，即为后天习得新的生存经验提供可能，并将后天习得的有利于生存的经验储存起来，成为本能的一部分。柏格森认为，本能是生命进化的一条道路，是生命的一种机能，是生命的过程，是无意识地、有机地处理一切，是依照生命本身的形式而成型。一定意义上讲，生命智慧恰恰是智力与本能"共在"时的显现，本能是生命智慧的重要泉源。

3. 人类的脑

生命本能还有一个特别重要的泉源就是人的大脑。脑是"宇宙中最复杂的系统"，它不仅有巧妙的整合机能，而且有高度的可塑性，适应环境和灵活应变的能力。人类的脑，已经被公认为我们全部思维和情感的掌管者。人的智慧离不开人的大脑。对于脑来说，无论其形状、大小及复杂程度如何，都以非常基本的方式联结起来，以保证生存。⑤人的大脑有着与其他动物相同的"爬虫类型的脑"和"原始哺乳类型的脑"，因而也会有一些相同的生命智能。人类的本能性的生命智慧主要是植根于脑干和大脑旧皮层结构中，即右脑，这是生命本能的物质基础所在。但人类既有承载人类祖先进化中的经验右脑，又有在后天生活中不断进化的左脑，而左右脑又是相互联系的，不论是结构还是功能，所以人的生命智能又不与其他生命等同，有着自身的特性。

4. 身体

身体也是生命智慧之源，为什么这样说？这需要我们通过对身体的认识来得到答案。在人们的常识中，更多的将身体等同于肉体（Flesh）。在学术界，笛卡儿的身心二元论的影响更是无处不在。人类进入20世纪80年代以来，身体成为在西方多学科、跨学科研究的主题，对身体的认识也发生了质的变化。

---

① 刘骁纯. 从动物快感到人的美感[M]. 济南：山东文艺出版社，1986：40.
② [德]E.弗洛姆. 人类的破坏性剖析[M]. 孟禅森，译. 北京：中央民族大学出版社，2000：16.
③ [美]詹姆斯·怀特. 破译人脑之谜[M]. 张庆文，编译. 北京：中国物资出版社，1999：26.
④ [美]马斯洛，等. 人的潜能和价值[M]. 林方，主编. 北京：华夏出版社，1987：80.
⑤ [英]苏珊·格林菲尔德. 人脑之谜[M]. 杨雄里，等译. 上海：上海科学技术出版社，1998：27.

首先,身体具有历史性。从生物学的角度看,身体是有机体的形式。从有机体的特性看,贝塔朗菲提出了有机体表征为三个最重要的属性:组织化、过程的动态性和历史性。每个有机体来源于同类的其他有机体,它不仅带有现存个体自身的过去的特征,而且带有它以前世代的历史特征。有机体显示为历史性的存在物,动物或人类做出的反应,依赖于有机体在过去遇到过的或产生的刺激与反应。① 可见,身体不是简单的物体,而是具有"记忆"的历史性存在。

其次,身体具有不可归约性。"你的身体容纳着你的人生经历。你的肌肉和骨骼承载着你的许多情感——从幸福到悲哀。"②在《你的身体会说话》一书中说,你的身体就是你,你的身体与你的灵魂、思想、理想就是一致的。这样,身体具有了独特性与完整性,也就有了不可归约性。身体的不可归约性源自身体本身,无论是骨骼,还是肌肉所承载的情感,容纳的人生经历。这样,身体就具有了独特性,不仅是遗传性状的独特,而且还有后天经历、经验、体验的独特。

再次,身体的无意识状态。瑞妮·威尔菲尔德在《身体的智慧》一书中指出,我们感到对于自身和生命的许多感觉和信念往往深藏这种无意识的思想状态中。这种状态影响着我们的行为,营造了一种环绕在我们周围的情感氛围。我们就是这种无意识思想状态的产物。我们发现身体就具有它自己的那种无意识状态。在身体深处,你会听到自我的声音,它给你提出建议,帮助你做出明智的选择,让你的思路更清楚,更有创造力,你也更加信心百倍;你学会肯定自己的情感;你将得到宇宙智慧和经验的启示,促成你达到天人合一的状态。

综上,身体并不是一个单纯的肉体概念,而是一个人的整体,它将思想、感性、精神、灵魂、意识等集于一体,承载的情感,容纳的人生经历,有着它自己的无意识状态,是一个"历史性"的存在。这为理解身体具有智慧,而且是生命智慧之源奠定了基础。不言而喻,身体是生命的载体,身体涵养生命智慧。

(三) 生命智慧:生命存在与发展的智慧

生命智慧就是生命所具有的指向生存与发展的智慧。这样的一个概念不仅包含孕育生命的智慧,也包含发展生命的智慧;不仅包含生命在自然进化过程中,自身所形成的保障和有利于生命生存与繁衍的本能性智慧,也包含个体生命在生活过程中所形成的生活性智慧。对于人而言,生活性智慧主要是指对生命本身的生与死、生命与生命关系、生命与自然关系等的洞察与感悟所形成的智慧。

那么怎样认识本能性智慧与生活性智慧呢? 从整个生命世界的大视野来看,本能性的生命智慧存在于一切生命之中,生活性的生命智慧在此专指人所具有的(当

---

① [奥]路德维希·冯·贝塔朗菲. 生命问题——现代生物学思想评价[M]. 吴晓江,译. 北京:商务印书馆,1999:112-113.

② [美]瑞妮·威尔菲尔德. 身体的智慧[M]. 孙丽霞,译. 沈阳:辽宁教育出版社,2001:封底.

然，这并不是否定动物也有）。从发源来看，本能性智慧主要来自生命本身，亦即生命的特性和生命本能之中，来源于人的右脑、生命体的功能；生活性智慧是在个体生命后天的生长经历中，以左脑为主，不同程度的左右脑互作的产物，它离不开后天的经历、经验和体验。从形成的方式看，前者主要是由内向外"发"，是从生命里生长出来的；后者主要是由外向内"入"，是由生活经历中获得的生命经验、体验等生成的。由此可见，两者基本是相对互补的存在。以往，人们对生活性智慧的研究与重视的程度比较大，而对于本能性智慧研究处于相对比较朦胧与初始状态。这其中的一个主要因素是人类观念的自我限制与科学发展水平的限制，尤其是人类将自己置于宇宙的中心，将自己凌驾于动物之上，将人定位于"超生命的生命"的意识观念。而今，这两个限制正在逐渐解除，对前者的认识与研究也就成了可能。

在人的世界中，生命智慧有多种显现形式。它既可能直接以本能性智慧显现，如生存智慧；也可能以生活性智慧的形式显现，如人生智慧、生活智慧；还可能以两者互作的形式显现，如直觉、身体的智慧、情感的智慧等。从有利于生命的生存与发展为标准来看，本能性智慧和它与生活性智慧生成的智慧，不会偏离这样的方向，而生活性智慧存在两种可能：一致或向背。生活性智慧如果以本能性智慧为根基、泉源，它就不会出现偏颇，如果仅凭后天有限的经历与经验而形成，则很有可能背离。这也是接下来为什么要研究生命智慧与生存智慧、生活智慧、人生智慧之间关系的一个重要原因。

从关涉的领域看，生命智慧可以分为三个层面：大生命智慧、类生命智慧和个体生命智慧。所谓大生命智慧是指关乎整个生命世界的智慧，是以生命世界为视野观照各种生命的存在与价值，懂得生命与生命之间具有共通性与共同性，生命与生命之间具有彼此依存、相互制约等生态关系，即生态智慧。所谓类生命智慧是指关涉人类命运的智慧，以人类生命的视野观照人类生命与他类生命、与自然界的关系，人类不同种族、不同地域、不同民族生命之间的关系与命运，即类生命智慧。所谓个体生命智慧是指关涉个人生死的智慧，以个体生命的视野观照如何面对生死、生命苦乐、有限与无限、生命意义等，即生死智慧。

简言之，生命智慧是回到生命本身来看智慧，生命智慧是生命本身所具有的智慧，是源于生命、护卫生命的智慧。生命智慧既扎根于生命本能，又生长于后天生活。人的生命智慧具有多个层面，但核心都是围绕生命的存在与发展。不仅如此，生命智慧的基点不是个体，不是有限，不是孤立，不是外在的"有形"世界，而是生命本身，生命智慧观照的是整个生命世界。

二、生命智慧的显现与价值

生命智慧是关涉生命的存在与发展的智慧，一切生命都有这种智慧，没有它，生命就不能存在，这是生命智慧的价值所在，是生命本身的品质所致。在生命智慧中，有一些是一切生命所共有的，如生存与繁衍的本能性智慧；有一些则是不同种类的生命所独有的,这是因为各种生命本身的独特性所致,生命智慧是由生命内在的特性与生存的外在环境互作而生成的"活物"。在此,我们回到动植物世界和人的生命世界来考察生命智慧的显现与价值。

(一) 适应环境

【生命叙事】

动植物的生命故事

小甲虫(Sitaris)将自己的卵产在一种毛花蜂(Anthophora)掘出的地道的入口。小甲虫的幼虫经过长期等待,当雄毛花蜂飞出地道口时,便跳到它身上,攀着它,一直附在它身上,等到雄蜂进行"飞行婚礼"的时候,它便抓住机会,从雄蜂身上来到雌蜂身上,静心等待雌蜂产卵。然后,小甲虫的幼虫便跳到卵上,卵就是它浸在蜂蜜中的食物。几天之内,甲虫的幼虫就将卵吃掉,然后留在卵壳上,开始了第一次的变形。此时,它已经形成了器官,可以漂浮在蜂蜜上了,于是就吃着这种营养食物,变成了蛹,继而变成了完整的甲虫。

在一些城市的十字路口,车来人往,川流不息。当信号灯由绿变红时,所有的汽车都戛然而止。突然,一种叫细嘴鸦的乌鸦,一蹦一跳地走近马路中间,它们要干什么? 司机们顿时感到莫名其妙。只见细嘴鸦口中衔着一枚核桃,准确地放到汽车轮的前面,然后回到马路边。转眼间,信号灯变了,汽车向前方疾驶而去,核桃顿时应声而碎,此时,细嘴鸦眼疾腿快,立刻飞到,开始了它的核桃大餐。

在南京的燕子矶,临近江边处有两块三五米高的巨大岩石紧紧地靠在一起,中间只有一个小小的缝隙,而且还蜿蜒曲折。有一棵树镶嵌在其中。只见在岩缝中的树干,随岩缝而蜿蜒,曲折向上。树干在冲出缝隙后笔直地向上生长,枝叶繁茂,尽情舒展。

鸟虫有适应于飞翔的双翅,鱼虾有适应于水中生活的器官,各种动植物具有适应环境的生存能力,与环境和谐的生存智慧。在前两个故事中,不论是小甲虫借助毛花蜂孕育而生,还是细嘴鸦借助汽车吃到核桃,都充分展示了它们令我们人类意想不到的生存能力与智慧。不仅动物的生命中充满着智慧,而且就是在我们司空见惯了的树与草的身上,也深感生命智慧的光芒。如石缝中的大树,当环境不允许它自由生长时,它会顺着石缝的形状而生;当它摆脱了石缝的束缚,就尽情地舒展它的枝叶,自由地按本性生长。在树和草杂生之地,给人以和谐的景致。大树并不因小草的小而不让它环绕在自己的周围,小草也不因大树的高大占据大量的阳光和养料而不与大树为伍,相反它在享受着透过树的枝叶而照射到的柔和的阳光。大树因有小草的衬托,更显得高大；小草因有大树的陪衬，也更显得生机勃勃。就一棵树而言，它本身的生长状态就充满了智慧。不论什么种类的树，不论是大树，还是小树，所有的枝叶并不都是笔直地向上生长，而是散开来形成一个冠状，这样不同部位、不同生长时期的枝叶都可以得到更多的阳光和雨露。再有，在不同环境中生长的植物，尤其是在极其"恶劣"的环境中生长的植物，显示了非凡的适应能力和顽强的生命力，令人由衷地敬畏。

（二）安顿心灵

现代人为精神的"无家可归"所折磨，为心灵的无所安顿所痛苦。其中一个主要原因是在生命与它的构成要素的关系上，存在着错误的认识与行动。简要地说，就是"本末倒置"。为了局部或部分利益而损伤生命整体的存在，人活着不是为了求知、求智，不是为了生命的某一局部或部分，也不是为了生命之外的什么目的，而恰恰是为了生命本身，为了生命的存在与发展。也就是说，生命是目的，其他是工具。

早在 20 世纪 30 年代，杨正宇就曾指出，历代哲学家都把哲学当作"爱智"来解释，"误以为人为求智而生活，简直把生命当作一种求智的工具"。至于使用工具的生命本身究竟如何，却不去过问。"终日在那生命底周围打圈圈，却不能探着那生命底实在，把握生命底中心。……我们终日只在那儿为生命求知识，却不能直觉到生命底意味……所以一般人除掉了食色两途以外，很难直感生命的意味；皈依宗教呢，那么明明知道它不是实在的，未免觉得掩耳盗铃了。然而，不奉宗教呢，又觉得自己空空虚虚，毫无依归。所以这种苦闷，是现代科学文明时代的一个绝大的问题。"[①]

人之所以会如此，其中一个重要因素是缺乏智慧，尤其是生命智慧。滕守尧认为，很多时候，许多机灵的人，许多善于算计、逻辑头脑很强，因而取得高贵的地位和大量财富的人，许多知识丰富、学富五车的人，都缺少智慧；而有些表面看上去很傻的人，不善于算计因而生活清贫的人，却是富有智慧的人。[②] 姚全兴认为，不少人因不良环境而难以生存，其根本原因是缺乏一种生命智慧。浮躁的人生状态，从主体上找原因，大多是由于缺乏生命智慧。缺乏生命智慧就耐不住寂寞，也不能处变不惊，临危不乱，镇定自若、从容自若地面对万事万物。[③] 人生幸福不是占有，不是得的越多越好，不是社会地位越高越好。幸福的衡量尺度不在身外，而在身内。幸福是一种感觉，是心有家、在家的感觉。雷蒙·潘尼卡则认为，智慧是幸福和喜乐的源泉。生命智慧能够使人时时回到起点——生命本身，回到最初的愿望，回到心灵之家。

生命智慧把人带回家。生命智慧的基点、源头、指归等都是生命本身，而非他物，这样不至于使生命异化。生命智慧可以导致美好而自由的生命状态，把一般心灵化

---

① 尚新建. 重新发现直觉主义：柏格森哲学新探［M］. 北京：北京大学出版社，2000：12.
② 滕守尧. 中外综合式艺术教育一百例［M］. 西安：陕西师范大学出版社，2002：序.
③ 姚全兴. 生命美育［M］. 上海：上海教育出版社，2001：147.

为艺术心灵,使人进入静观或静照的审美境界,从而在忘我地接纳万物时,显现无拘无束、晶莹澄澈的生命之光。生命智慧的静观,既是审美的心态,又是审美境界,有着极为深厚的哲学底蕴。静观是物我同一时生命的自由自在状态,因此,一个人只要全身心地投入客观世界中去,与其和谐地融洽,宁静地亲和,也就拥有静观的审美心态,可以进入静观的审美境界。① 可见,生命智慧可以安顿心灵。

> 在喧闹、混杂的生活中,
> 你应该与你的心灵和平相处,
> 尽管这世上有很多的假冒和欺骗,
> 有很多单调乏味的工作,
> 它仍然是一个美好的世界,
> 高兴起来吧,努力去追求幸福。
>
> ——[美]迈克斯·艾尔曼:《我们最需要》

每个人都有他自己活着的信念。活着、无论怎样都不放弃追求的信念,是生命智慧的显现与价值所在。

(三) 呈现希望

【生命叙事】

生命沼泽地里打造"金字塔"

韦芳华原是广西宾阳县的小学教师,从五十三岁开始整天病恹恹的,一天,医院给奄奄一息的他下达了"病危通知"。有一天,他"失踪"了。当家人找到他时,竟是在村头的一片沼泽地边,他自己搭建的一个简易木棚里准备"等死"。也许,"等死"等得有点儿无聊,他把沼泽地里的淤泥掘起来,垒成堤坝,让阳光曝晒后碾成泥粉,然后在泥粉上种上木瓜、豆角、葡萄、月季、紫罗兰等。斗转星移,日月如梭,六年过去了,韦芳华不但没死,而且不知从哪一天起,他的病竟奇迹般地不治而愈。

为了纪念自己的"死而复生",韦芳华决定在沼泽地建造一座塔。尽管遭到全家的反对与经济"封锁",但他将沼泽地改造为鱼塘,在堤坝上种植龙眼、荔枝、杨桃等经济作物,每年水果收入四千元,渔业收入达一万二千多元。有了资本,他开始精心设计草图,九易其稿……经过六年多的艰苦打造,一座高十四米的七层白色尖塔赫然耸立在沼泽地上,并将它取名为"金字塔"。一位美国游客登上此塔后高兴地说,OK! OK! 我到过四十三个国家,从没有见过一个平民在生命

---

① 滕守尧.中外综合式艺术教育一百例[M].西安:陕西师范大学出版社,2002:147-160.

垂危之际,孤身踏进沼泽地,建造出如此神奇的世外桃源!

回到生命本身,为了生命而积极生活的状态是生命智慧的显现。从上述故事中,我们可以清晰可见生命本身的力量。在自身与环境都不具备条件的情况下,这位小学教师却能创建一个"世外桃源",在"生命沼泽地里打造'金字塔'",显示了生命本身的力量。放弃是一种希望,当他对"生"已经不再渴求,在一个没有任何诱惑的地方"等死"时,他的心静下来了,他体内的生命能量聚集了、冲动了,让他不耐烦于"等死"了,他开始运动了——种瓜、种花。正是这样的运动,悄悄地排放出他体内的毒素,清除着体内的有害物,恢复着体内正常的新陈代谢功能,死神离他而去,生命活力占据他的全身,这是生命自组织的功劳,是生命本能在以无声而倔强的方式显现着它的力量,为人呈现着希望,改变着人的生存状态。

面对疾病、痛苦与逆境,犹太人充满希望。犹太人认为,和疾病搏斗的最有效方法,并不是消极地杀死细菌或毒素,而是积极设法使自己的身体强健起来。因为在他们的眼中,当有充分的营养和休息后,身体自然而然就能抵抗疾病。同样的道理,他们认为,生命的天平常在希望与绝望之间摇摆不定,只要增加希望的分量,便能保住生命,也就可以让天平的指针倾向有利于自己的方向。所以,在处世智慧中,犹太人坚信与其和绝望搏斗,不如维持希望。只要不失去希望,人们就一定能随心所欲地创造未来。因此,犹太人对困难和逆境是既不灰心,也不气馁,总是保存着希望而顽强地生活着。① 而这恰恰是生命智慧的显现。

【生命叙事】

鲁洁教授的经历与感悟

我总是认为以后会比今天更好。这也许是我的家庭给我的影响。我的祖父去世得很早,我的父亲非常努力,不屈服于压力。当时,汪精卫伪政府拉他做汉奸,他不肯,后遭到恐吓,即使这样,他也不屈服,我们就搬家。我也是这样,有着对压力不屈服的性格。有时我有意识地检验自己的信念。记忆最清楚的一次是1949年,我生一场大病时,当时得的是肺结核,真是死去活来,亲人都到我家看我,算是与我告别。我躺在病床上在思考着我该怎么办,寻找着信念。人在经受生死考验时,是会思考这样的问题的。

我相信,没有磨难就没有生活。我不大会灰心,即使在"文化大革命"时,我既不是学术权威,也不是当权派,在2 000多人的大会上,突然宣布我是"国际特嫌",我当时都不懂什么意思,一下就懵了。但我后来想过来了,我自己的事情自

---

① [美]韦恩·玛格尔,编译.犹太人的智慧全集[M].北京:中国电影出版社,2005:314.

已最清楚。所以,每次开批斗会,我都与造反派据理力争。我最欣赏贝多芬的一句话"扼住命运的咽喉"。有人说,你的身体怎么这样好? 我说我的病都生过了,1949 年的一场大病没死掉,30 岁患高血压,40 多岁患心脏病住院,50 多岁患癌,现在没病可生了。①

透过鲁洁先生的生命故事,我们可以感受到,她已经将不幸或苦难以一种难以置信的、无与伦比的平静整合到自己的生活中,并从中获得了喜乐、深刻、和平和慈悲的源泉。那么是什么让她能够如此呢? 是生命智慧! 如雷蒙·潘尼卡所言,"是智慧使得我们能够对苦难不绝望、忍受人类生存的阴暗面、社会的非正义以及本会让我们确实感到不快的事。智慧使我们得以保持真诚、希望甚至喜乐"。② 法国作家大仲马也曾指出,"人类所有的智慧可以归结为两个……等待和希望"。③

那么,希望是什么? 在希腊神话中,希望是与女人同在的,希望是所有的赐福都逃离了人类而唯一与人类同在的福,希望是所有的瘟疫、灾难都降临到人类的头上仍不会完全远离我们,当我们拥有希望时,任何其他的灾难都不能使我们完全可怜无助。④ 里尔克曾十分深刻地指出,"当你完全感觉到世界的危险、威胁时,这种危险、威胁便在预防中发生突变"。在此,人可以发现在什么地方可放弃自己能够做到的事,冷静地听任命运——那种对未来充分信任的、我们称之为希望的关系的摆布,而正是在这种关系中我们找到了所有计划和期望赖以产生的最后的生存基础。这是我们不可再后退的最后一个基础。博尔诺夫认为,希望只由经历了沉重的生命危机之后,学会了放弃其固有愿望而把自己完全寄托于无法预测的未来的人所产生。只有当这种希望摆脱了对种种将发生的事物的特定想象之后,才是真实的希望。最终的希望在本质上是抽象的,而人们认为可以用有些图像描绘这种希望时,它就会立即被歪曲。这种希望是刻骨铭心的、最新的生活经验,一俟学会了在放弃安全保护的情况下信心百倍地把自己托付给命运时,它就会显现于自己的心灵深处。⑤ 弗洛姆在《人类的破坏性剖析》一书的"尾声·论希望"中指出,人类的希望在于对人类的合理信念——以他得救的真正可能性为基础的,不是悲观者的"我们什么也做不了(做什么也没有)",也不是乐观者的"我们什么也不必做",并将这种信念植根于人类最珍贵的秉性,即对生命的爱。⑥

由此可见,希望不是确定的目标,不是有形物。希望是人存在的原动力,是人活

① 根据 2002 年鲁洁教授在南京师范大学教育科学学院主办的"学术与人生"沙龙上的讲话整理。

② [西]雷蒙·潘尼卡.智慧的居所[M].王志成,思竹,译.南京:江苏人民出版社,2000:36.

③ 罗郎,选编.绝世箴言[M].北京:中国华侨出版社,2003:239.

④ [德]古斯塔夫·施瓦布,原撰.希腊神话故事[M].臧瀚之,等编写.北京:京华出版社,2003:5.

⑤ [德]O.F.博尔诺夫.教育人类学[M].李其龙,等译.上海:华东师范大学出版社,1999:99-100.

⑥ [德]E.弗洛姆.人类的破坏性剖析[M].孟禅森,译.北京:中央民族大学出版社,2000:481.

着的力量所在,希望是人最后的生存基础,是不可再退的最后一个基础,是对生命的爱。希望是生命的大智慧,是在人们身处绝望境地时的不绝望,是将个体生命纳入整个生命流、将整个世界纳入个体生命之中的力量;是一种无限的感觉,即与宇宙一体的澄明之境。生命智慧是为生命的生存与繁衍而生,是对生命的护卫,是对生命的爱。爱生命是希望之根。

(四) 突破限制

蚕的生活史

蚕的一生会发生 4 次形态变化。春天,幼小的蚕宝宝出世,它们不停地啃食桑叶,经过一次又一次的蜕皮,身体不断长大,这时的蚕称为幼虫阶段。当幼虫长到足够长时,它们开始吐丝结茧,身体变成褐色的蛹。躲在蚕茧里的蚕身体再次发生变化,成为飞蛾破茧而出,并产下许多卵。到了第二年春天,卵又孵化成幼虫,开始了新的一轮生活史。

蚕一生的变化,虽然离不开环境的作用,但是最重要的因素不得不归功于它自身的生命力量。其实,人从出生到死亡也经历了多次的"蜕变",无论是有意识的,如人的自我挑战,还是无意识的;无论是有形的,如身体的变化,还是无形的,如精神世界的变化,这是生命生长的必然,但我们对此缺乏应有的意识。而生命智慧的价值就在于让人们保持清醒,突破自我、环境等一切可能突破的限制。

在一个人的整个生命历程中,有着诸多的限制。有的来自遗传本身,有的来自自身成长的过程中形成的一些思想观念、思维方式、情感方式与行为习惯等,还有的来自所处社会环境。每个人都有遗传而来的"发展的地形",后天的发展不可能超出他所具有的"发展的地形"所提供的范围和可能。而且在个体生命的过程中,因现实的具体生活条件的限制,以及个人寿命的限制,其潜能、愿望的实现都是有限的。在成长过程中,存在着身体限制或生理限制。如肌肉、骨骼、神经系统的发育程度与功能,不同年龄阶段有着不同的发育状态和不同的成熟度,而当下的发育阶段对下一个阶段而言就构成了一个限制。有人研究指出,造成儿童结巴的一个主要因素是,他的思维发育超前于他的语言发育,语言不能很好地表达思维,这样语言对思维而言就构成了一个限制。

不仅如此,在人的成长过程中,还存在着文化印记和学习的限制,这种限制造成了个体的自我限制或心理限制,同时它也是社会环境限制的根源。埃德加·莫兰认为,"文化印记从幼儿时期起就通过神经突触的选择性稳定作用记录在人的大脑中,这些最初的记录不可逆转地影响着个人的认识模式和行为模式。除了最初经验留给我们的不可逆转的痕迹之外,又增加和组合了不可逆转的学习过程;学习这个事实本身就取消了其他可能的认识模式[梅勒(Mehler),1974]。这样,文化印记使我们只能看到它让我们看到的东西,而看不到任何别的东西。"而"个人根据文化铭刻在自己身上的范式来认识、思考和行动"。"任何社会都是组成社会的个人之间的相互计算和相互认识的产物,这个社会又以巨型计算机的方式反作用于个人,给个人带来规范、模式和图式。这些规范、模式和图式记录在个人的文化印记中,并指导着他们的计算/认识。"①也就是说,一个人有什么样的范式,就会有什么样的认识、思考和行动,范式本身就是一种限制。

这也可以说,人的一生都是生活在各种限制中。这些限制有的是有形的,如不同成长阶段的不同形态、生存的物质环境条件等;有的是无形的,如思想观念、思维方式、情感、习惯等;有一些是不可改变的,如先天的遗传特性等;有一些是可以改变的,如思想观念、生活环境等。一定意义上讲,人的个体生命是"限制性"存在,同时也是不断突破限制性的存在。雅斯贝尔斯指出,人在自我的生成上有几种需要尽其全部人性去冲破的阻力:首先,绝对的阻力是每个人在本质上的不可改变性,而只是在外观上有变化;其次是内在的可塑性;再次,重阻力则是人的原初自我存在。② 所以说,人的生命历程就是一个限制与不断突破限制的过程,成长的整个过程就是一个不断突破既有的状态的过程。

人之所以能够突破限制,在于人的遗传程序的开放性,在于生命所具有的创造性与适应性等诸多特性。是这些特性决定了人具有突破限制的可能性,而这些生命特性恰恰是生命智慧的泉源,并通过生命智慧表达出来。任何一个生命个体都是有着诸多限制的有限性存在,生命智慧能够帮助人们意识到并"超越"种种限制,进入一种精神自由的境地。

(五) 成为自己

在生命的视野中,每个生命都是独一无二的,他一生所能成为的,只能是他生命所是和所能是的自己。当今伟大的成功学家戴尔·卡耐基在《人性的弱点》一书中写道:一个人想要集他人所有的优点于一身,是最愚蠢的、最荒谬的行为。你一定要保持你自己的本色,不论你的错误有多少,能力多么有限,你也不可能变成别人。你在这个世界上是一个新东西,应当为这一点而庆幸,应当尽量利用大自然所赋予你的一切。归根结底说起来,全体的艺术都带有一些自传性质:你只能唱你自己的歌,你只能画自己的画,你只能做一个由你的经验、你的环境和你的家庭所造成的你。无论好坏,你都得自己创造一个小花园;无论好坏,你都得在生命的交响乐中,演奏你自己的小乐器。③

但在现实中,许多人都难以知道自己是谁。其原因正如印度著名的哲学家克里

---

① [法]埃德加·莫兰.方法:思想观念[M].秦海鹰,译.北京:北京大学出版社,2002:18,236,256.

② [德]雅斯贝尔斯.什么是教育[M].邹进,译.北京:生活·读书·新知三联书店,1991:2.

③ [美]戴尔·卡耐基.人性的弱点全集[M].翟文明,编译.北京:光明日报出版社,2005:353,356.

希那穆提所言：多少世纪以来，我们被我们的老师、尊长、书本和圣人用汤匙喂大。我们总是说："请告诉我，那高原、深山及大地的背后是什么？"我们总是满足于他人的描绘，这表示我们其实是活在别人的言论中，活得既肤浅又空虚，因此我们充其量只是"二手货"人。你自己，这个身为人的你究竟是什么？没有任何人或任何东西可以为你解答这个问题，因此，你必须先认识自己。认识自己便是智慧的开始。① 那么人怎样才能认识自己呢？马斯洛在《动机与人格》一书的第六章"基本需要的似本能性质"中有这样一段话，可以开启我们的智慧：

病人、动物、圣人与动物性②

我认为，揭露、顿悟和深度治疗——这种治疗实际上包括除了催眠治疗和行为治疗以外的所有治疗——从某种意义来说是要揭露、恢复和加强我们那些被削弱了的和失去了的似本能倾向和本能残余，我们那些动物性的自身，我们的主观生物性。这一终极目的在所谓的个人成长实习班里表露得最明显。所有这些——疗法和实习班——都需要人们付出高昂的、痛苦的、长时间的努力，这种努力需要人一生的斗争、耐心和坚忍不拔的精神，即使这样，最终还有可能归于失败。但是，到底有多少猫、狗或鸟需要帮助才能知道怎样去做一只猫、一条狗或一只鸟呢？它们由于冲动而发出的声音十分响亮、清晰和不容怀疑，而我们的声音却是微弱、混淆不清和容易被忽视的，这样我们就需要帮助才能听到它们。

这就说明动物的自然性为何在自我实现者那里可以看得最清楚，而在神经病人或"一般病人"那里则表现得最不清楚。我甚至可以说，"疾病经常意味着一个人的动物本性的丧失。这样，就出现了下面这一似乎矛盾的情况：在那些精神层次最高的、最有智慧的圣人身上，在那些最有理性的人身上，我们可以见到最清楚的神性和动物性。"

马斯洛通过病人、动物、圣人三种不同状态与动物性的关系，揭示了生命本能对于个体生命的意义所在。在这段文字中，我们可以看到，一是疾病与人的动物本性丧失有关，一些心理治疗方法的实质是要帮助人们揭露、恢复和加强在后天生长中被削弱和失去的本能；这一过程不但需要付出高昂的、痛苦的、长期的努力，而且需要一生的斗争、耐心、坚韧不拔的精神，但还可能失败。也就是说，本能一旦丧失，再想恢复，不但很艰难，而且还很可能失败。二是动物凭借自己的本能冲动，不需要帮助就知道怎样成为自己。三是人中的圣人、最有理性的人身上也显现着最清楚的神性与动物性。

由此可见，具有本能性的生命智慧让人活得像一个人，不迷失自己，能够按照自

---

① ［印］克里希那穆提. 重新认识你自己［M］. 若水，译. 北京：群言出版社，2004：4.
② ［美］马斯洛. 动机与人格［M］. 许金声，等译. 北京：华夏出版社，1987：94.

己是谁来活着,也就是能够按照生命的本然活着。这个生命中的自己,也许有着自身的"缺陷"或"弱点",犹如动植物,它们没有人类的语言、人类的逻辑思维、人类的一些丰富知识,甚至"作秀"的表现,但它们有感觉,凭着本能的冲动而成为它自己。所以说,生命智慧是个体生命成为自己的必要因素,它可以帮助人回到他的生命本身,倾听生命的律动,可以防止个体生命的异化,而成为他自己。

综上所述,生命智慧对于我们个体生命而言,从保障生命的存活到促进生命突破限制,从生发智慧到安顿心灵,从呈现希望到成为自己,都有着不可替代的作用。

三、生命智慧的陶养路径

(一)虔诚"邀请"智慧

生命智慧不是外在于生命的,而是内在于生命本身的;生命智慧不是找到的,而是生命智慧潜能的适时生长与显现。一个人要迎接生命智慧的到来,就应如母亲怀孩子一般,为智慧准备孕育之所。雷蒙·潘尼卡指出,为智慧预备一个居所:我们在这里谈的是一种基本的态度,今天比以往任何时候都更加需要这种态度。所以,需要虔诚地发出"邀请"。

那么,怎样才能做到呢?

一是相信生命。智慧是生命的品质,生命具有智慧,人人皆有生命智慧。"思想乃是身体智慧的一部分。如果长久地持有并不断地重复一种思想,就会使之转变成一种信念。信念又会转变为生物机能。信念是一种能量巨大的驱动力,它为个体的生命和健康创造出生理基础。"①

二是"殷勤"等待。生命智慧有其自身的存在节律,不可人为地"加速"或"减速"。也就是说,生命智慧不能被强求,不能被控制,需要等待。雷蒙·潘尼卡指出,智慧始终只是一个客人。对待生命智慧,我们也需要怀有一颗殷勤之心。生命智慧的显现是有条件的,它不仅要有内在的可能,而且需要一定的时空、情境和适合的外界环境条件。所以,要为人的生命智慧显现创造良好条件并耐心地等待。

三是虚怀若谷。中国古经强调,智者性情平和、公正而无私。赫舍尔指出"智慧起源于敬畏"②。韦政通先生曾指出,爱因斯坦的言行常常洋溢着智慧,这是因为他能时时忘掉自己是一个大科学家,因为他能"忘"我,所以能跳出物理学的范畴,观察物理世界以外的世界,了解物理学以外的观点。一切的知识,对追求智慧者只是心灵磨坊里的谷,一切概念都只有唤起感悟引发共鸣的作用。智慧最大的敌人是执着,不论是执着于知识,执着于名,执着于利,执着于形体之美,还是执着于权位,一旦执着,

---

① [美]克里斯蒂安·诺斯鲁普. 女人的身体 女人的智慧[M]. 邱巍,张敏,译. 北京:光明日报出版社,沈阳:春风文艺出版社,2000:37.
② [美]A.J.赫舍尔. 人是谁[M]. 隗仁莲,安希孟,译. 贵阳:贵州人民出版社,1994:80.

智慧之门就被你自己封闭了。赤子之心纯一无伪、无执着，所以能涌现智慧。世上没有一个有智慧的人不是具有赤子之心的，因此，单纯、善良，并富有感受惊奇的能力，成为智慧人物共同的特征①。

生命智慧并非在任何状态下都会或都能放射出光芒，当人过度追求功名利禄、狂妄自大、被"工具化"的时候，生命智慧不会与他同在，唯有在超越这些之后，平心静气之时，才能发现"林中小屋"，生命智慧才会导人以方向，给人以力量，与人的幸福同在。平和、公正之心，虚怀若谷的精神，谦卑、敬畏的品质是智慧涌现的重要条件。

四是倾听生命的律动。如何倾听生命的律动？一个主渠道就是与自己的身体对话，从成长中学习。与自己的身体对话，就是与自己的感觉、心灵对话。通过这种对话，体验生命、感悟生命，知道自己是谁，知道自己向往什么。

雅斯贝尔斯曾指出，人们为了寻求生命的答案，总是通过各种实践去不断地变化身心自由释然的游戏，这种不断超越以求更新的活动可以说是倾听生命律动的行为②。能够与心灵对话，倾听生命的律动，听从内心的召唤，是生命智慧的体现。

（二）开发生命潜能

在前面的分析中，我们已经清楚，生命智慧并不是高深莫测的、只为少数人所有的特权或专利。从生命智慧的泉源而言，生命智慧是扎根于生命特性、生命本能、人的大脑、人的身体之中的，是生命本身所具有的。也就是说，生命智慧是人人皆有的一种潜质。每个人都是生命的载体，生命智慧作为一种生命的潜质，既存在于生命之中，自然也就存在于个体生命之中。一个人的生命历程就是他自身生命潜能不断实现的过程，但并不是生命的所有潜能在一个人有限的生命时间里都能够实现，那么实现什么样的潜能，则与这个人的生存环境、所受的教育密切相关。

如果我们回到人们现实的生活中，处处可见不同人，不论男女老幼，不论社会地位高低等，都不同程度地闪现着生命智慧之光。雷蒙·潘尼卡曾明确指出，神学家、哲学家、婆罗门、知识精英、祭司和博士们都宣称拥有智慧并掌握了通向智慧居所的钥匙。然而，智慧不是少数人的对象，智慧的居所是我们的宇宙、我们的世界、我们的母亲大地，我们的心。智慧是生活的艺术，所以它一直是大众的财富。它存在于各个民族的谚语、寓言和故事中。

（三）丰富生命情感

德性的成长，还可以通过促进正向情感体验来实现，这是由情感与德性之间的关系决定的。亚里士多德在《尼各马科伦理学》第二卷中指出，伦理德性就是关于快乐和痛苦的德性。一切行为和情感都伴随着快乐和痛苦，伦理德性是一种关于快乐和

---

① 韦政通. 中国的智慧［M］. 长沙：岳麓书社，2003：135.
② ［德］雅斯贝尔斯. 什么是教育［M］. 邹进，译. 北京：生活·读书·新知三联书店，1991：3.

痛苦的较好的行为。德性以关于快乐和痛苦而存在,由它们而生成,在它们的作用下增长,相反则毁灭。同时德性一旦由它们生成,也就围绕着它们而进行实现活动。① 从这段话中,我们可以看到,快乐和痛苦是伦理德性存在的依据,是德性生成、增长与毁灭的因素,是德性作用的对象,而情感是引发快乐和痛苦的因素之一。朱小蔓教授认为,人的最基本情感通向德性,情绪感受和情感体验至少是德性成长之根。人的生命成长的一切,如人的智力发展、自主意识、信任感、安全感、自信心等,都是生长在人的情绪感受和情感体验这一根上的。德性成长的最主要的标识是看是否出现正向情感的积累。

那么,教育如何才能促进一个人正向情感体验呢?朱小蔓教授认为,一个人正向的情感是需要在每一天的日常生活事件中累计、孕育和发展的,它需要通过生活的点滴经验来感受、表达和生成。一个人如果每一天都不快活,他是不可能突然变成一个情感健康的人的。刘惊铎以为,正向情感体验是不能逃离生活的,教育应当导引学生回归生活、回归自然,学生自主参与真实生活之中的道德实践活动,以体验为切入点,并通过体验形成每个人独特的情感—态度系统和意义世界,促进情感和认知相互影响以生成和发展完整的个体德性。②

由此可见,一个人的选择能力,可以通过培养他的思考能力和伦理品质而得到培养,一个人的正向情感,可以通过日常生活中的点滴体验而积累,从而实现德性的培养,促进德性的成长,因而也实现了生命智慧的教育。

(四) 拓展生命经验

1. 对经验的理解

我们对经验之理解定位于杜威的经验论,即经验是生命与共同环境中的其他要素之间进行互动的连续过程。经验意味着首先是一种行动的事件,它包含一种主动的要素——努力与一种被动的要素——经历。经验是生命体维持自身的中介,是在其生命与环境的诸要素之间进行的活的互动,它主要是一种生命现象,是人类与物质环境和社会环境之间进行的交流,思考在经验之内运作。

2. 经验的个体生命成长价值

脑科学的研究成果揭示,脑的发育有赖于经验,复杂的生活环境有利于经验的丰富。大多数专家同意这样的观点:脑能是从经验中学习新知识的能力及适应环境的能力③。大脑是一个动态器官,很大程度上是由经验塑造——由生物正在做的和已

---

① [古希腊]亚里士多德.尼各马科伦理学[M].苗力田,译.北京:中国社会科学出版社,1999:31-32.

② 朱小蔓,刘慧,刘惊铎.德性成长与生命中的情感体验[J].教育参考,2002(12).

③ [美]詹姆斯·怀特.破译人脑之谜[M].张庆文,编译.北京:中国物资出版社,1999:7.

经做的所决定。可以肯定地说，大脑和心理的功能性组织取决于并得益于经验；发展不仅仅是生理驱动的拓展过程，也是从经验中获得基本信息的主动过程；一些经验在某些具体的敏感时段具有最大的效应，而另一些经验在更长的时段中能不断影响大脑。①

从个体生命成长的角度看，经验在个体生命的成长中起着非常重要的作用。个体生命的成长是不间断的、持续进行的，是以过去的经验为底色、为材料，接纳、吸收或排斥流变的（当下）经历，走向未来的。生命科学的研究表明，与机器不同的是生命体具有存在于 DNA 之中的内在发生编码，为未来的发展和经验提供指导。这意味着未来的经验和行为产生于现实的经验和行为，正如现在的经验和行为来自过去一样。威尔逊指出，过去抉择的累积和记忆，对于未来事物的思考，重新经历过去事物所引发的情绪等，都是构成心灵的要素。②

生活，实际上是我们正在体验的现实，是由相互联系的经验组成的。一个人处于无意识状态或认同时，经历什么就在他的大脑中留下什么，并将成为他今后行动的原型。当他对经历的事情具有反思意识时，形成怎样的影响将取决于他既有的认知结构与当下的情绪感受，或多种信息储存于大脑中，待遇到相关的情境时，各种信息就会呈现，为解决当前的问题而提供参照。一个人由其经历所形成的经验中，浸满他的情感，促发着他体内化学物质的变化，发生着特殊的体验。按照苏珊·格林菲尔德在《人脑之谜》中揭示，特殊的体验会增加高度特化神经元回路中的连接程度，而这些连接赋予我们一个独特的个性化的大脑③，构成着他独特的生命。

罗恩菲德在关于儿童的教育中曾说："儿童在忙于创造时，他必须想到'一些东西'。这经常意味着以自己的经验面对他自己。有些儿童不能想起'一些东西'是因为他们缺乏对于有意义经验的理解，或是他们心灵闭塞，跳不出他极有限的经验范围。"④如果一个人不能体验他自己的经验，那么就不可能产生与经验有关的感情。因此，关注个体生命经验，扩大他们的经验范围，是他们生命成长的重要条件。学校教育的有效途径是能引起学生经验感受的活动。扩大个体生命的经验范围，也是生命智慧教育的重要内容。

（五）与生命对话

生命智慧教育要通过引导人们与自然对话、与人对话、与自己对话、与文本对话等多种方式，引导人们走进自然，回到生命之中，实现生命智慧的陶养。所谓回到生

---

① ［美］约翰·D. 布兰思福特，等. 人是如何学习的——大脑、心理、经验及学校［M］. 程可拉，孙亚玲，王旭卿，译. 上海：华东师范大学出版社，2002：139-140.

② ［美］爱德华·O. 威尔逊. 人类的本性［M］. 甘华鸣，译. 福州：福建人民出版社，1988：64.

③ ［英］苏珊·格林菲尔德. 人脑之谜［M］. 杨雄里，等译. 上海：上海科学技术出版社，1998：84.

④ ［美］罗恩菲德. 创造与心智的成长［M］. 王德育，译. 长沙：湖南美术出版社，1993：6.

命之中,主要是指三个层面,一是回到丰富多彩的自然世界之中,回到人与他类生命彼此相通、彼此独立而相互依赖的生态性存在的生命世界中,向自然学习、向他类生命学习。可以说,一部人类发展史,就是一部人类向自然、向其他类生命学习的历史。二是回到人的生命世界中,回到个体生命的经历、经验、感受之中。人是社会性动物,人的生存离不开人的世界,人的生存必须了解、适应人的世界。他人个体生命的经历、经验、感受之中蕴涵着鲜活生动的生命智慧,通过向他人学习,可以获得生命智慧的陶养,更好地生存。三是回到自身的生命之中,回到自己生命的当下状态、所处的生存境遇之中,与自己的身体对话;通过感受心灵的呼唤,关注呈现的感觉,倾听生命的律动,定位生命的追求与生命的意义,提升生命的质量。

1. 与自然对话

生命智慧教育应引导人们与自然对话,走进自然,认识自然、了解自然,了解人与自然的关系,从而认识人的生命活动与意义。只要与自然对话,我们就会拓展自己的经验,就会沐浴在智慧之光中,就会开启、丰富我们的生命智慧。要实现与大自然对话,主要有这样几种方式:一是走进大自然,感受大自然,以增进与大自然的情感;二是阅读有关书籍,学习有关大自然的知识,增强对自然的了解,提高理性认识;三是观看有关动植物世界的纪录片,饲养与观察动植物,感悟自然,从中获得启迪。

2. 与人对话

人与人的对话发端于对生命的关怀,并体现着生命关怀。人与人对话是人的生命存在的内在需要,也是人的生命存在的一种主要方式。有学者指出:对人类自身存在的关注,是人与人对话的核心问题。追求合乎美好人性的生存,是人类最高层次的关怀。人与人对话,是与存在讲和。通过对话,倾听不同声音的交响,调适自己的经验世界、调整自我"在场"的姿态,重建自我对外部世界的感觉,是人类理性生存的标志。对话不仅是语言馈赠、思想碰撞、感觉交换,同时也包含了人类生存方式的相互参照。不同样态的生命安顿,在敞开自我、走近他人的对话中,相互追问、相互聆听,共同寻找生命的意义,体现最高层次的生命关怀。① 人与人对话,主要包括两方面:一是与人类的对话,一是与个体人的对话。

3. 与自己对话,倾听生命的律动

所谓与自己对话就是与自己的身体对话,倾听生命的律动,从成长中学习。与自己的身体对话,就是与自己的感觉、心灵对话。通过这种对话,体验生命、感悟生命,知道自己是谁,知道自己向往什么,在体验、追求与反思中学习、成长。

那么,如何与心灵对话呢? 美国学者研究指出:"想开发身体的智慧,我们必须同

---

① 谭学纯.人与人的对话[M].合肥:安徽教育出版社,2000:内容摘要.

时开发智力、心灵和思维能力。一旦我们感到思想与身体症候之间的紧密关系，以及我们是何等聪慧，那么我们的思考力就不会被文化催眠影响而陷入迷茫，从而相信我们的内心的意愿。如果能对假定的一切提出质疑，我们就可摆脱思维定势的桎梏。通过写日记、冥想，很多人都接触到了他们内心的意愿并开始了解内心。本体感受写作法教给我相信自己的内心和内在智慧。"①

4. 与文本对话

一位哲人说，文本是思想言说的符号踪迹，是智慧觉解的文字报告，是主体精神超越自我的信息桥梁。文本的形式有多种，不仅指文字文本，而且也包括影视等文本。个体生命需要在大量的阅读和实践中逐步增厚自己的文化底蕴，培植丰厚的智慧土壤。人们都认为孔子具有很高的人生智慧，但是孔子却深有感触地说"我非生而知之者"，只是"好古，敏以求之者也"。②

【生命叙事】

魏书生与格言、传记

小时候，一本《今古闲文》，我不知读过多少遍，至今"尊人者，人尊之""隐其恶，扬其善""宁可人负我，不可我负人""一万次口号抵不上一次行动""曲不离口，拳不离首""聪明的人改变自己，糊涂的人埋怨别人"等许多名言警句，还深深地刻在脑子里，成为指导我言行的明灯。

从教书开始，我便注意给学生抄格言、警句。从1979年4月起，便由我给学生抄格言，改为学生按学号轮流抄格言，每天轮一人，挑选自己认为对大家最有教育意义的格言，写在黑板的右侧。

它有它独特的作用，春风化雨，点滴入土，日久天长，潜移默化。学生的精神世界有了这盏灯照耀，一定要比昨天明亮。

我喜欢看人物传记，也提倡学生看人物传记……引导同学们在课外书这个广阔的知识海洋里泛舟，自然抵制了黄色书刊，使学生们开阔了眼界，更深刻地认识了人生，结识了许多良师益友，见到了不少榜样楷模，陶冶了情操，增长了智慧。自然，也增长了读、写能力。③

经典是文本中的精华。"经典"是天才大脑艰苦创造的结晶，它恰恰是一种恒久

① ［美］克里斯蒂安·诺斯鲁普. 女人的身体 女人的智慧［M］. 邱巍，张敏，译. 北京：光明日报出版社，沈阳：春风文艺出版社，2000：568.
② 论语［M］. 程昌明，译注. 太原：山西古籍出版社，1999：71.
③ 魏书生. 魏书生与民主教育［M］. 北京：北京师范大学出版社，2006：96，98.

性的精神存在,在不断经受时间的考验中,它耐心地开启异质性的世界。它是能够引起持续震撼力的那一类伟大的著作,最能体现人类"原创性"的东西基本上都凝结到了经典之中。[①] 经典形成有其内外条件,从其内在条件的一般性而言,书籍自身必须具有内在的超越性和原创性,必须具有打动人心的内在魅力。它依赖于不断地传承、阅读、诠释和信仰,它依赖于读者,它因不断地被阅读、理解和解释而获得权威性和神圣性,阅读、理解和解释也因经典而被鼓励和肯定。真正的名副其实的经典,在时间和空间中形成,反过来又超越时间和空间而存在,经典具有不朽的性格,经典是永恒的。[②]

刘惊铎在他的《道德体验论》一书中论说道德智慧时,将面对传统道德典籍,具有谦恭和勤奋好学的态度与行动,视为产生道德智慧的一个条件和显示这个人拥有道德智慧的特征之一。他认为,传统道德典籍是各民族道德智慧的结晶,在其中凝聚和蕴藏着丰富而深刻的道德智慧精华,这是一笔巨大的道德智慧财富。具有道德智慧的人,对待传统道德典籍有一种谦恭的态度,勤于和敏于钻研和体悟其中的道德智慧,给予足够的重视,并能领悟其中所包含的道德智慧和道德意蕴。由此可见,经典既是人类生命智慧的结晶,同时也蕴含着丰富的生命智慧,所以,向经典学习,是拓展经验,启迪生命智慧的一条有效途径。

【生命活动】

主题:聆听心灵之声——与生命对话

活动目的:审视自己的内心世界,表达心声,探寻生命意义。

活动内容:手写我心;聆听心灵。

活动目标:引导学生冷静审视自己现在的生活,进行概括整理,表达、倾听彼此内心的声音;帮助学生客观、全面地认识自己与他人的生命,更好地体验生命、感悟生命,追求生命意义。

活动方式:书写卡片法、分享讨论法。

活动材料:卡片、马克笔。

活动过程:

一、手写我心

每位同学在卡片上写出与自己近期生活最贴近的几个关键词,最少四个词语,能全面概括自身生活。

---

① 刘小枫,陈少明.经典与解释的张力[M].上海:上海三联书店,2003:4.
② 刘小枫,陈少明.经典与解释的张力[M].上海:上海三联书店,2003:26-27.

二、聆听心灵

1. 主持人随机抽取卡片，当事人讲述书写该关键词的缘由与内心想法。

2. 围绕卡片关键词，同学间相互敞开心扉，表述自己的想法。

【推荐书目】

1. ［美］海伦·凯勒. 假如给我三天光明［M］. 吴群芳，王一凡，译. 合肥：安徽教育出版社，2015.

2. 刘慧. 陶养生命智慧［M］. 北京：教育科学出版社，2008.

第五章　生命表达:生命样态的展现

【生命格言】

辞达则止,不贵多言。

——朱熹

在表达中,过去就是现在。

——狄尔泰

【知识导图】

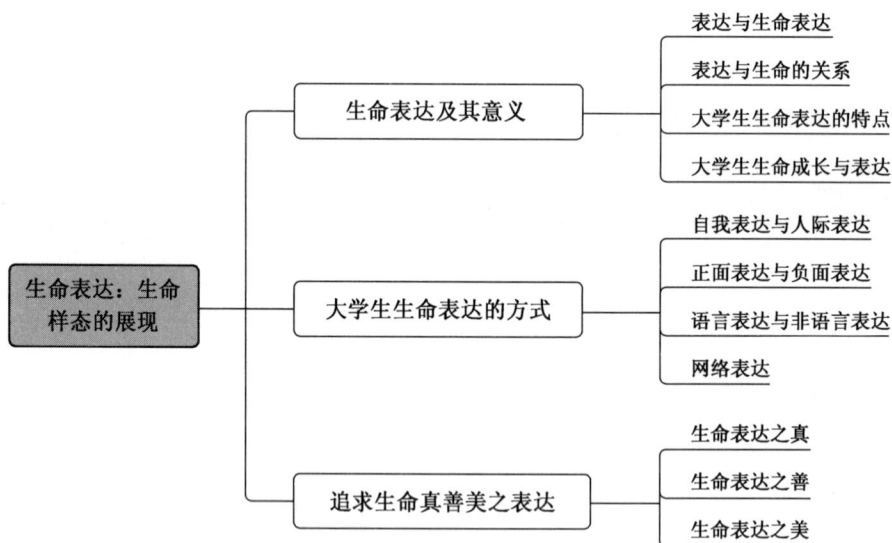

生命表达:生命样态的展现

- 生命表达及其意义
  - 表达与生命表达
  - 表达与生命的关系
  - 大学生生命表达的特点
  - 大学生生命成长与表达
- 大学生生命表达的方式
  - 自我表达与人际表达
  - 正面表达与负面表达
  - 语言表达与非语言表达
  - 网络表达
- 追求生命真善美之表达
  - 生命表达之真
  - 生命表达之善
  - 生命表达之美

【生命叙事】

狄尔泰与生命哲学①

狄尔泰很可能是自亚里士多德以来最后一位百科全书式的思想家。他在哲学、思想史、文学研究、史学、艺术、教育学、伦理学、社会学、人类学、心理学、生理学和法学领域的成就皆有口碑,他对自然科学的理解也非常人所及。

他生活的时代,属于西方哲学大转折的发轫期;他的思想通过对过去的阐释性总结和对当代思想的广泛吸收和批判,形成了哲学发展的新方向。通过扬弃实证主义和历史主义,他的生命哲学第一次将生存问题作为存在论问题加以提出。

狄尔泰1833年11月19日出生于莱茵河畔的比布里希(Biebrich)小城。这一年是德国大师陨落的年代,多位大师相继去世,黑格尔、歌德、施莱尔马赫和洪堡。或许是天意,让他来接替他们开辟德国思想的新时代。狄尔泰确实也没有成为他们的追随者,而是相信,新的时代需要新的思想和见解。

他的母亲是一个有名的指挥家的女儿,她培养狄尔泰从小热爱音乐,并能演奏音乐。狄尔泰认为,音乐是一种宗教行为。

狄尔泰在中学时代就开始啃康德的书了,他非常喜欢古典文学和古代语言,1852年,以全班第一的成绩从中学毕业。按照父亲的愿望,进入海德堡大学学习神学,而他自己却想学法学。读了两个学期后转到柏林大学,通过了神学和古典语文学的国家考试。1860年,他将学术重点转向哲学和历史。1864年,以《道德意识试析》获得讲授资格。1883年,到柏林接替黑格尔曾经做过的教授职位。和黑格尔一样,他的课十分受欢迎,经常座无虚席。

他从年轻时代起就对西方文明的危机有敏锐的洞察和体认,这种危机感随着时间的推移与日俱增。他感到自己的时代是一个混乱和不确定的时代。科学改变了生活,仿佛我们征服了自然,并许诺要消灭激情在社会中的盲目作用。一个黑暗并可怕的轮廓正在我们面前显现。

狄尔泰意识到危机的根本原因是知识和生命的根本脱节,理论与实践的加速分离。伦理学、美学、法学和教育学这些与人类理想和目标有关的理论变成了大学的学科,却和普通人的内心越来越远。科学越发展,生命的意义和目的就越空洞,这种荒谬的结果就是"空虚的痛苦"。

狄尔泰相信,人生在世不只是存在,而是要行动。他甚至说:"哲学思想只有有效果才有权存在。"所以,他想奠定"行动的人和实践世界的科学"的理论基础。

---

① 选自张汝纶《现代西方哲学十五讲》。

一切理论都是实践的理论。"一切真正哲学的成果和目标是最广义的教育学。"

虽然狄尔泰反对与生命脱节的学问,并力荐实践哲学,但这并不意味着他主张无学问的思想。他在巴塞尔大学的同事布克哈特对他评价:每次与他的谈话都立刻会表明,他活力四射。他并不只是理智地讲话,而是从内心迸发出关于世界、历史、文学和艺术的灿烂思想。他给人一种将能完成任何事的印象。

一、生命表达及其意义

表达是人的自然属性之一,是人的存在方式。换言之,"你"就是"你的表达","你的表达"就是"你"。生命需要理解,理解则离不开表达。生命表达是人们将自己的生命体验,包括思想情感、观点见解、态度立场等,通过语言和非语言多种方式展示出来,并且通过表达这个载体,深化自我理解,促进相互理解。

(一) 表达与生命表达

1. 何谓表达

《说文解字》中曰:"表,上衣也。"朱骏声曰:"古者衣裘,以毛为里。按,古衣裘皆外毛,礼服必加裼衣其上。许所谓上衣也,故曰以毛为田,言有表,则毛在里也。"同时,《说文解字》对"达"的解释为:"达,行不相遇也。从辵(chuò),羍声,即道路畅通。"可见,"表达"是一个中补型合成词,即"表"是指途径,"达"是指目标。"表达"就是向外通畅地进行展示,即用口说或用文字把思想感情、意象或概念表示出来。

【生命叙事】

表达源自生命本能①

有一天,我问3岁的儿子:你是怎样爱妈妈的呢?

儿子停下手里的玩具,过来很用力地抱住了我的脖子,接着捧着我的脸亲了亲,然后认真地看着我的眼睛说:

妈妈,我太爱你了,我永远永远都不想和你分开。

尽管孩子年龄尚小,未能完整表达爱的全部意义,但是来自生命本能的拥抱、亲吻与诉说,成为孩子进行表达的载体。

胡塞尔认为:表达是指意识赋予作为表达形式的实体(听觉的和视觉的)以意义的意指活动。在这样的活动中,人们超越感性直观的内容而朝向意义,而这样的意义

---

① 本故事由本文作者之一任芳德撰写。

进一步指向一个意向的对象。这即是意义给予的行为与意义充实的行为①。狄尔泰重新定义了表达：表达是反映人类内心世界、表现人的体验的必不可少的手段，只有表达才能使人类精神生活成为可能和可知②。朱小蔓教授认为：体验是情感教育理论中的一个重要范畴，既有认识论的意义，也有本体论和价值论的意义③。刘惊铎在《道德体验论》中，将表达定义为：体验者对自己体验的呈现及其方式，是一种生存实践，同时也是一种生存需要。④

2. 何谓生命表达

生命表达在狄尔泰这里也被称为生命显示，指人的面部表情、人体姿势、手势、声调以及诸如耸肩、惊叫、微笑、眨眼等无意识的自发行为，把某些东西从生命深处挖掘出来。⑤ 刘慧在《生命德育论》中将生命表达定义为个体生命经验与自我的对话，是个体对自己之生命体验予以清晰表达的过程，是理解自我、理解自我与他人的过程，是明确自己生命状态的过程，也是对过去生活经验的现时体验，并形成新生活或新事情的意向性过程。⑥

生命表达是个体对生命理解的升维鸟瞰，是个体审视生命体验、促成生命理解、展现生命存在状态所必需的方式途径。哲学所追求的是隐蔽于在场的当前事物背后的不在场的，然而又是现实的事物。它要求把在场的东西与不在场的东西、显现的东西与隐蔽的东西结合在一起。生命表达恰恰是将隐藏在生命背后的、看不见、摸不着的内容显现出来，从而促成对生命的理解。

由此看来，生命表达由于发自生命的深处，直接而且自发地来自心灵，因此，与其他任何表达相比，包含着更多的个人体验。人们通过自己有意或无意的行为和语调表现了他们的思想和感情，甚至揭示他们自己也不曾意识到的精神状态。因此，这种表达方式具有展开心灵之隐秘的惊人力量，具有揭示真相的惊人力量，因为它们是自发的，是不易伪装的。⑦

————————

① 北京大学哲学系外国哲学史教研室. 西方哲学原著选读（上卷）[M]. 北京：商务印书馆，1981：31.

② [德]威廉·狄尔泰. 狄尔泰全集（第 3 卷）[M]. Vandenhoeck & Ruprecht, Gottingen, 1992：210.

③ 朱小蔓. 情感教育论纲[M]. 南京：南京出版社，1993：150.

④ 刘惊铎. 道德体验论[M]. 北京：人民教育出版社，2003.

⑤ 谢地坤. 狄尔泰与现代解释学[J]. 哲学动态，2006(3)：16－23.

⑥ 刘慧. 生命德育论[M]. 北京：人民教育出版社，2005.

⑦ [英]H. P. 里克曼. 狄尔泰[M]. 殷晓蓉，吴晓明，译. 北京：中国社会科学出版社，1989：185，194.

（二）表达与生命的关系

1. 表达是生命的存在方式

表达是人的自然属性之一，是人的存在方式。狄尔泰将生命作为哲学的出发点和核心命题，意在寻求人作为一种生命存在的价值和意义。"体验""表达"和"理解"是狄尔泰精神科学的核心内容，此三者同为生命的存在方式。

人对自身的理解方式和理解程度决定了他看待、处理"表达"的方式和程度。因此，要想领会"生命表达"，就必须首先领会有着这样"表达方式"的"人"。表达作为一种存在方式，从本然意义上讲，是人们回归生存本体，领会自身存在意义，同时加以表达的一种方式。生命本体论是对生命终极存在的追问和探究。从历史上看，本体论对终极存在的追问与探究经历了一个从自然本体论、理性本体论到生存本体论的发展历程。① 生存本体论将人的生命存在与生命活动置于哲学本体的首要地位，把对人的本质的研究"从一味追寻人的外部世界转向了发掘人的内部世界，通过对人的内部世界的考察揭示人的内在规定性以及人的外在规定性，把人的本体从对存在者、对实体的关注转向了对存在、对人的意义世界的研究"②。

"表达"是"生命"的"表达"，只要有"生命"，就能拥有"生命表达"。生命表达是生命本体论的深入探究，同时也是对生命本体性的恰当展示。

2. 表达接近生命本身

表达是我们接近生命的重要途径，是我们关于生命认识的最重要来源。表达的存在使生命成为可知。我们往往是通过探讨和研究表达，去认识和理解生命的，无论是自己的生命，还是他人的生命。

表达是创造性地把某些东西从生命深处挖掘出来，因此更接近生命本身。我们既不能在自我的发展形式中，也不能在自我的深处认识我们自己。因为就像一个小岛一样，意识生命的这个狭小范围，是从生命的深渊中浮现出来的。③ 在狄尔泰看来，表达的最典型和最明确的特征是，它意味着生命中的某种东西，体现或者涉及某种与我们自身不同的东西。表达使我们注意超出表达本身以外的、它所蕴含在生命深处的内容。人通过默想是认识不到他自身的，甚至封闭式内省只能产生夸大主观性的强烈痛苦。④ 只有表达，才能打破这种故步自封式的内省，从而使人的生命成为可能和可知。

---

① 陈静. 艺术与人的生命存在——苏珊·朗格的文化哲学研究［D］. 武汉大学，2010.

② 何萍. 生存与评价［M］. 北京：东方出版社，1998：50.

③ ［德］威廉·狄尔泰. 狄尔泰全集（第7卷）［M］. Vandenhoeck & Ruprecht, Gottingen, 1992：220.

④ ［德］威廉·狄尔泰. 狄尔泰全集（第3卷）［M］. Vandenhoeck & Ruprecht, Gottingen, 1992：210.

3. 表达展现生命联结

生命本身就是一种可体验的联结整体。现在不仅充满了过去，也包含着未来。生命主体是通过整体与部分的结构关系来认识其自身生命流变的。只有通过存在于整体和它的各个部分之间的特殊关系，人们才可能发现生命。① 无论是生命、时间，还是体验活动，都要依靠表达认识其自身的关联体存在。②

因为有了表达，狄尔泰从人类学的角度确定了人的本质属性，那就是人的社会性，人们对自我的认识只有通过他人才能达到，而对他人的认识又不能直接到达他的体验，这就需要"你的表达"与"我的表达"。表达使个人独特的言语变成了类群具有普遍性的表达方式，同时将过去、现在、未来全面贯通。③ 因此，表达使个人的体验超出了"我"的范畴，而进入人与自我、人与他人、人与社会的多重关系之中，从而凸显生命联结的意义。④

（三）大学生生命表达的特点

1. 个性与共性

大学生的生命表达以"自我"为中心，且与其日常生活、心情情感紧密相连，具有极强的个性化特点，蕴含丰富的生命内涵，并且多呈现正向积极的生命状态。表达在本质上具有个体性与个性化特点，带有深深的个体生命体验的烙印。任何一种表达方式都是个体的，因为每个人的表达都是对个体生命体验与感受的表达。各种深思熟虑的表达，对生命体验的呈现都是与众不同的。⑤ 网络为大学生塑造了一个自由表达的空间，他们善于在各种网络平台通过多种形式分享独属于他们个体生命的特色与内容。也正是由于大学生个性化的表达方式，专属于大学生的蓬勃向上的多种生命样貌才能够显示出来。

大学生表达的共性首先表现在表达的阶段性上。大学生表达带有明显的年龄特质，"学生腔"明显，成熟与稚嫩并存。不同年龄阶段，不同的人生阅历，不同的人生感悟，对不同的对象会有不同的表达方式。多数大学生在进入大学前，有长达 15 年甚至更长的学校学习生活，因此形成了较为单一的角色意识——学生。我国现处于社

---

① ［德］威廉·狄尔泰. 历史中的意义［M］. 艾彦，译. 南京：译林出版社，2014：50.

② 刘凤娟. 从直观形式到体验关联体：康德与狄尔泰历史观的不同基础［J］. 中南大学学报（社会科学版），2019（5）：24 - 29.

③ 张启树，王爱菊. 体验·表达·理解：狄尔泰精神科学教育观述论［J］. 安庆师范学院学报（社会科学版），2007（26）：119 - 121.

④ 张启树，王爱菊. 体验·表达·理解：狄尔泰精神科学教育观述论［J］. 安庆师范学院学报（社会科学版），2007（26）：119 - 121.

⑤ ［德］威廉·狄尔泰. 历史中的意义［M］. 艾彦，译. 南京：译林出版社，2014：16.

会转型期,大学生面对的矛盾凸显,社会、学业、家庭压力蓄积,网络信息鱼龙混杂,加之大学生群体思想尚未完全成熟,自我定位能力弱,受他人影响较大,使得大学生的表达展现出了特有的阶段性。大学生的表达带有他们特有的张扬个性与朝气磅礴,同样带有特属于学生的单纯乐观与"象牙之塔"。

大学生表达的共性其次表现在表达的多维度上。个体生命的多维度,构成了生命表达的多维度。大学生进行生命表达的多维度主要体现在表达平台多样、表达方式多样、表达内容多样三个方面。大学生可以通过视频网站哔哩哔哩、优酷、抖音、快手等平台发布视频,也可以通过社交软件 QQ、微博、微信等发布随笔,还可以通过豆瓣、知乎、小红书等分享知识与评论。除了运用文字、语音等方式进行表达,还涉及舞蹈、运动、绘画、手工、制作等方方面面。其表达的内容除了涉及个体的生命体验与专业领域,还涉及对国际、政治、经济、社会、时事的品论,当然也包括对娱乐、体育、艺术等新闻的关注。

大学生的表达关涉大学生生活的方方面面,极为丰富多彩,能够全方位展示出当代大学生的整体生活与生命样貌,同时也能够展现出这群新新人类对世界的思考与期待。

2. 内敛性与张扬性

当代大学生并不经常采用宏大的叙事方式来直接表达自己的生命状态,相反他们的表达带有一种"隐晦式"的内敛。他们将对生命的感悟、对生活的随想、对社会的关注等内容,深深地隐匿在对细节的微观雕刻之中。[①] 活跃在网络平台上的大学生群体一般很少直抒胸臆地发表"感叹"与"见解",而是善于将源于生命真实的感动与随想隐藏在细枝末节的"小确幸"中,例如一道彩虹、一场旅行、一个表情、一首歌。换言之,他们从个体生命的体验出发,对某一个或者某一类具体现象表达了细致的感知和思考,并且能够将情感赋予事物,将自己的生命状态弥散于微观细节中。

内敛性与张扬性看似矛盾,却并不相悖。大学生会基于现有的生命体验与专业知识,将对时事的关注与社会现象的思考,隐藏在表达深处,隐晦地、曲折地、映射性地却又带有明显的倾向性,"嬉笑怒骂"中透露出鲜明的判断与反思,因此使其整体表达具有强烈的生命样态之张扬感。

生命现象扫描

"从今年入学的博士生开始,必须发一篇中文文章或论文才能毕业,哪怕在媒体或杂志上发一篇科普文章,甚至科技新闻报道都可以,但你不能没有。即使发再多很好的英文论文,也不行。"中国科学技术大学中科院量子信息重点实验室推出上述这样一条新规不是一时冲动要为难学生,而是因为,现在的大学生,尤其是理

---

① 闫方洁.自媒体时代大学生的媒介话语机制解析[J].思想理论教育,2015(4):78-82.

工科学生的中文写作能力实在太差，有些学生可能英文比较好，但中文文章中错别字太多，有的连写个借条都面露难色。[①]

3. 理性与感性

大学生的生命表达呈现出理性与感性并存的状态，同时感情性表达更为明显，所占比例高于理性。当今大学生的表达不擅长运用理性化、结构化、系统化的叙述方式[②]，而是呈现出明显的感性化与碎片化。高等教育中，理性思维与辩证思维是大学生理解与表达的基础内容。大学生无论是毕业答辩，还是学术交流，无论是求职应聘，还是就业工作，都是以学生的学术表达为基础的，要求学生具备较高的理性思维能力与准确的学术表达能力。感性表达多为情感、情绪的表达，作为生命表达的主要方式无可厚非，但是大学生不能仅停留于碎片化、情感化表达，而应该注重提高理性表达，满足学习与未来发展需要，提高自身的社会竞争力，为生涯发展打下坚实基础。

4. 网络化与无纸化

随着互联网技术的不断发展，网络成为高校大学生生命表达的重要途径。大学生往往具有突破传统、求新求变的心理需求[③]，因此，在互联网发展势头下，通过网络进行生命表达是大学生的生活首选，并固化成为习惯。大学生习惯于网络表达，除了网络表达的传播范围广、可选择的形式多样、时效性强等，还因为网络传播可以为我们留出一定的思考与准备空间。

纸质书写与面对面沟通已经逐渐被网络挤占越来越多的时间。"纸短情长""见字如面"的岁月已经距离大学生的生活越来越远了，甚至大部分大学生已经淡忘了如何用书信去交流。当然，有的大学生其实十分希望能够面对面进行充分、流畅的自我表达，但是碍于不好意思、语言组织能力、现场表现能力等原因，更愿意选择网络作为表达的方式。网络化挤占了面对面沟通表达，看似不同的生命被网络紧密联系在一起，也要警惕长久的网络沟通，使生命成为网络之海中的孤岛。

① 东方网 缪迅 http://views.ce.cn/view/ent/201906/24/t20190624_32431780.shtml，2019-06-24.
② 闫方洁.自媒体时代大学生的媒介话语机制解析[J].思想理论教育，2015(4):78-82.
③ 闫方洁.自媒体时代大学生的媒介话语机制解析[J].思想理论教育，2015(4):78-82.

（四）大学生生命成长与表达

【生命叙事】

疫情中的大学生成长与表达①

2020年春节，一场突如其来的疫情席卷中国。疫情突然爆发带来的压力与恐慌笼罩着所有人。大学生从五湖四海归家放寒假，之后面临长久的居家隔离，每天被抗疫信息裹挟，无法前进，无法后退。面临危情，无数的平民英雄挺身而起。白衣天使、警察、志愿者、外卖小哥、出租车师傅……全民抗疫，真切的让每个人都体验到身处社会自己所应背负的责任与担当。

抗击疫情，我们的国家体现出了大国责任的担当，我们的社会体现出了生命至上的承诺，我们的个人体现出了匹夫有责的使命。大学生在疫情中体验，同样在疫情中反思与成长。

"悦享生命"公众号在抗疫期间连续推出系列生命教育主题探讨，广泛听取社会各界与大学生的心声，为社会各界提供了可以畅所欲言表达所思所感的渠道。

"我曾有幸做过五天的检疫志愿者。目睹过医院中穿着层层防护服的医务人员，更见到过道路口疲惫的警务人员。在这场没有硝烟的战争中，每日增加的数字背后是正在流逝的生命。我们一直都行走在体验人间疾苦的路上，但是面对这些我们并非无能为力。我们每个人都有一把名为'责任'的利刃，当我们举起它时，我们就是保卫生命的勇者。"

"我是当代大学生，举国奋战之时，亦是我挺身之时。天下兴亡，匹夫有责。青年学生，当理性与责任并重。"

"无穷的远方，无数的人们，都和我有关。在这一场灾难里，没有一个人可以置身事外。这千丝万缕的联结，将我们所有的人紧密联系在一起。幸福是可以共享的，灾难，亦是如此。"

"疫情中，无数平凡人身上闪烁着耀眼的人性光芒。当你点燃自己的时候，一定可以照亮周围的人，周围又可以照亮周围。一切生灵具有生命的共同语言，所有的生命之歌，均会有所回响。"

这都是疫情中来自大学生的心声。他们的表达来自疫情中的体验与反思，在此基础上达成自我理解，并且为自我赋能。同时，大学生的表达让我们看到了祖国未来的希望。这群年轻的学子深刻懂得了责任与担当的意义，并且能够投

---

① 本故事由本文作者之一任芳德撰写。

身实践，这是他们未来之路，也是我们社会之光。

1. 大学生的成长体验需要表达

表达是大学生成长体验的需要。生命表达具有诱发和唤醒生命体验，并使体验清晰化的作用。体验者往往在相互之间的表达中，突然茅塞顿开般地领悟到了某种体验。大学生虽然已经具备一定的人生阅历，但是只要没有表达，那体验依然是一种模糊状态。大学生的表达本身已经透射出一种当下关系情境诱发下的反省性、反思性和透视性。[①] 实践证明，只有经过清晰的表达，获得认同之后，这种体验才会深刻地留存于意识深处，成为今后行为选择的重要内在依据。

生命个体作为独一无二的存在，在社会存在中需要获得自我生命感的确认和生命力量自由绽放的喜悦，这是作为生命个体成长所必需的生命体验感。生命的本质在于通过体验而持续不断地进行成长和建构。[②] 没有生活，没有体验，也就没有生命，也就无生命意义可言。狄尔泰认为"体验"是具有本体论意义的、源于人的个体生命深层的对人生重大事件的深切领悟。在生活过程中理解、表达自己的体验，获得自我经验，才能使生命富有意义。[③] 大学生的成长体验需要表达，不断进行能量交换，获得反馈，完成生命情感的升华，进而实现生命的成长。

大学生进行表达可以将体验无法表现的内容显现出来，作为生命内容加以展示，从而促进与他人的交流与理解。体验同样是一种存在方式，表达是体验的一部分，我们无时无刻不在体验。并且从某种意义上说，体验是在表达中发生和深化的。[④] 人的生命本身就是一个开放的系统，一般是先有体验，后有表达，但实际的情形要比这复杂得多。事实上，也可以没有体验而先行表达，在表达中诱发和唤醒体验。缺少表达的体验只是隐形的、内在的，如果没有表达便无法促成转化。人与人之间只能通过理解自己的表达以及彼此间的表达，才能逐渐地彼此认识，进而认识自身。体验可以通过表达得到沟通与交流，一方面让其他人理解自己体验的内容，另一方面也使自己的体验更加具有深度。

2. 大学生的生命理解需要表达

大学生表达有利于获得自我认同与自我理解。当一个人在表达的过程中，他已经将自己代入某种体验境界，哪怕是尚未达到希望中的目标，但是，当下的表达会使他产生一种尽量趋向自己目标的意志和行为，产生一种内驱力。大学生的生命需要被理解，被理解离不开表达。狄尔泰认为的理解是对于生活的再创造，是一种特殊而

① 刘惊铎. 道德体验论[M]. 北京：人民教育出版社，2021：297-299.
② 刘惊铎，杨晓丽. 生态网络社会[M]. 北京：国家开放大学出版社，2020：176.
③ 刘慧. 生命德育论[M]. 北京：人民教育出版社，2005：85.
④ 刘惊铎. 道德体验论[M]. 北京：人民教育出版社，2021：296.

复杂的精神活动,它使表达具有意义,使精神世界成为一体,使人可以成为人。理解是狄尔泰用来打开人类未知之谜的另一把钥匙,是一个人与另一个人(含自我)的交流过程①。理解是相对于体验和表达的一种能力,这三者联系在一起,其中理解是核心,意味着人对自身的生命活动结果和活动过程的把握,也包括对他人生命表达乃至社会生活的总体把握②。只有进行体验和表达,我们才有可能互相交流,从而互相理解,最终认识世界和自己。③

表达是大学生进行自我理解的关键。大学生处于人生发展阶段人格内化的关键时期,在这一时期,大学生的人格逐渐趋于稳定与成熟,人格内化程度对个体今后的人生具有极其重要的影响。大学生需要通过"表达"这个载体,深化对自我的理解,并促进人际的相互理解。人通过语言、动作、情感和体验等有意或无意地展示出自己的所思所想、生命状态和需要,而人也正是通过观察和分析来理解他人,使得社会交往和生命的发展成为可能。④

表达是大学生获得理解的主要途径。伽达默尔领悟到表达是个体生命之间相互开放、相互理解的方式——在人类行为中最重要的东西乃是经验的相互理解。通过表达,我们不但能够清晰地意识到与自己的关系,同时也帮助他人了解自己。生活是不能直接地把自身揭示给我们的,只能通过表达才能达到理解。⑤ 一个人有着自己的生命经历、生活经验、生命体验和生命追求,如果不加以表达,其他人是很难洞见的。生活中,我们都有这样的经历:与人相识并非相知,识之表层,不知其内心。只有当其表达生命故事的时候,我们才能够真正走近一个人,了解一个人。

3. 表达促进大学生生命成长

表达能够改善大学生的生存状态。正是由于个体生命的表达和理解,人类才能出现个体化的表达活动,如亲密感的、情感的与目标性的活动⑥。良好的表达状态与被接受的状态会进一步激发大学生的表达欲望与进步的内驱力。

表达是大学生对内进行生命理解、对外促进生命和谐的纽带和桥梁,对大学生来说非常重要,不仅可以促进大学生从外界获得能量与支持,还可以促进大学生生命和谐统一状态,从而引领大学生生命健康成长。大学生对生命的理解发展在经历了认知、情感、意志行动完整的心理过程后,往往会形成原始的、朴素的、零碎的、基础的对

---

① 张启树,王爱菊.体验·表达·理解:狄尔泰精神科学教育观述论[J].安庆师范学院学报(社会科学版),2007(26):119-121.

② 刘放桐,等.西方现代哲学[M].北京:人民出版社,1990:99.

③ 谢地坤.狄尔泰与现代解释学[J].哲学动态,2006(3):16-23.

④ 高蓉.小学儿童表达及其教育意义分析[D].首都师范大学,2016.

⑤ 张启树,王爱菊.体验·表达·理解:狄尔泰精神科学教育观述论[J].安庆师范学院学报(社会科学版),2007(26):119-121.

⑥ [英]阿尔弗莱德·怀特海.思想方式[M].韩东辉,李红,译.北京:华夏出版社,1999:28.

自我生命的认知,即原始的自我生命观。[①] 在此基础上,大学生通过对生命的自我表达与自我完善,与自我、家庭、学校、社会进行交流,并且在多方合力的正向教育导引下,生成科学的、系统的、理性的生命观。

大学生需要个体生命适切地面对已有经历,这就需要适当的生命表达。人的生命具有解决不同问题的潜能,这是人的生存本能,但其能否实现,并非无条件的,它需要现实的条件。只有在现实的生活之中,在直面这些问题的真实的经历之中,这方面的潜能才可能转化为能力,才可能变为生命的经验。而一个人在生活过程中,不断积淀的生命经验,则影响着现实生活的态度与未来的发展走向。生命表达是对真实经历内化过程的展示,在表达的过程中生命潜能才能有条件转化,继而生发生命能量,变成生活经验。生命表达也是对以往经历的反思与总结,发现问题,解决问题,直面生命需要,激发生命潜能,追求优质自己,悦享生命。

二、大学生生命表达的方式

生命表达包括"生命表达的内容",也包括"生命表达的形式"。内容与形式是辩证法的一对基本范畴,内容是事物一切内在要素的总和,形式是这些内在要素的结构和组织方式。

生命表达的内容就是"心灵的客观产物",而如何把心灵的客观产物正确地表达出来,就需要选择合适的表达方式。人类的表达方式是丰富多彩的,有语言的表达、姿态的表达,也有行为的表达。在大学生的生命阶段,我们首先需要充分了解和学习不同的表达方式,根据大学生表达的内容、表达的对象和表达的情境,选择合适的表达方式,才能完善地表达出我们生命的丰富多彩。

(一) 自我表达与人际表达

1. 原理透视

当我们表达的对象是自己的时候,这种表达方式称之为"自我表达",是"说给自己听",是内心里的对话。人们为何需要自我表达这样的表达方式呢? 因为每一个人都需要通过自我表达来进行自我认知。所谓自我认知,就是人们如何感觉和思考他们自己的过程,如"我是谁?""我是一个什么样的人?"等,这些思考和认识形成了人们对自己的看法,形成了自我概念或自我意识。[②]

在自我认知的过程中,人们首先从感觉自我的存在出发,通过对自我的观察,感觉系统会获取有关自我的各种信息,构成有关自我的图像。然后人们通过语言来对

---

① 褚慧萍.当代大学生生命教育研究[D].南京师范大学,2014.

② [美]乔纳森·布朗.自我[M].陈浩莺,等译.北京:人民邮电出版社,2004:2.

自我进行各种描述,通过对自我的描述向自己传递着有关自我的信息①,从而对自我是一个什么样的人形成相应的判断和推理,从而形成自我表达。

自我认知通过自我表达与外部特定的社会、文化环境产生互动,促使我们不断优化自我,适应环境。不顾及他人和社会价值与规范的自我表达就会招致误解和被社会孤立,所以自我表达与人际互动又是紧密联系的。

当我们表达的对象是其他人的时候,称之为"人际表达",是为了把自己的思想情感、观点见解、态度立场等,通过一定的形式展示出来并希望得到他人反馈的一种交流方式。②

人际表达能力是人际交往能力的重要组成部分。人际交往能力是指在人际交往过程中,个体具有交往意愿,积极主动参与交往,并且表现出有效和适宜的交往行为,从而使自身与他人关系处于和谐状态的能力。处于青年期的大学生,思想活跃,精力充沛,兴趣广泛,人际交往的需要极为强烈。他们力图通过人际交往去认识世界,获得友谊,满足自己物质和精神上的各种需要。③ 因此,大学生需要注意培养自己的人际表达能力。

2. 实践运用

我们真的掌握了正确的人际表达吗? 我们来看几个大学生活里最常见的有关表达的例子:

◇ 你和室友吵架了,你明明心里很内疚,但是却在微信对话框里输入:有本事你就永远别和我做朋友了!

◇ 你在学生会的某一个工作出现了失误,很想说一句"对不起",但是脱口而出的却是:那这件事情的责任也不全在我啊。

◇ 你向异性表达好感,对方没有给予你想要的回应,你就直接把对方的微信拉黑。

为什么会出现如此尴尬的局面呢? 主要的原因在于说话人没有正确地掌握语言交流时的表达技巧,往往是心里想的和嘴里说的不能统一起来,词不达意,表达不清,所说非所想,以至于造成语言交流的障碍。④

做好人际表达,就是要避免以上误区,真诚地面对自己,面对他人,富有同理心,

---

① [美]罗伯特·L.索尔所,M.金伯利·麦克林,奥拓·H.麦克林.认知心理学[M].邵志芳,等译.上海:上海人民出版社,2008.

② 董小平.1992—2012:中国青少年的社会参与[J].青年研究,2013(6).

③ 李晓东.大学生人际交往能力现状的实证分析[J].四川理工学院学报(社会科学版),2012,27(1).

④ 孙其勇.论人际交往中语言表达的误区[J].语文学刊,2010(9):85-86.

力争使人际表达变得清晰、温暖和和谐。人际关系专家提出"清晰表达的五项原则"，帮助改善人际表达：

（1）明确：明确来自深思熟虑的观点，只有经过事先思考的人才能做到有话直说。

（2）诚实：没有诚实就没有清晰表达，因为诚实是所有人际关系的基础。

（3）勇气：只有克服了内心恐惧和不确定性的人，才能更好地应对生活中的问题。

（4）责任：清晰表达以责任感为前提，如果一个人对一件事持无所谓的态度，他就做不到有话直说。

（5）同理心：清晰明确的核心本质是同理心，对于每个人所面对的心理极限都要有足够的了解。[①]

（二）正面表达与负面表达

1. 原理透视

体验的出发点是情感，主体总是从自己的命运与遭遇，从内心的全部情感积累和先在感受出发去体验和揭示生命的意蕴；而体验的最后归结点也是情感，体验的结果常常是一种整体把握生命活动的、更深刻的情感生成。[②] 情绪有正性情绪与负性情绪，不同个体在情绪表达方面会存在差异。

人们对负性情绪的体验往往是不适的。负性情绪影响工作和生活的顺利进行，进而有可能引起身心的伤害。心理学上把焦虑、紧张、愤怒、沮丧、悲伤、痛苦等情绪统称为负性情绪。但是，人们在对情绪进行表达时，都有三个核心因素：正面表达、负面表达、冲动程度。[③] 成熟的情绪表达是可以通过减少冲动程度，增加正面表达，来降低负性情绪对人的影响。国外已有一系列研究表明，善于表达的人很少有抑郁倾向；高情绪表达者比低情绪表达者有更多的欢乐，更少的焦虑和内疚。[④]

2. 实践运用

第一，以正面积极的态度应对负性情绪。人本能地抗拒负性情绪，其实负性情绪也是生命的一种体验，也具有积极的意义。在了解负面情绪的正面意义之后，我们就可以学习如何接纳和表达自己的负面情绪。

---

① ［德］多米尼克·穆特勒. 清晰表达的艺术：打造高效的职场沟通［M］. 李玮，译. 北京：九州出版社，2016.

② 童庆炳. 现代心理美学［M］. 北京：中国社会科学出版社，1993.

③ Gross J J, John O P, Richards J M. The Dissociation of Emotion Expression from Emotion Experience：A Personality Perspective［J］. Personality and Social Psychology Bulletin, 2000, 26(6)：712 - 726.

④ 李响. 情绪表达性对人际关系的影响概述［J］. 社会心理科学，2011,26(9)：1036.

负性情绪的正面意义

(1)愤怒:给我们力量去改变一个不能接受的情况。

(2)痛苦:指引我们去搭建一个摆脱的方向。

(3)焦虑:事情很重要,需要额外的专注和照顾;提示我们能力或者资源不足。

(4)困难:指引我们去量化须付出的代价比可收到的回报更大。

(5)恐惧:指引我们找出不必付出的却原以为需要付出的代价。

(6)失望:指引我们重新思考前进的方向。

(7)悲伤:使我们更能珍惜自己仍然拥有的,包括记忆。

(8)惭愧、内疚、遗憾:指引我们已经完结的事里尚有未完结的部分并转化为完成的力量。

(9)妒忌:让我们正视自己的不足,然后努力弥补。

(10)憎恨:憎恨是因为有爱,可以采取有效方法让心中充满感恩。

(11)委屈:反思关系,从关系中发现沟通的问题,获得理解,建立新的信任。

第二,以积极情绪调节策略适度调节。大学生身心尚未完全成熟,正处在逐渐走向独立人格的阶段,同时面临着如大学适应、专业学习、交友恋爱、择业就业等一系列重大的人生课题。这些课题带来的压力造成的负性情绪,如果不能适度调试,很可能影响心理健康。

研究者指出,大学生情绪调节策略一般分为积极情绪调节策略和消极情绪调节策略。研究发现,积极情绪调节策略可以有效帮助大学生应对负性情绪,走出情绪低谷;而消极情绪调节策略会扩大负性情绪,延长负性情绪的持续时间。[①]

表 5-1 情绪调节策略

积极情绪调节策略	消极情绪调节策略
情感表露	消极设想
行为应对	表达抑制
注意转移	外部发泄
寻求支持	

在积极情绪调节策略里,情感表露就是"情绪表达",是指大学生通过言语或文字表现自身的情绪体验,以缓解或摆脱不良的情绪。[②] 能够帮助大学生的情绪表达方式是正向的、较为缓和的来抒发情绪体验,如写日志等,而非暴力宣泄方式。具有攻击性质的情绪宣泄方式是无法帮助大学生应对自己的情绪的。

---

① 王玉梅.大学生情绪调节策略模型的建构[J].四川师范大学学报(社会科学版),2016,43(6).

② 刘启刚.青少年情绪调节:结构、影响因素及对学校适应的意义[D].吉林大学,2009.

相反,情绪表达抑制是指个体通过掩饰自己内心感受和限制自己情绪的外部表现来应对压力情境,不让他人察觉自己的情绪。具体表现在,一些大学生在体验悲伤、愤怒等负性情绪时,有意识地控制面部表情、肢体动作,尽力保持平静,不让他人发现。经常压抑自身情绪感受的个体,他们较少了解自己的感受,较少成功恢复情绪,较少以支持和接受的态度看待自己的情绪,他们可能体验到更多的消极情绪。①

(三) 语言表达与非语言表达

1. 原理透视

语言是人们进行沟通交流的各种表达符号,是人类表达思想的最常用的方式,人们借助语言来保存和传递人类文明的成果。由此可见,语言在人类整个发展进程中所起的重要作用。语言自身最主要的功能就是表达信息的功能。语言学界的学者们对语言功能进行了多种分类,最具有代表性的是韩礼德(Halliday)的分类,他认为语言主要分为以下四种功能:① 表达思想的经验功能(experiential);② 表达各个概念之间关系的逻辑功能(logical);③ 建立和维持社会关系、影响人们的行为以及表达说话者的感情、态度的人际功能(interpersonal);④ 保证语篇连贯、衔接的语篇功能(textual)。②

语言的表达,一般指的是通过语言符号系统来表达,如日常对话、生命叙事、阅历诉说、事迹陈述、评价性对话、体验诉说等。可以说,语言是工具也是资源,甚至是一种艺术。语言表达水平的高低影响到每一个人的生活质量。

非语言表达是使用非语言符号进行信息传播的技能。人的思维活动是从表达某个意向性的意义开始的,而任何意义的表达都以人的身体的活动图式、心理意象或言语来呈现。③ 具体地说,它是用不同于言语的动作与姿势(包括面部表情、手臂动作、身体姿势、位置、腿脚运动、目光接触、人际距离)、言语的各种细微变化(如频率和强度、语言错误、停顿、速率、持续时间等)、穿着打扮、装饰品及副语言(如声音的音量、音调、音速等)等手段来达到信息交流目的的技能。我们应该把语言表达和非语言表达有机结合,灵活使用。④

---

① Larsen R J. Toward A Science of Mood Regulation[J]. Psychological Inquiry, 2000(3): 129 - 141.

② [美]霍凯特. 现代语言学教程[M]. 索振羽,叶蜚声,译. 北京:北京大学出版社,2002:609.

③ 徐盛桓. 语言研究的心智哲学视角——"心智哲学与语言研究"之五[J]. 河南大学学报(社会科学版),2011(51):1 - 12.

④ 刘惊铎. 道德体验论[M]. 北京:人民教育出版社,2003:243.

2. 实践运用

（1）语言表达

语言表达需要良好的语言表达素养，尤其需要注意发音、表意、逻辑和感受能力四个方面。

第一，发音要规范。国家推广普通话就是通过规范人们的语言发音，使人们之间的交往更加顺畅，便于社会协作，有利于关系的发展。发音的规范需要音调标准，在不同场合需要使用不同的发音音调，另外发音应正确、标准、清晰。

第二，表意要准确。人际交往的目的性较强，就是准确地表达自己的信息、情感、意志等意识。因此，准确的表意是语言表达能力的基本要求。只有在不断交往实践中自觉训练准确的表意能力，才能不断提高语言表达能力。

第三，逻辑要清晰。为了让他人更快速、准确地了解自己表达的含义，就必须让语言具有清晰的逻辑。清晰的逻辑体现在围绕中心观点，安排语言表达次序，并用流畅的语言表达个人观点。

第四，感受要敏锐。语言表达的过程往往是在一定的交往环境下进行的，所以表达者还必须具备敏锐的语言感受能力。敏锐的感受力体现在迅速、准确、完整地把握语言环境、语言交际目的以及他人传递的语言表面意义和言外之意。

（2）非语言表达

常用的非语言符号可分为三类：动态无声的、静态无声的和有声的非语言符号。动态无声的非语言符号主要是指点头、微笑、皱眉、抚摸、拥抱、脚摇摆以及其他触摸行为等无声动作，它是人们用来进行非语言沟通的最重要的一类，也被称为身势行为。静态无声的非语言符号则是指在沟通中个人身体站、坐、蹲或倚的姿势，人与人之间保持的距离，个人的呼吸，身体的气味等，这一类也是非语言沟通的常见形式。有声的非语言符号指有声的但非言语性的各种动作，如沟通者用笑声、叹气、呻吟或其他声音变调的方法向对方输送某种意义。有时候非语言符号是一种比语言符号更有效的沟通工具。

实验发现，一个人要向外界传达完整的信息，单纯的语言成分只占 7%，声调占 38%，另外 55% 的信息都需要由非语言的体态语言来传达，而且因为肢体语言通常是一个人下意识的举动，所以它很少具有欺骗性。肢体语言代表的意义很丰富，常见非语言表达传递的情绪含义见表 5-2①。

---

① 黄渊明.肢体语言：解读人性的密码[J].职业，2009（22）：30.

表 5－2　部分肢体语言代表的意义

身体部位	动作	含义
头部	抬头上昂	自信、果断、较为自我
	向左倾	享受谈话过程、放松
	向右倾	在思考与判断、紧张
眼神	正视对方	友善、诚恳、外向、有安全感、自信、笃定
	游移不定	紧张、不自信、不诚实、内向、人际敏感度较低
手	手抓住椅把	不自信，紧张
	手绕衣角或其他东西	不自信、紧张，或者心不在焉、不专注
	双手垫在屁股下面	保守、拘谨，人际交往能力弱
	手挠喉咙、手放在嘴唇上	不认同，准备发言反击
	双手放在背后或环抱双臂	不欣赏、质疑、防御、准备攻击
腿脚	跷二郎腿、腿脚抖动	清高、随意、有些自大
	两腿张开，脚尖朝对方	开放、诚恳
	两腿交叉，脚尖朝自己	封闭、不友好
坐姿	往后靠	放松、自我、骄傲
	往前倾	注意、感兴趣、谦虚
	坐在椅边上	不安、厌烦、警觉

（四）新时代的网络表达

随着互联网在全球范围内得到普及与广泛运用，大学生将个人的心情、观点等电子文本、图像、动画、声音和视频等多媒体形式，通过网络表达给他人及社会公众，这就是网络表达。

网络表达呈现出主体的平等性、客体的多元性以及内容的偏差性三个特点。[①]平等性指的是每一位网络参与者都拥有平等的网络表达的权利及机会；多元性是在开放、即时、匿名的互联网环境下，思想、观念是复杂的、多样的；内容的偏差性是因为参与者的低门槛和网络的匿名性，表达者的道德约束弱，造成内容质量参差不齐，容易产生谣言，内容与真理和真相有偏差。

大学生，首先应该积极参与网络表达。网络表达的平等性和多元性，可以帮助大学生感受到与现实生活不同的人际关系，敢于表达日常生活中较少谈论的话题，从而起到疏解情绪的作用，让学生的不良情绪有一个发泄的途径，促进自身的心理健康，增强自己的情绪调控能力。通过网络，大学生可以了解外部世界真实的样子，增加体

---

① 张蕾，杨国华，皮筱娟，罗滢. 新媒体时代大学生网络意见表达的正向引导机制研究［J］. 教育教学论坛，2019(35).

验的丰富性。

但是,网络表达内容的偏差性,可能导致大学生使用一些激愤语言宣泄对社会热点问题的观点和自己的诉求,或跟风表达自己或真或虚的想法,发表一些缺乏社会责任感和言辞偏颇的观点。[①] 因此,大学生要提高网络表达的素养,理性分析网络信息,学习一些关于媒介的基本知识,提高媒介素养,对信息的信息源要分析和判断,提高表达的准确性;了解哪些是网络世界中不能触碰的"红线",哪些行为可能会受到法律的惩罚。

三、追求生命真善美之表达

(一) 生命表达之真

生命现象扫描

微博上有一个热门话题叫"朋友圈式努力",意思是很多年轻人在朋友圈十分努力,但背后真相不知如何。我认识的一个小伙伴,她经常喜欢在晚上发图书馆学习的照片到朋友圈;在周末晒一个咖啡厅定位,附上一本书的图;在凌晨发布学习英语的打卡。一开始我挺羡慕她的,觉得她特别上进、好学。可直到有一次我和她一起去图书馆看书,才发现她的学习状态是同时找好几本书放在桌子上,每一本简单地翻几页,然后就开始拍照,其间还时不时地和我说话。因此我看书的时候,思路总是被她打断。

至此才发现,她所记录的生活,总是那么精致上进,与她真实的生活却相去甚远。正如作家李尚龙说过的一句话:看到的都是光鲜,看不到的都是苟且。这种虚假的表达,只是一种表面的努力。[②]

大学生要追求生命表达之真。生命表达之真包含两个方面的真实,一是追求表达内容的真实,二是坚持表达方式的真实。

1. 追求表达内容的真实

正确认识生命样态,表达真实生命体验。随着信息技术的迅猛发展与大数据时代的来临,部分大学生为了表达自我存在感,展现个性,会进行"自我包装""自我隐藏",从而陷入一种以自我展现为中心的漩涡。在他们看来,个性代表着生命、活力与色彩,代表着个体生命的独特性与不可替代性,为张扬个性而表达。他们纯粹为了展

---

① 朱玉,郑亚平,郑文颖.大学生现实表达与网络表达的差异分析[J].绵阳师范学院学报,2016,35(3).
② 取材自公众号"十点读书"。

现个性、表现自我,对外营造一种假象,甚至他们沉浸在自己刻意营造的假象中无法自拔,离"真实的自己"愈来愈远。这首先不利于外界理解自己,其次也不利于自我了解。个人怎样表现自己的生活,他们自己就是怎样[①],真实地进行生命表达是大学生自我理解的基础。

没有两个人的生命是相同的,不同的人拥有不同的生命体验与生命特点。个体生命的独特性与多样性,构成了整个生命世界的多样性存在,丰富了生命世界,使生命世界多姿多彩。[②] 因此,大学生应该首先理解并接纳自己的生命经历与生命样态,这是个人表达的前提和基础;其次,大学生要勇于接受生命给予的所有惊喜与挫折,这是生命赋予我们的考验与能量。对自我的认知和理解,是直面成长的第一步,是自助与他助的关键。大学生要在正确认知自己生命样态的同时,表达生命中真实的喜怒哀乐、欲望与困惑、期待与失落、幸福与悲伤。个体的身心发展是一个运动、变化、发展的动态过程,生命体验随着生命历程是一个动态的过程,这就决定了生命表达也是一个动态的过程。大学生要从真实的生命体验出发,描绘生命经历,倾听生命律动,表达生命状态,最终达到自我理解与他人理解。获得理解是生命表达的目标与意义。

2. 坚持表达方式的真实

运用辩证思维,追求表达逻辑,锻炼学术表达能力。表达生命之真的一个要求就是要理性思考,辩证思维,认识生命之真与生活之真,锻炼真实的、逻辑的表达方式。在校大学生普遍存在着语言表达能力不足的缺陷[③],特别是学术性表达能力不足。首先,大学生经常通过微博、朋友圈等渠道发布随笔记录,表达个人观点,因此表达多碎片化,较为随意自然。其次,大学生在校期间的正规表达机会较少,这也造成了大学生学术表达能力不足。大学课堂中也常常出现大学生学术语言贫乏、表达不连贯现象。相当大一部分大学生在公众讲话时张不开嘴,紧张晦涩,以至于在课程汇报、小组讨论、毕业答辩等过程中,出现离开演讲稿就难以开口的情状,甚至到了硕士、博士阶段,其学术能力也无法满足科研需求。

大学生首先要在建立批判思维的基础上,具有筛选海量信息、辨别真实信息的能力。其次,大学生要不断锻炼学术表达能力和逻辑思维能力,完善自身素养,时刻准备着昂首阔步走入社会,适应时代发展对年轻一代提出的新要求。同时,要注重自身的人文修养,多听、多读、多想、多写。多读书,读好书,吸收人类知识的积淀,化为己用。在阅读与体验中认识生命、思考生命,建立生命意识,塑造健全人格。

---

①　中共中央马克思恩格斯列宁斯大林著作编译局.马克思恩格斯选集(第1卷)[M].北京:人民出版社,1995:67-68.
②　刘慧.生命教育导论[M].北京:人民教育出版社,2015:24.
③　李海超.大学生语言表达能力现状分析及策略[J].高教发展与评估,2009(11):100-112.

（二）生命表达之善

生命现象扫描

"键盘侠"本义是指在生活中胆小怕事,而在网上占据道德高点发表"个人正义感"的人群。现在衍生为平时躲避社会群体,一旦脱离人群,独自面对电脑敲键盘或用手机进行网络评论及聊天时毫无顾忌地对社会各方面进行评头论足的人。

他们曾用自己微小的言论对社会带来了积极作用,但也以缺乏理智的情绪宣泄制造了随处可见的网络暴力。

现实生活中,无论是名人明星还是普通网友,遭受网络暴力的事情比比皆是,无论是个人还是社会都深受其害。所以我们必须理智发声,共同抵制网络暴力。网络暴力是一种可怕的负面力量,因为漫天的网络暴力而抑郁自杀的明星并不少见。不少在热播剧中饰演坏人的演员被骂到关停了微博,泳池里和别人起摩擦的女医生不堪网友的谩骂而选择自杀。网络暴力随处可见,总有人被骂得狗血淋头。[①]

"键盘侠"现象数见不鲜,在冰冷的屏幕背后,他们不顾"评判对象"的生命健康与安全,肆意宣泄自己的情绪,言语之"恶"伤人于无形。生命是最宝贵的,需要关爱与善意。什么是善呢？善,是保存生命,促进生命,使可发展的生命实现其最高的价值。什么是恶呢？恶,是毁灭生命,伤害生命,压制生命的发展。[②] 表达中的"善",就是为了保护生命,关爱生命,促进生命,成就生命。生命表达是一个动态的相互过程,一定存在着两者甚至两者以上的关系,因此表达的过程一定要遵守人与人之间的道德,以善意的、恰当的、美好的方式进行。如何更善意、更适当地表达自己,一定意义上决定着表达的结果与个体的人际关系。

坚持生命表达之善包含两个方面,一是表达要符合生命道德的要求,二是要为他人生命负责。

1. 符合生命道德的约束和要求

生命是有道德的。[③] 生命道德要求大学生的表达要关心他人生命,给予他人善意。关心是人世间最深刻的渴望,是对所爱的生命与成长的主动关注。[④] 马丁·海德格尔将关心描述为人类的一种存在方式,生活处处充满关心,表达亦是如此。大学

---

① 人民日报 2018 年 10 月 13 日综合报道。
② ［法］阿尔贝特·施韦泽. 敬畏生命:五十年来的基本论述［M］. 陈泽环,译. 上海:上海人民出版社,2017:78.
③ 刘慧. 生命德育论［M］. 北京:人民教育出版社,2005.
④ 刘慧. 生命教育导论［M］. 北京:人民教育出版社,2015:101.

生在表达的过程中充分展示自己对他人的关心，对自我的关心，对生命的关心。无形中也为自己建立一种值得信任的、亲密的人际关系，从而为个体生长提供一片沃土。

能否给予他人善意，一定意义上将决定着表达的结果与人际关系。善是指一切有利于生命更好地存续、生长，有利于其质量的提高与改善的因素与指向。表达是给予的过程，也是索取的过程，通过自己的表达给予对方正能量，自己也会收获一份正能量。

2. 为他人生命负责

在表达的过程中，大学生要有成就他人生命、为他人生命负责的意识。个体应该主动地、有意识地担负起一定的责任，对自己的生命负责、对他人的生命负责。责任是一种完全自愿的行动，一个人是否有责任感，就表现在能否主动地对他人负责。每个生命、每个个体，都值得被尊重。每个大学生在表达的过程中都要有为他人负责的愿望。无论是在倾听，还是在表达的过程中，都要尊重对方生命的独特性和差异性，尊重不同生命的追求、经历和经验，时常敲响为他人生命负责的警钟。大学生要明白，言语的力量是巨大的，可以成就一个人，同样可以毁灭一个人。因此，大学生在进行沟通表达的时候，言语出口前要时刻审视自己的言语表达中是否带有善意，是否尊重了、关爱了、成就了对方生命。

（三）生命表达之美

生命现象扫描

《寒江独钓图》是宋代马远创作的一幅山水画。这幅画作者以严谨的铁线描，画一叶扁舟，上有一位老翁俯身垂钓，船旁以淡墨寥寥数笔勾出水纹，四周都是空白。画家画得很少，但画面并不空，反而令人觉得江水浩渺，寒气逼人。而且还觉得空白之处有一种语言难以表述的意趣，是空疏寂静，还是萧条淡泊，真令人思之不尽。这种诗体现的耐人寻味的境界，是画家的心灵与自然结合的产物，在艺术上则是利用虚实结合而产生的结果。

唐代诗人柳宗元有一首绝句："千山鸟飞绝，万径人踪灭。孤舟蓑笠翁，独钓寒江雪。"（《江雪》）《寒江独钓图》创作与这首诗有关，这就是诗意画，欣赏这一诗一画，可以领略到"诗是无形画，画是有形诗"的艺术趣味。

横向看，自然界的生命多种多样，形成生命世界这一整体。生命之间相互依存，相互制约，构成了色彩斑斓的生命世界。纵向看，每一个生命都有其不同的际遇，不同的生命体验，并因此产生了不同的价值观与不同的生命内涵，从而使个体生命呈现出多姿多彩的存在。① 德国诗人席勒说过:"美是形式,我们可以观照它,同时美又是生命,因为我们可以感知它。总之,美既是我们的状态,也是我们的作为。"

坚持生命表达之美同样包含两个维度,一是要注重表达形式与内容的艺术之美,二是要追求表达情感上的圆融互摄之感。

1. 生命表达的艺术追求

大学生生命表达首先要追求表达内容之美。大学生的生命有太多的维度,每一个侧面都有闪闪发光的点。如果大学生不及时将之表达出来,久而久之那些闪耀微光的细枝末节就会磨灭在成长的过程中,再回首已无迹可寻。大学阶段的整体精神风貌展示出了年轻生命蓬勃向上、百花齐放的美感,这是在漫长又平凡的生命过程中,最为独特耀眼的存在。因此,大学生要勇于借助多样化表达形式,将生命体验灌注于充满艺术感的表达形式上,充分展示自我生命特点,展现生命之美的维度。

其次要追求形式之美。有的时候,很多情感或体验或许并不能够准确地用言语表达出来,那么,可以选择艺术的、委婉的、富有观赏价值的表达方式。不同的对象对这种"无言的表达",多会带有一种善意的理解与解读。这也恰恰说明了表达生命的恰当形式是艺术,或者是艺术化的。在冯友兰看起来,哲学家表达思想既可以用长篇大论的方式,也可用名言隽语的方式,他称前者为散文的方式,称后者为诗的方式。散文的方式言穷意尽,诗的方式言有尽而意无穷,富于暗示性,听者可得言外之意,象外之旨。② 冯友兰指的"诗意表达",也就是大学生生命表达的最高境界——言有尽,而意无穷。正如《寒江独钓图》中大片的留白一样,大学生表达切忌太满,要追求艺术美,做到张弛有度,给予对方与自己舒适的空间,从而使表达有回味无穷之感。

2. 生命表达的圆融互摄

生命富有创造性的特点,它是不断喷涌的源泉,是始终产生新形态的力量所在。③ 因此,大学生的生命表达应以"至真、至善、至美"的理想境界为归趋,蕴含丰富的生命情感,在动态中达到圆融互摄的生命状态:表达生命体验,诉说生命故事,浓缩生命感动,悦纳生命个性,开启生态智慧,靓丽生命样态。④

---

① 刘慧.生命教育导论[M].北京:人民教育出版社,2015:201.

② 郁振华.说不得的东西如何能说?——维特根斯坦的"沉默"和冯友兰、金岳霖的回应[J].哲学研究,1996(6):71-77.

③ [德]O.F.博尔诺夫.教育人类学[M].李其龙,等译.上海:华东师范大学出版社,1999:4.

④ 刘惊铎.生态体验德育的实践形态[J].教育研究,2010(12):90-93.

【生命活动】

主题:表达生命之美

活动目的:选择自己擅长的表达方式,展现生命状态,发现生命之美。

活动时间:一周。

活动内容:

1. 选择最擅长的方式(绘画、音乐、舞蹈、视频等)表达生命中美的维度。

2. 记录下来,并且分享。

活动目标:

鼓励学生运用最喜欢并擅长的表达方式,引导学生发现生命蓬勃向上的精神样貌,运用正确的表达方式进行生命展示,进而关注生命之美。

活动过程:

一、表达生命之美

每位同学选择最喜欢的方式,表达生命中美的维度。

二、分享时刻

1. 你为什么选择这种表达方式?

2. 你表达了怎样的生命之美?

3. 在表达的过程中你有怎样的思考?

【推荐书目】

1. [法]亨利·柏格森. 时间与自由意志[M]. 吴士栋,译. 北京:商务印书馆,1958.

2. [德]威廉·狄尔泰. 历史中的意义[M]. 艾彦,译. 南京:译林出版社,2014.

第六章　生命价值:生命高于一切

知是行之始,行是知之成。

——王阳明

人生不是一支短短的蜡烛,而是一支由我们暂时拿着的火炬。我们一定要让它燃得十分光明灿烂,然后交给下一代人们。

——萧伯纳

【知识导图】

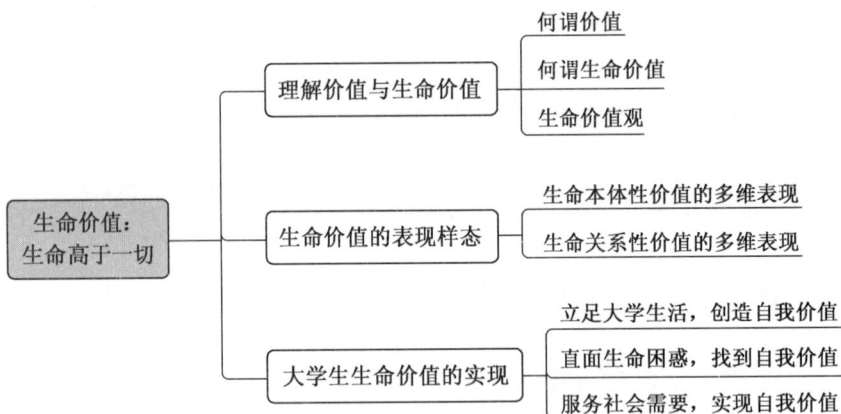

【生命叙事】

青春无问东西,奋斗自成芳华

《无问西东》以三代人的大学生活串联起整个故事,电影讲述了四个故事,第一个故事是发生在现代,公司高管张果果在一场钩心斗角的职场商战和救助的四胞胎家庭中陷入人心猜测的处境,并尊重选择尊崇内心"善"做出选择的故事;第二个故事发生在 60 年代,讲述了王敏佳、陈鹏、李想三个人之间发生的故事，三人因为"一封信"而命运被改写，王敏佳遮遮掩掩地度过余生，陈鹏奔赴西北报效国家，李想在支边过程中去世；第三个故事发生在30年代末，讲述西南联合大学云南办学期间的往事，富家子弟沈光耀在国家危难之际投笔从戎、报效国家的感人事迹；第四个故事讲述20年代，学生吴岭澜在清华大学求学期间受到泰戈尔等人的引导，投身学生运动，并影响一代代学子（包括沈光耀）的故事。

四个故事串联起四代人的"芳华"，他们在不同的社会文化背景中都面临相似的抉择：保"小我"还是成"大义"？毫无疑问，他们最后做出的抉择就是勇敢担当起自己的责任。这部电影像是一缕关于真善美的光，通过四个交相辉映的故事，为我们呈现了一个关于真实、信仰、奉献、担当的故事，它像是青春的赞歌一样明艳动人。对于当代大学生来说，它传递的是一种正面的、积极的能量，是一股强有力的精神暖流。特别是当下大学生在泛娱乐文化背景、消费主义盛行的大环境下，不少人因为找不到方向、看不到未来而迷惘、绝望，这部电影传达的价值与内涵，对重塑其价值观的重要意义不容忽视。[①]

一、理解价值与生命价值

（一）何谓价值

关于价值的内涵，正如赵汀阳所指出："向来很含糊，它无疑是多义的，但其实可以分为两个类型：① 关系型。在关系型中，某一事物是有价值的，当且仅当它满足某种主观需求或约定规范。② 自足型。在自足型中，某一事物是有价值的，当且仅当它能够实现其自身的目的。类型②更为重要，因为几乎所有永恒性价值都属于类型②，而类型①的价值总是消费性的、不确定的。"[②]张岱年先生认为，价值的含义有三个层次，一是客体满足主体的需要；二是对需要的评价，确定需要的高低；三是需要主体本身的价值问题，即主体所具有的优越性质与能力。前两层是功用价值，第三层是内在价值，这是价值更为深刻的含义。[③]

可见，价值具有多层含义。对价值多层次含义的表述虽不相同，但有两方面是共同的，一是价值存在于主客关系中，具有满足主体需要的性质，如"关系型""工具价值"；二是价值存在于自身性质之中，价值主体本身具有价值，如"自足型""内在价值"，是价值主体本身的性质使然，而且更为重要。[④]

---

①　罗圣梅，田燕. 当代大学生价值观重塑要点——从电影《无问西东》谈起[J]. 边疆经济与文化，2020（4）：3.

②　赵汀阳. 论可能的生活[M]. 北京：生活·读书·新知三联书店，1994：19.

③　张岱年. 论价值的层次[J]. 中国社会科学，1990（3）.

④　刘慧. 基于生命特性的生命价值及其教育[J]. 郑州大学学报（哲学社会科学版），2011，44（3）：8－10.

（二）何谓生命价值

伴随社会转型，人们的思想观念、思维方式、行为方式也发生变化。当生命凸显为时代的主题时，人们的价值观念从根本上受到了冲击，主要聚焦在如何看待生命本身的价值上，主要反映在生命与其他方面的关系上，如生命与财产、生命与生产、生命与道德、个人生命与社会利益、个体生命质量与世俗成功标准、人的生命与动物生命的关系，等等。可见，生命内在价值成为人们关注的焦点，并成为人们绕不过去的审视、判断、行动之参照。需要强调的是，生命价值不仅包括整体生命价值，而且包括个体生命价值；不仅包括同类生命价值，而且包括他类生命价值；不仅包括他人生命价值，也包括自己生命价值。简言之，生命价值指所有生命之价值，包括关系性价值和本体性价值。①

与生命价值相近的一个概念是生命意义。那么，如何理解生命意义？生命意义更多地体现出过程性、生成性的特征。早期学者 Reker 和 Wong 认为，生命意义是个体基于文化所构建的个人认知系统，这个认知系统将影响个人对活动和目标的选择，并赋予生活是否有目的、有价值的情感体验。② 生命意义的情绪成分是指个体从过去的经验或已经完成的目标中得到的满足感和自我实现感。生命意义的情绪成分伴随着人们对生命意义的领悟、生命目标的实现而产生。③ 后续学者 Steger 提出可以将生命意义分为生命意义寻求（search for meaning in life）和生命意义体验（presence of meaning in life）两个维度。④ 生命意义寻求是人们努力去建立或增加对生命的含义和目标的理解，强调过程；生命意义体验是个体在理解生命的含义和目标的基础上，认识到自己在生命中的目标或使命，对自己活得是否有意义的认知评价，强调结果。⑤

---

① 刘慧. 基于生命特性的生命价值及其教育[J]. 郑州大学学报（哲学社会科学版），2011，44（3）：8-10.

② Reker, G. T. & Wong, P. T. P. （1988）. Aging as an individual process: Toward a theory of personal meaning. In J. E. Birren & V. L. Bengtson （Eds. ）, Emergent theories of aging. Springer Publishing Company, 214-246.

③ 张荣伟，李丹. 如何过上有意义的生活？——基于生命意义理论模型的整合[J]. 心理科学进展，2018，26（4）：744-760.

④ Steger, M. F. , Frazier, P. , Oishi, S. , Kaler, M. The Meaning in Life Questionnaire: Assessing the presence of and search for meaning in life[J]. Journal of Counseling Psychology, 2006（53）: 80-93.

⑤ 张荣伟，李丹. 如何过上有意义的生活？——基于生命意义理论模型的整合[J]. 心理科学进展，2018，26（4）：744-760.

（三）生命价值观

1. 价值观与生命价值观

《辞海》中对"价值观"一词的解释为：关于价值的一定信念、倾向、主张和态度的观点，起着行为取向、评价标准、评价原则和尺度的作用。价值观是人们对外界事物进行理解和抉择的认知评价或是思维取向，是客观事物与本身关系的"具有系统性、综合性和稳定性的观点"①。价值观很大程度上引导人们认识世界的方式和改造世界的活动。具备正确的价值观，可以引导人们在此过程中做出正确的决定，从而更好地认识和改造世界。

对于生命价值观的认识，最早是受科学技术水平的限制，将对生命和自然的敬畏归结于对原始图腾文化的崇拜。真正意义上的生命价值观源于古希腊哲学家普罗泰戈拉："人是万物的尺度。"②有学者认为："生命价值观是指人们对生命存在形式的总的价值判断，是指在一定的社会历史条件下，生命体（以人为主）的全部生命活动对生命自身以及生命对其他生命存在（包括他人和社会）的意义的自觉认识。"③"生命价值观体现了人们对生命的认识、生命价值、生存意义、人生态度的认识与追求，不同的价值观会影响到人们对事物的判断和评价。"④简言之，生命价值观是人们对生命的根本性问题所做的综合的、整体的认识。生命价值观作为一种意识形态，在个体实现生命价值的过程中具有重要的意义与价值。

2. 马克思主义的生命价值观

马克思主义生命价值观包含着丰富的内容，概括起来主要有三个方面：生命价值的基础观、生命价值的评价观、生命价值的创造观。

一是生命价值的基础观。人的自然生命在空间活动范围上是有限的，在生命特质上是唯一的，在时间存在上是短暂的。并且人的自然生命构成了包括人的生命价值在内的人的一切存在的物质基础，没有了自然生命，离开"有生命的个人的存在"，离开"这些个人的肉体组织"，人就失去了生命存在的载体和体能支撑，更谈不上生命价值。人的生命的不可替代性、不可逆性和有限性也就凸显了人的生命的宝贵性。所以，马克思说："全部人类历史的第一个前提无疑是有生命的个人存在。"⑤

---

① 罗国杰. 关于社会主义人道主义原则的几个问题[J]. 思想理论教育导刊，2012(10)：37.

② 韩跃红. 尊重生命[N]. 光明日报，2005 - 04 - 12.

③ 陆树程. 敬畏生命与生命价值观[J]. 社会科学，2008(2)：142.

④ 李艳兰，王小桃，胡海青，李宜萍. 生命价值观、应对方式与大学生自杀意念关系的研究[J]. 中国健康教育，2009，25(10)：743 - 745.

⑤ 中共中央马克思恩格斯列宁斯大林著作编译局. 马克思恩格斯选集（第 1 卷）[M]. 北京：人民出版社，1995：67，56.

二是生命价值的评价观。人的生命价值是关系范畴,表现为自己的生命活动对于自己与他人的意义。因此,于自己而言,表现为自我价值,外化为物质生活的富足、精神生活的充盈与社会地位的上升;于他人而言,表现为社会价值,外化为创造、劳动、奉献。人是在为"人类的幸福"中实现"我们自身的完美"的,从而决定了自我价值只是衡量生命价值的前提和基础,而人的社会价值或外在价值,即生命对他人和社会的意义,则是生命价值的目的和归宿。

三是生命价值的创造观。人的生命价值不同于物之价值的单向性、被动性,具有双向性、主动性、创造性。也就是说,人的生命价值是由自己创造的。在马克思那里,人与动物的一个重要区别就是人的自由自觉生命活动。在马克思主义的思想中,人的生命价值的创造首先要解决两个和解,"我们这个世纪面临的大变革,即人类同自然的和解及人类本身的和解"①。这里的"人同自然的和解",指的就是人与自然的协调和谐关系,而"人类本身的和解"强调的是人与人、人与社会关系的和解。②

3. "生命至上"的生命价值观

"生命至上"具有强烈的时代价值。这次抗击新冠疫情,我们党和国家所采取的措施与行动充分体现了"生命至上",也是对这一理念的最好诠释——为了人民的生命,为了每一个人的生命。然而世界各国控制新冠疫情的状况并不相同,目前全球新冠病毒已造成几千万人的离世,在一些国家,政治、利益凌驾于生命之上。今天"人类正面临着历史上最严峻的危机,如果不在世界范围内采取可行的基本措施,它将无法走过下一个千年。假如人类要生存下去,就必须改变流行于现代社会的价值系统和道德观念。对利益和权力的追求必须被最大多数人的合情合理的幸福的追求所取代……"③

何谓"生命至上"?在回答这个问题之前,首先需要明确对生命的理解。什么是生命?若想给生命下定义是很难的,美国学者恩斯特·迈尔曾说过,过去一再试图为"生命"下一个定义,这种努力是完全无效的,因为现在已经很清楚,世上没有任何特殊的物质、物体或力量可以和生命等同。在此,生命是指向人的,人的生命绝不是生理、心理、生活三者的叠加,更不是彼此对立性的存在。"人不是由一个生物—自然层、一个心理—社会层这样两个层次重叠构成的;任何万里长城也不能分隔开他的人类部分和他的动物部分,每个人都是一个生物—心理—社会的整体。"④每个个体生命都承载着他(它)所属种类生命的全部遗传信息,并在其有限的存在期间内部分而

① 中共中央马克思恩格斯列宁斯大林著作编译局.马克思恩格斯全集(第1卷)[M].北京:人民出版社,1956:603.

② 徐秉国.论大众文化对马克思主义生命价值观的挑战及应对策略[J].社会主义研究,2014(5):22-26.

③ [美]保罗·库尔兹.21世纪的人道主义[M].肖峰,等译.北京:东方出版社,1998:32.

④ [法]埃德加·莫兰.迷失的范式:人性研究[M].陈一壮,译.北京:北京大学出版社,1999:6.

独特地展现类生命。生命具有绝对性，对个体生命而言，生命至上意味着生命的存在第一。通俗点说就是，活着是第一位的，这是生存的法则。每个生命都是一个奇迹，每个生命都是有限的存在，在有限的生命时光中活着，对每一个生命都是最重要的。从价值的角度看，"生命至上"意味着"生命高于一切"。在价值序列中，生命价值是第一位的，与生命相比，其他一切事物都是次要的。①

二、生命价值的表现样态

（一）生命本体性价值的多维表现

每个生命都是宝贵且有价值的。个体生命首先具有其存在价值，无关地位、金钱、种族等。同时，从生到死的不同阶段，都有不同的价值实现样态和价值实现的方式。可从生命的长度、宽度、高度三个方面来看。

1. 生命自保，悦享生命的长度

个体生命是一个有限的"线段"，在目前的医学条件下，它不会无限延伸，终究会有尽头，但我们可以通过自身的努力可能延长生命的长度，这其中的一个关键就是爱惜我们的身体。身体是生命的寓所，是个体生存、成长、发展的基本。心理学家朱哈德曾说："当我们开始珍惜我们的身体，学会倾听并平等地和身体对话，真正学会去爱它们的时候，那么你就能从最深的层次开始治愈我们的生命。"

在我们的身体里有成百上亿个各司其职的细胞，它们每天的工作任务就是维持并延续我们的生命。红细胞每一秒钟会制造出 100 万个，在血管里穿梭，向细胞输送氧气；心脏会在一生中泵出 1.82 亿升血液，跳动 25 亿次，如果心脏最主要的部分不能跳动，"房室结"会开始替它跳动，而"房室结"也不能跳动的时候，心脏的"心室"会开始自主逸搏跳动，即便是这么微弱的血流也能保证大脑和心脏的供血，保证我们的身体不会死去，等待援军到来。我们很难用"作死"的方式杀死自己，比如停止呼吸，不闭上眼睛，或者自己掐死自己，因为这样的行动会激发身体强大的保护本能，而我们大多无法战胜本能。②

人身体里的无数个器官始终在不知疲倦、有条不紊地支撑我们生命的活动，即使面对死亡，也"智慧"地寻找延续生命的办法。我们的身体永远是最爱生命的一部分，虽然生命有限，每个人每时每刻都在走向死亡，都在面对身体机能不断衰老的危机，但身体的本能始终在延续我们生命的长度。爱惜我们的身体是珍爱生命的第一步，世界长寿的百岁老人在提及长寿的秘诀时，也多次提到保持乐观心态，保持均衡饮食，帮助我们身体去延长生命的长度。

---

① 刘慧. 让生命挽着健康"舞蹈"[J]. 人民教育，2020(24)：24-27.
② 神奇的人体知识，https://mp. weixin. qq. com/s/Z7tp0XM9MmJx16t43pvbjg.

生命时刻面对来自内在的挑战——衰老和死亡，同时也面对来自外在的危险，比如自然灾害、安全事故和人为伤害。从生物属性来说，生命是脆弱的，但同时生命也是坚韧的，生命的历程虽然不会一帆风顺，但坚韧的精神是生命存在和延续的力量。

面对这些危险和危害，我们想要延长自己的生命长度，首先要有自保意识，懂得规避风险，掌握生存和自救的技能，不让自己的生命因无端的天灾人祸而丧失，珍惜生命，才能活好生命；其次，要有勇气，不畏惧生命中的艰难险阻，不杞人忧天，也不因小事放弃生命或自暴自弃；最后，要有生命的信念感，有信心、有力量去克服困难，一百次跌倒后就有一百零一次的起身，带着信念一步步向前。"蒲苇韧如丝"，有韧性的草犹如有坚定信念的人，总是不容易被轻易折断，生命的力量在于此，保护自己的生命，保护每一个生命，延续生命的长度也在为生命价值的创造提供空间和力量。

需要说明的是，因角色不同，在个体生命的排序当中，也会有着先后顺序。

2. 体验拓展生命，丰富生命的宽度

生命的长度很难改变，但生命宽度可以通过我们的意识行动增加。生命中的挫折与坎坷，欢笑与快乐，我们都应该直面悦纳。碌碌无为的人只会白白浪费生命。生命的宽度在于自身对世界不断的探索、积极的了解，在广阔的世界中，开启自己生命的多个视角。

当聪明人被迫与命运进行较量的时候，不应该当它是件坏事，因为困难就是机遇，你的命运掌握在自己手中，因为所有厄运，不是起磨炼或者纠正作用，就是起惩罚作用。[1] 几乎每个人的一生都可能是悲痛与幸福的交织体。《谁的青春有我狂》的作者子尤，身患白血病，在生命的最后时刻，医院中的他依然笑对人生，他在书中构想精彩世界，用文字的力量描写自己生命中的精彩。他的生命长度虽然不长，但是他的经历丰富了他的体验，并且在有限的生命中去驰骋、追求，绽放生命的美，这样的生命具有独特且珍贵的生命价值。生命的宽度来自各式各样的事物和人，消化苦难，感受幸福，如果生命始终波澜不惊，那么对于人性和心灵的磨炼便是不足够的，犹如坐井观天的青蛙，不知天地的浩瀚，也不能正确清醒地认识自己。

一定意义上讲，当生命有限的时候，把生命中的苦难和欢乐都当作生命的修行，是完善自我的必要经历。关乎心灵的经历会让我们发现自己，了解自己，也让我们更好地发现他人的处境，与他人共鸣共情，从而更好地帮助他人。用心去感受生命的每一次别样经历，用积极乐观的心态去面对、去克服，这便是生命的意义之一。

拓宽生命的宽度意味着要不断丰富自己的阅历、体验和感悟，从而开阔眼界，磨炼心境，悦纳自己，在丰富生命的同时，享受生命的美好，增加生命的价值。

---

[1]　[古罗马]波爱修斯. 哲学的慰藉[M]. 杨德友，译. 上海：上海译文出版社，2012.

3. 实现生命潜能，冲击生命的高度

【生命叙事】

身残志坚的脱贫攻坚奋斗者——张顺东、李国秀夫妇①

张顺东 6 岁时被高压电击伤，失去右手，双脚严重受伤；李国秀生来就没有双手。这样一对身体残缺的夫妻相互扶持，成了彼此的"手足"。夫妻共用一手双脚相濡以沫 29 载，他的一只手，有力气也有"头脑"；她的一双脚，能切菜煮饭、能写字绣花、能取货找零。张顺东、李国秀夫妻二人加起来，只有一只手、一双脚。"互为手足"的 29 年中，他们相互扶持，将一双儿女养大，又用辛勤劳作甩掉了贫困的帽子。张顺东说："夫妻同心，黄土才能变成金。"为了美好生活，他们付出常人千百倍的努力，张顺东的双脚也因过度劳累溃烂，不得不接受截肢。尽管生活中有不少困难，但这对夫妇却没有向命运屈服，把日子过得像花儿一样。

他们说："人再苦再难，不能没有希望。"张顺东和妻子李国秀身残志坚、自立自强，用奋斗创造幸福生活，照顾年迈老人、抚养年幼孩子以及失去双亲的 2 个侄女，书写了"踏出脱贫路、撑起半边天"的感人故事。他们荣获云南省道德模范称号，被授予全国脱贫攻坚奋进奖，其家庭被评为全国最美家庭。

对于个体生命而言，先天的遗传与后天的环境互动会造就其独特性。从自己的生命本身出发，发掘自己的生命潜能，善于运用自己的优势，优质自己便诞生于此。生命中蕴含的无限可能，对自我的不断突破，是不断冲击人生高度，绽放生命精彩；是对生命潜能的不断挖掘，不断实现，实现自身生命价值。自我实现也是生命高度的标志，生命的高度是生命优质潜能的实现。

一定意义上讲，生命的高度是不受任何限制的，个体生命生理上的不足，却能被精神的坚韧和顽强弥补。正如蝴蝶从幼虫变成成虫的过程，即使最初受到外部的诸多限制，但自身的生命力量，也能使它蜕变出精彩。人从出生到死亡也会经历多次"蜕变"，无论是有意识的，如人的自我挑战，还是无意识的，如身体的自然生长；无论是有形的身体变化，还是无形的精神世界变化，这都是生命成长的必然，也是突破生命高度的证明。② 提高生命高度，就要不断地突破自我限制，突破环境、心境等一切有形无形的困境，实现优势潜能。

优质潜能的实现，首先在于对优质潜能的发现，而发现自己的优质潜能，与个体的遗传特性、所处环境以及生命体验密切相关。心理学研究认为个体的认知发展表

---

① 节选自"2021 年度感动中国人物事迹"。
② 刘慧. 生命教育导论［M］. 北京：人民教育出版社，2015：256.

现受到个体自身的遗传特征和生长环境直接和间接的双重影响。主体在其遗传特征的影响下,会倾向于选择那些自己感到比较能适应的环境经验去体验。随着儿童的年龄增长,所积累的经验有所不同,最后在其发展方向和程度上也随之表现出差异。①

优质潜能的发现需要以丰富的生命体验为基础。如,一只被养在鸡群中的小鹰,无论如何也不会飞,主人最后把它带到了悬崖边,一撒手,它像一只鸡崽一样,垂直向悬崖底下掉下去。就在坠落的过程中,这只鹰扑棱扑棱翅膀,在坠地之前,突然飞起来了。从这个故事中,我们看到,小鹰只有被释放到空中,才会展开生命的翅膀飞翔。小鹰是在遭遇厄运时,才发现自己翅膀的飞翔功能。② 生命体验帮助我们认识自己,从而找到自己的兴趣爱好、自己的潜能,乃至未来发展的方向。匮乏的生命体验则有可能埋没了生命优质潜能。这就要求我们勇于尝试,勇于体验,在体验中发现优质潜能。

(二)生命关系性价值的多维表现

1. 个体生命是家族生命的延续

每个个体生命都是类生命的全部持有者,同时也是类生命的延续。贝塔朗菲认为,每个有机体来源于同类的其他有机体,它不仅带有现存个体自身过去的特征,而且带有以前世代的历史特征。同时,有机体行为具有"历史性":动物或人类做出的反应,依赖于有机体在过去遇到过的或产生的刺激与反应。③ 正如动物的哺乳、捕猎等天性都是在基因中被延续下来,而非后来的教育或驯化。

脑科学研究表明,每个人的右脑都储存着从古到今人类五百万年遗传因子的全部信息,包揽着人的生活所必需的最重要的本能和自律神经系统的功能,以及道德、伦理观念乃至宇宙规律等人类所获得的全部信息。④ 这也证明了每个人的个体生命也是整个人类生命的延续,每个人的生命是家族生命的延续。家族生命的代代相传是当下存活的个体生命的源头,没有每代生命的传递,就没有新生命的诞生。所以每一个个体生命都不只属于自己,也属于传递给个体生命的家庭。个体生命的生生不息反之也证明了生命力量,生命火种的长明。

中国传统文化中,一直保有宗族观念,我们对家族生命延续的看重,实则也是对类生命和个体生命的保护。家庭是社会的最小细胞,传承延续好每一个小家庭、小家族,社会就能持续稳定发展。浙江兰溪的诸葛村,便是诸葛后人延续兴旺的体现。

① 陈英和.认知发展心理学[M].杭州:浙江人民出版社,1996:23-24.
② 刘慧.生命教育导论[M].北京:人民教育出版社,2015:253.
③ [奥]路德维希·冯·贝塔朗菲.生命问题——现代生物学思想评价[M].吴晓江,译.北京:商务印书馆,1999:112-113.
④ [美]詹姆斯·怀特.破译人脑之谜[M].张庆文,编译.北京:中国物资出版社,1999:25.

北宋年间诸葛后人迁至兰溪,其中一系为诸葛承载及其后人,在兰溪传了十代,变为今天的诸葛八卦村。发展到元代时,诸葛亮的后代,也以诸葛承载这一系人丁最旺。这一系诸葛家族秉承先祖诸葛亮的教导,"不为良相,便为良医",他们精心经营中医药业,所制良药,畅销大江南北。古训精神的传承和顺应时代的改变,让诸葛村得以延续至今。

中国传统文化中对于根和故乡是有情怀的,光宗耀祖、衣锦还乡,自古以来个体生命价值的体现与家族生命息息相关,密切相连,每个人都是家庭延续的一分子。诸葛村外,南方多有祠堂宗祠、家谱等,也正是对家族生命延续、家族文化传承的重视。

由此可见,个体生命的价值意义展现在传承类生命的过程中所形成的独特生命。个体生命的存在本身,自然也就对类生命有价值意义。自己的生命是父母生命的延续,在家族当中,生命价值的体现是对自己生命的责任担当。作为儿女,保全自己的生命就是对父母的孝顺,把自己的生命活好了,活得精彩,是对父母爱的回馈。每一个人都是家族的一分子,都需要为延续家族贡献力量。当个体生命回归家族当中,回归所处的环境和文化当中时,生命才有根源,才能更好地找到支撑和滋养。

2. 个体生命与社会繁荣发展的相辅相成

人是社会性的动物。人通过分工组成社会,每个人的价值是由他所承担的社会工作(劳动)决定的。从人类的起源来看,劳动在创造人(类)的同时也创造了人(类)的生命价值。而人类历史中的每一个人在付出劳动的过程中,不仅创造出物的价值,也是在创造自身的价值。[①] 我国从农业社会走向如今的"大数据时代",我们如今能够享受到科技的便利、商业的繁荣和交通的发达,正是一代一代人的努力劳动所创造出的。

马克思指出:"任何人类历史的第一个前提无疑是有生命的个体的存在。"[②]对于社会发展而言,良好的社会发展是每一代人生命成长的沃土,能滋养生命,给予生命更好的成长环境,有数据表明,我国一线城市的人均寿命高于二线、三线城市。同时社会的繁荣发展、持续发展需要一代代人的共同努力、不断接力才能完成。

对社会而言,每一代人有每一代人的使命,每个理性的、健康的人都是社会需要的,以许多不同的方式来满足社会的各种需要,为社会创造物质价值或者精神价值,同时实现自身生命价值。如,科学家用自己的学识和科学技术,发挥自己的优势潜能,推动国家信息技术发展,为社会做出巨大贡献。他们在自身价值最大化的同时,实现了社会价值。2008 年汶川地震和 2020 年的新冠疫情,社会中许多人用自己的

---

① 田维富. 论人生价值及其实现. 来源:第三届海峡两岸大学生命教育高峰论坛,2014.
② 中共中央马克思恩格斯列宁斯大林著作编译局. 马克思恩格斯选集(第 1 卷)[M]. 北京:人民出版社,1972:35.

方式,发挥不同的特长在极力保护社会的稳定,加快社会的重建,帮助更多困难的人,他们用多种方式回馈、回报社会。

大学生作为社会的新生力量要有代代相传的使命感、责任感。在新中国成立70周年庆典和中国共产党成立100周年庆典上,我们在看到先辈奉献的历史的同时,也看到如今广大大学生志愿者、表演者在其中的努力付出,这是生命延续中每代生命价值体现的写照,也是新生代个体生命对社会繁荣的不断创造。具有时代使命感的人,会将自己的生命价值与社会相联系,不断发挥自己的优势力量,为社会创造财富和价值,并从社会中汲取自己成长的能量,在奉献社会中让生命价值得到最大程度的彰显。

3. 个体生命与自然和谐共生

地球上的一切生命都有价值,都应当受到保护。当我们保护自然界中的生命时,也在帮助整个人类族群的可持续发展。日本学者村上和雄从基因学的角度指出:生命不息,并不是靠人类自己长期的磨炼和不懈的努力,而是靠从大自然中获得多达几十兆的馈赠物。所以,人类对于自身能够年复一年、日复一日地平安活下去,应该感到难能可贵,对于大自然的馈赠,应该感恩不尽。① 自然是人类之母,自然滋养并庇护人类的生存,人类从自然中获得各种资源并得以繁衍和发展。人类是自然之子,我们应当对自然保有感恩之心、敬畏之情,当我们感激、爱惜、保护自然的一切时,生命价值也由此体现。

面向未来,人类正不断寻求更多、更适应环境变化的生存方式。十九大报告中指出,坚持人与自然和谐共生。必须树立和践行绿水青山就是金山银山的理念,坚持节约资源和保护环境的基本国策。《生物多样性公约》第十五次缔约方大会领导人峰会中,习近平主席强调:"生物多样性使地球充满生机,也是人类生存和发展的基础。保护生物多样性有助于维护地球家园,促进人类可持续发展。"保护环境的国家战略方针逐步落实贯彻到社会发展的方方面面,从原先的"靠山吃山,靠海吃海"转变为"退耕还林,养山富山",让绿色生态带动产业转型,协同社会发展。

地球村中的每一个国家都应当树立保护环境的意识,1962年美国科普作家蕾切尔·卡逊创作了《寂静的春天》科普读物,讲述了人类过度使用化学药品和肥料而导致环境污染、生态破坏,最终造成不堪重负的灾难。而现实的环境状况也不容我们盲目乐观,低碳环保,不过度开采,找寻人与自然和谐共生的平衡点,才是重中之重。若只顾经济发展,不顾生态危机,那么人类的命运岌岌可危。

人类的发展与环境保护息息相关,自然界的一切生命与人类生命同等重要,保护生态环境,维护生物多样性,尊重他类生命,是人类生命的责任与义务。保护自然人人有责,这也是生命价值的体现。生命价值的体现不单局限于个体的发展,需要我们

---

① 刘慧. 生命教育导论[M]. 北京:人民教育出版社,2015:103.

打开眼界，观照世界，观照自然，即使个人力量微弱，依旧应当有对其他生命给予关怀和保护的愿望，为人类生命的可持续助力。

三、大学生生命价值的实现

大学生是国家未来的创造者，是建设社会的新生力量。大学生生命价值的实现与否，与其未来发展是否良好光明、生命走向是否健康精彩息息相关；他们的身心状态、能力素质、思想视野等决定着其生命价值实现的样态。学校、家庭和社会有义务和责任为大学生解决生命困惑，实现生命价值，活出生命精彩进行引导、提供帮助，而对大学生而言，更应积极找寻并解决自身的问题，破解内心迷茫，把握理想方向，积攒生命能量，更大更好地实现生命价值，对社会的繁荣与进步发挥更大作用。

（一）立足大学生活，创造自我价值

大学生是国家未来的中流砥柱，青年兴则国家兴，青年强则国家强。2021 年 4 月，习近平主席在清华大学考察时指出："当代中国青年是与新时代同向同行、共同前进的一代，生逢盛世，肩负重任。"大学生作为社会中的一员，也承担着促进社会发展的责任。

那么如何才能承担社会责任呢？首先，大学生要正确认识学生身份，立足校园生活，从自身建设开始。在大学生活中，不断积累学识、锻炼能力、完善自我。千里之行始于足下，立足当下，认真完成大学生的本职任务，通过日积月累，一方面增强专业能力，提高实践能力，另一方面加强对自身的认识，丰富对社会的理解，从而为未来回馈社会、服务时代打下良好基础。

其次，大学生可以抓住学校提供的各个实践平台，在校内、校外积极主动地运用自身专业技术、专业能力为社会做贡献。如，在高校"挑战杯"大学生创业计划竞赛活动中，大学生利用各学科优势，围绕乡村振兴和脱贫攻坚、城市治理和社会服务、文化创意和区域合作等多个方面展开自己的创业设想，体现了大学生对美好社会的构想，在此过程中，也提升自身专业能力、实践能力，加强理论深度，为未来发展夯实基础。

这是中国青年的自信①

对职业演员来说，在舞台上保持微笑就是基本功，但对中国人民公安大学公安情报学专业学生的张宇和他三个同学而言，举着五星红旗、站在北京 2022 年冬奥会开幕式舞台上，在全世界的聚光灯下，保持微笑，是中国青年的自信。

手握冬奥会代表团旗帜，通过镜头向全世界微笑，张宇、赵春翔、于涵宇、宋朗 4 位执旗手心中分外激动。"作为一名大学生，能够站在冬奥会开幕式这个舞台上，首

---

① 节选自《中国青年报》，2022 - 02 - 05。

先感觉非常激动,其次是责任感和荣誉感。"手执意大利国旗的宋朗说道。

事实上,能够走进"鸟巢",站在国际奥委会主席巴赫身后举起冬奥会代表团旗帜,从最初严格按照身高、表情等进行选拔,开展一系列举旗、挥旗等体能、技能训练,执旗手们刻苦准备了4个多月。经过多轮选拔,一百多名执旗手中,最终只有93名执旗手能够举旗走进开幕式现场。

"如果用一个词概括对于北京冬奥会开幕式的感受,那是自豪。"张宇说,"演出非常精彩,当时自己也感觉到压力,但是上场的时候,自己突然放空了,激动又兴奋。"他坚信,自己向世界传递出了"00后"中国青年的模样,是"蓬勃向上"的,是"充满朝气"的,是"完全可以担起大任"的。

(二)直面生命困惑,找到自我价值

大学生的生命困惑可以分为三个方面:一是自身的生命困惑,自己的生命意义是什么? 如何获得别人对自己的尊重,建立自己的生命尊严? 如何抵抗住诱惑,保护生命,对自己的生命负责? 二是与他人之间的生命困惑,如何面对来自朋友、外界的各种评价? 如何在长辈的教导和自身的需求之间找到平衡? 如何找到爱情、正确处理爱情中的问题? 三是与他类生命之间的生命困惑,如何理解自然与自身的关系? 如何对待比自己弱小的动物、植物,我们又是否能从中获得生命的慰藉或帮助?

当这些生命困惑无法顺利解决时,就会转变为压力,而当压力过载,人的生理心理就会产生不适反应和自我保护机制,反映在生理上会出现失眠或嗜睡、食欲减退或暴饮暴食、头痛胸闷等身体机能问题,心理上会产生逃避、自暴自弃、过度紧张或暴躁等心理状况。

大学生生命困惑的背后是其自身对生命意识的反应,是否从生命的角度去看待问题,考虑自己的行为与生命的关系,以及对生命价值的评估状态,自身的生命价值何在,自身的生命价值与他人、他类生命之间的关系联结在哪等。

那么该如何处理生命困惑? 首先,要直面。直面生命困惑意味着接受、不逃避,意味着解决,而解决才会带来转机和希望。如果一味地逃避生命困惑,放任其越长越大,最终的行为就会对生命产生危害,比如抑郁、自残,虐待动物、杀人,酿成苦果。直面生命困惑,积极解决它,无论解决的进程是快是慢,解决的困惑是小是大,都是在努力突破当下的困境。而生命也正是在突破困境的过程中,变得更加坚韧、坚强,解决生命困惑的过程,实则就是自我提升、自我生命价值实现的过程。

其次,需要辩证地看待生命困惑,一方面生命困惑有长久性的,也有短期性的,不能强求短时间内解决所有的生命困惑,有些困惑也是会伴随终生的,我们需要面对不断产生的困惑并不断解决;另一方面解决生命困惑虽然会带来痛苦和挫折,但同时也在抑制其对生命的伤害。我们不能忽视生命困惑,同时也不必过重地担忧生命困惑,正确认识有些困惑是生活中的常态,而解决困惑最终能够收获成长和突破。不仅大学生,每个人的一生都在不断地与不同的生命困惑进行斗争,每个人都要学会与生命

困惑共在共处。在生命历程中始终不变的是不断寻找、解决生命困惑的方式方法，从而彰显生命价值。

（三）服务社会需要，实现自我价值

国家的发展、社会的文明很大程度上体现于青年一代的道德水平和精神风貌。大学生在人生最有朝气的时间，应深植爱国热情，不断奋斗，"生命活动的目的首先是让生命成为自己，然后是让生命成就他人，让'小我'更充盈，让'大我'更包容，让'小我'融入'大我'之中"①。学生与社会的密切关系决定了社会的发展好坏也必将影响着大学生的未来。而大学生积极参与社会公共事件，开展社会志愿服务，能够加快社会恢复正常生产生活的，回馈社会。

大学生在服务社会、投身国家建设中，除了前文所提的利用自身学识技能，积极实践外，也应当具有敏锐的感知，在特殊事件、特殊时期，积极地响应国家的召唤，切实发挥"'强国有我'的青春力量"，以志愿活动的方式为时代发展做出贡献。如2020年爆发的新冠疫情，在疫情防控阻击战中，有许多大学生志愿者主动为医护工作者的孩子开展支教工作，或直接加入社区防疫工作，帮助社会打赢疫情防控阻击战；而在刚刚过去的东京奥运会和北京冬奥会上，我们也看到了许多"00后"小将，杨倩、李冰洁、谷爱凌、苏翊鸣等人，他们在自己各自擅长的领域，发挥自己的最优潜能，坚持训练，克服困难，最终在自己的优势项目中为国家取得金牌。

每年假期都有许多短期支教团去往祖国各贫困区县开展支教活动，为解决乡村振兴、脱贫攻坚的长久战役做出贡献，帮助社会更好、更快发展。无论是在特殊事件中，还是在长期性社会现状里，大学生能够在亲身社会实践中，切实地感受到社会的发展，在实践中得到磨炼，历练身心，培养坚定的信念和理想意志，故而在社会实践中找到自身生命的意义，发挥自身价值。

一个人生命价值的最大化体现，在于其是否成就了伟大的事业，如两弹一星功勋者、杂交水稻之父的袁隆平、抗击疫情的钟南山院士等，将自己的最大优势、最大精力、最大热情，投身、奉献于祖国的事业发展，在彰显自身爱国热情的同时，帮助更多的人实现美好生活。对于大学生而言，以扎实学识充实自己，丰富实践，历练身心，为社会基础建设奋斗，为国家长久发展努力，都与自身生命价值密切相连，相互成就。

【生命活动】

主题：心中"偶像"生命价值分析

活动目的：通过生命价值分析，理解生命价值。

---

① 刘恩允，等.大学生生命教育研究[M].北京：中国社会科学出版社，2012：1－2.

活动内容:通过回顾自己心中偶像事迹,成为偶像的缘由,从本体性与关系性两个方面分析其生命价值,并思考个人的生命价值如何实现。

活动方式:

1. 找来"偶像"的书,进行相对系统阅读;

2. 画出"偶像"生命轨迹及其生命价值所在;

3. 分析其生命价值产生的原因;

4. 写出自己生命价值实现的分析报告。

【推荐书目】

1. [法]埃德加·莫兰. 迷失的范式:人性研究[M]. 陈一壮,译. 北京:北京大学出版社,1999.

2. [奥]阿尔弗雷德·阿德勒. 生命对你意味着什么[M]. 周朗,译. 北京:国际文化出版公司,2000.

第七章　生命死亡:赋予生命意义

【生命格言】

　　我终于体悟到,否定死亡的悲惨结果,绝不止于个人层面,它影响着整个地球。由于相信人生只有这么一世,大多数现代人已经丧失长远的眼光。因此他们肆无忌惮地为着自己眼前的利益而掠夺地球,自私地足以毁灭未来。

——索甲仁波切《西藏生死书》

　　得了病我才知道,人应该把快乐建立在可持续的长久人生目标上,而不应该只是去看短暂的名利权情。名利权情,没有一样是不辛苦的,却没有一样可以带去。

——于娟《此生未完成》

【知识导图】

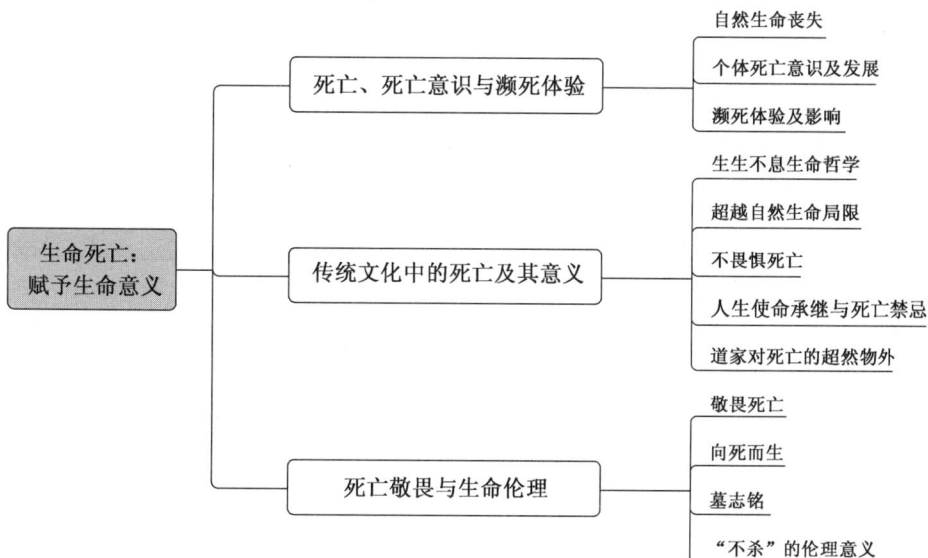

黎朗：致父亲生活过的30219天

黎朗说："我问你，你在这个世界上，到现在生活了多少天？是没有任何一个人可以回答我的，但是，面对我父亲的时候，我花了一个非常笨拙的方式，我真的就是一天一天来算，他在这个世界上生活过30 219天。"

黎朗，一个摄影艺术家，1969年出生于四川成都，现在成都工作生活。他的父亲，1941年9月18日出生，父亲高中时，第二次世界大战爆发了，他参加了著名的远征军赴缅抗战。直到50年代中期，他才回到成都，恋爱、结婚、生子，后来他成了一位中学老师，直到退休，去世。在他的父亲去世后，因不愿意让自己父亲的墓碑上仅仅是用破折号来连接出生和去世的年份，他决定用摄影、雕刻、纪录片等艺术呈现的方式创作艺术作品，以此纪念父亲的生命历程。该作品历时三年完成。

黎朗的父亲在这个世界生活过30 219天，他用雕刻、摄影等方式记录父亲生活过的每一天。他用相机拍摄了父亲的帽子、父亲的头发、父亲去世时的天空、父亲生病时身体的样子等一系列与父亲有关的生命印记，特别是病魔的折磨在自己父亲身体上留下的痕迹。

黎朗说："父亲去世后，父亲单位下拨的抚恤金只有32 000多元钱，除以父亲生活过的天数，正好相当于，父亲生活的每一天的价值，也就是一天积累一块钱。如果说，人存在一天只有一块钱的话，也只累计了3万多块钱。这些钱能做些什么？人生的意义又在哪里？"这两个反问，同样唤醒了我们对人生价值的思索。

黎朗认为，通过雕刻书写父亲生活过的每一天本是非常私密的过程，但他选择在开放的公共空间里面书写，意在提醒每一个人，也是提醒自己，去体验和铭记生命的每一天。

写完以后，黎朗用刀一刀一刀地把这个日期铲掉，"我们不得不承认我们会淡忘这些时间……而这种淡忘，我是想把这样的一个模糊的感受，用一种力量非常强的动作给它再一次落在墙壁上"。

将私密的记录形式公开化，一笔一画地在墙上刻上他父亲生活过的30 219天的每个年月日，让每个人看到他这样有冲击力的行为方式。最后，再把它用刻刀破坏掉，在白色的墙面上留下大大小小、有深有浅的痕迹，也许那就是生命的痕迹。

一、死亡、死亡意识与濒死体验

（一）作为自然生命丧失的死亡

1. 死亡的含义

死亡是个体自然生命的丧失。一般认为，死亡是指有机体生命丧失，无法继续生存。医学伦理学家罗伯特·维奇将其界定为："死亡意味着一个活的有机体发生了完全的变化，其生命特征发生了不可逆的丧失，而这些生命特征对于有机体而言是重要的。"如何判断人类个体死亡？不同文化的标准不一样，比如，在我国以个体人的心脏停止跳动为标准，美国以人的脑死亡为标准等。一般公认的确认人类个体死亡有三条标准。第一，生命体液的不可逆丧失。第二，身体整合能力的不可逆丧失。第三，意识能力或社会互动能力的不可逆丧失。

2. 人类个体生命丧失的自然过程

在一般情况下，死亡是一个逐渐发展的过程，它表现出各种不同的阶段性变化，这些变化是人体生命功能逐步丧失的结果。尽管，人的死亡有可能是突然的，如因颈部被切断、头部碾压伤等。医学中将典型的死亡发展过程分为三个阶段，即濒死期、临床死亡期和生物学死亡期。[①]

死因的千差万别，决定了不同死因的死亡过程各有特点和差异，但其基本规律是相同的。

濒死期：濒死挣扎期，是人在临死前挣扎的最后阶段。在这个时期，身体和重要器官功能发生严重紊乱和衰竭。最初，病人或者被害者多有面容苦闷、时有鼾声、血压升高等现象。随后即出现呼吸困难，心搏减弱，体温、血压下降，意识模糊，大小便失禁，各种反射减弱、迟钝或消失，以及昏迷、抽搐等。最后，即渐次过渡到临床死亡期。

濒死期的长短和表观，与死因、年龄、健康状况等密切相关。濒死期持续的时间，有的只有几秒钟，有的可持续数小时甚至更长。暴力性死亡，濒死期短暂，甚至没有，如延脑、脑桥、心搏传导系统的损伤，心脏破裂大出血以及神经反射性心跳停止等引起的死亡，都是极为迅速的，几乎都没有濒死期。除了上述死因外，由于窒息、中毒、损伤等引起的死亡，一般都有或长或短的濒死期。因疾病死亡，特别是慢性病死亡者，都有较长的濒死期，但急性病死亡者除外。在同等条件下，青壮年和体质健壮者，有较长的濒死期，而且较明显；老年人和体质瘦弱者，濒死期较短，其表现征象亦不明显。

---

① https://zhidao.baidu.com/question/2272629640141120268.html,2020 - 05 - 11.

临床死亡期:处于濒死状态的人,若未及时救治或者挽救无效,就会发展到临床死亡期。这是生物学上死亡前的一个短暂阶段。在这个时期内,心搏停止、呼吸停止、各种反射完全消失。一般情况下,我国医生就是根据这三大体征来诊断死亡的,所以称为临床死亡。处于临床死亡的人,从外表看,机体的生命活动已经停止,但是,机体组织内微弱的代谢活动仍在进行。在心搏和呼吸停止(神经反射消失一般都早于心搏和呼吸停止)后 4—5 分钟或稍长时间内,机体内稍存少量氧,还能保持最低的生活状态,如果使用人工呼吸机、心脏按摩、心脏起搏器等急救措施,生命尚有复苏的可能。因为在通常情况下,临床死亡的持续时间,也就是血液循环停止后,大脑皮层耐受缺氧的时间,为 5—6 分钟。当然在不同情况下,临床死亡期的长短是可变的,如在低温或耗氧量低的情况下,临床死亡期就可能延长,甚至可延长到 1 小时或更久。此外,濒死期长的,则临床死亡期一般就短。

生物学死亡期:生物学上的死亡,指整个机体的重要生理功能停止而陷于不能恢复的状态。它的外表征象,是躯体逐渐变冷,发生尸僵,形成尸斑。生物学死亡也是一个逐渐发展的过程。首先是大脑皮层和脑细胞的坏死,接着是中枢神经系统功能的永久停止,最后是各个器官和组织功能的相继解体。生物学死亡是死亡的最后阶段,发展到这个阶段的病人已不能再复活,现代医学科学技术对它已是无能为力。

(二) 个体的死亡意识及其发展阶段

1. 何谓死亡意识

【生命叙事】

死亡意识缺乏与死亡禁忌

一位高级干部,好喝酒,犯两回病都被抢救回来了。第三次犯病,没救回来,死了。其儿子不依不饶,找医生大闹:"他怎么会死呢? 我从没想过我爸会死。"医生说:"你怎么会从没想过你爸会死呢? 不管你爸是谁,你都应该知道,他总有一天会死。"

还有一个老人,已经 96 岁。去医院检查后,非要医院给个说法。医生只好实话实说:"你可能不行了。"老人火冒三丈,要打医生:"说话不吉利。"

死亡意识缺乏是案例中高干儿子最典型的表现。死亡意识,是个体通过对他者生命死亡这一现象的感知,认识到死亡对生命而言具有必然性,而且深刻认识到自我生命也会死亡。如果个体缺乏死亡意识,可能是进入了"我会一直活着"的幻觉中。拥有这种幻觉,个体就会对生活中的死亡现象察而不觉,甚至认为,死亡不仅离自己很遥远,而且离自己的家人和朋友也很遥远。另外,在注重生生不息的中国文化传统中，日常谈论死亡是禁忌。但是，死亡，无论是对个体还是群体，是必将发生的事实。我们每天都在一步步接近死亡。所以我们要正视它，并做好准备迎接它。医学治疗是帮助个体机能恢复正常的手段之一，但是医学治疗不能免除个体生命的死亡。

死亡意识指的是人作为生命的主体对死亡及其相关现象的认知和体验，特别是指个体对自身在将来某一个未知时刻必定离开人世的觉知。

对儿童而言，当较强的死亡意识表现为死亡焦虑或者死亡恐惧，儿童还没有能力应对而又无法从外界获得支持时，儿童当下的生活就会受到干扰，甚至引起混乱。心理学家认为，与死亡观念达成妥协是每一个儿童的重大发展任务。这一发展任务的完成必然存在某种"理想的"时机或顺序。儿童必须以与内在资源相匹配的速度处理与个体死亡意识发展的相关问题。在发展出适当防御机制之前，儿童"过多、过早"面对死亡的残酷显然都会造成儿童发展失衡。

个体的死亡意识需要发展。人类个体的死亡意识不是生来就有的，而其死亡意识的发展就更需要适当的教育介入。文艺复兴时期，法国伟大思想家蒙田曾有这样一段描述："家人们来了又离开，忙忙碌碌，吃喝玩乐，却不提一个死字。一切都很美好，可是一旦大限将至——他们自己的死亡，他们的妻子、儿女、朋友的死亡——出其不意地抓住他们，他们毫无准备，任由情绪如狂风暴雨般征服自己，哭个死去活来，伤心欲绝或垂头丧气，怒不可遏！"这段描述所揭示的是，作为成人的我们，死亡意识的发展并非已经达到成熟阶段；面对死亡，我们可能仍然手足无措。

由于成人的讳莫如深，死亡是儿童生活中的禁忌。然而，事实是，由于缺乏适当的正当教育和引导，儿童却从其他方式获得不全面或错误的信息，甚至这些信息误导了儿童的正常发展。面对儿童死亡问题的提问，成人如何与孩子谈论死亡？这需要成人对人类个体死亡意识发展有科学的认识，并依据孩子死亡意识发展所处的阶段选择相应的应对策略。

2. 个体死亡意识的发展阶段

个体死亡意识的发展是从无到有、由弱到强、由面对死亡惊慌失措到理性应对的过程。在我们研究中，其大致经历五个阶段。促进个体死亡意识发展到"迈向意义生活的向死而生"阶段是死亡意识教育的终极目的。然而，对个体而言，终极目的的实现不是一蹴而就的，而是循序渐进的，每一次蝶变过程都意味着在困顿中挣扎，但终归会实现生命之悟与生命之美。

阶段一　死亡发现：经历他者之死

儿童死亡发现的基本类型，例如某些动画影视中的死亡发现（如奥特曼与怪兽战斗中）、年纪大的亲人的葬礼中的死亡发现、心爱宠物意外丧生的死亡发现、同伴儿童意外死亡的死亡发现（可能会导致死亡恐惧，需要及时进行心理疏导）、父亲或母亲的死亡所引发的儿童的死亡发现（可能会导致死亡恐惧，需要悲伤抚慰以及心理疏导）等。

与不到四岁的儿子聊死亡

儿子出生于 2017 年 10 月 10 日。最近，小区里有老人去世，哀乐响彻整个小区，老人家属穿着孝衣在楼栋门口迎接宾客。宝妈告诉儿子，有老人年纪大了，死了。

儿子：人为什么会死呢？

宝妈：人年纪大了就会死。

儿子：那奶奶年纪大了，抱不动我了，会死吗？

宝妈：你的奶奶年纪还没有那么大，还没有死，还活着。

儿子：那你的奶奶呢？

宝妈：妈妈的奶奶早就死了。

儿子：那爸爸妈妈会死吗？

宝妈：会的。

儿子（大喊）：不让爸爸妈妈死，爸爸妈妈要永远和宝宝在一起。

对于此阶段的儿童而言，死亡意味着分离，分离意味着不舍和痛苦。因此，此阶段儿童的死亡发现，最直观的表现就是，不愿意接受亲人会死亡，不愿意与亲人分离。

一般而言，与自己关联的个体（亲人、朋友）或宠物的去世会让个体获得直接的死亡经验。这种最初的死亡经验可能会给个体留下悲伤、恐惧的深刻印象，也有可能仅仅是让个体意识到死亡会在某个时刻出现降临到自己身边的人或者物身上，但不是一定会让个体意识到死亡必然会降临自己身上。自己必有一死的确证，可能需要对自身死亡的可能性的切实体验和真切的直观。在个体死亡意识的发生史上，死亡的发现都有惊心动魄的一刻。另外，病、老、衰、弱等可以说是死亡的预演，使人真实感受到死亡的迫近，从而发现自己的死亡。

阶段二　死亡恐惧：认识到死亡的本己性

所谓死亡的本己性，是指个体认识到自己必然要经历死亡这一事件，而且这一事件会让个体感觉自己肉体或精神存在的所有价值和意义湮灭、化为乌有。当个体面对自我的死亡结局及其所带来的末日毁灭感时，死亡恐惧开始出现并对个体的正常生活产生影响。我们一起看一下哲学家费尔南多·萨瓦特尔的死亡发现所产生的死亡恐惧。

童年时期的死亡发现

至今我仍然清楚地记得，自己第一次真正理解"我迟早会死"这句话的情形。当时我应该是十岁……那是一个与其他夜晚没什么两样的夜晚，大约十一点钟的样子，我躺在自己的小床上。……在一片黑暗之中，我突然从床上坐起来：我也会死去！正是这个念头触动了我，不断地在我的脑海中刺激着我！我无处可逃！我不仅要承受我的祖母、外祖母的死亡，承受我亲爱的爷爷的死亡，承受我的父母的死亡，而且我自己，也会在有一天不可避免地死去。这是一件多么怪异、多么可怕、多么危险，多么难以理解，同时又是多么彻彻底底的个人化的事啊！……死亡不再是一件与我无关的事，不再是他人的事，也不再是一条只有到我长大成人才会起作用的普遍法则。当死亡来临时，我将不得不成为最真实、最重要的死亡的主角……

儿童在童年早期就发现了死亡这回事，他们知道生命终将不复存在，也会把这个知识应用到自己身上，这一发现的结果是他们的死亡意识直接进入死亡恐惧发展阶段。

面对死亡，我们在恐惧什么？有研究者针对普通人群进行死亡恐惧的调查，按照频率从高到低排列，最常见的恐惧如下：害怕亲友不能承受与自己的分离之苦；未来毁灭的恐惧；再也不能复活的恐惧；感官意识丧失的恐惧；与孩子后代分离的恐惧；死后世界会遭遇痛苦的恐惧；肉体毁灭的恐惧。

当然，人类个体死亡恐惧的对象与人类一般的恐惧对象，诸如，与亲人后代的分离恐惧、身体受到伤害或毁灭的恐惧、生活意义和价值丧失恐惧、意识体验官能丧失等恐惧等不存在类型差异，只是当人类个体意识到死亡将至或必将至时，即使是一般的恐惧对象所造成的恐惧也可能会瞬间放大直至充塞个体的整个意识空间。

对处于死亡恐惧阶段的儿童或成人进行死亡意识教育，以"细分死亡恐惧对象，进行针对性的脱敏、引导个体适当使用'回避机制'和'压抑机制'"为主。

阶段三　死亡焦虑：认识到死亡的终极性

死亡恐惧具有明确的对象，而死亡焦虑是死亡恐惧压抑后泛化在个体心理层面的表现，它不具有明确的对象。因此，死亡焦虑经常被意识压抑到潜意识层面，存在生命的最深层。同时，死亡焦虑会被投射到日常生活的各个层面，无处不在，无孔不入，甚至会影响个体正常日常工作与生活。

死亡的终极性是指个体意识到生命的丧失是自己生命的最终结局，且不可避免、不可逃避。所有人都在面临死亡焦虑，其中大部分人采取一些基于否认的策略，诸如压抑、否认、推迟、相信自身的全能、接受社会认可的宗教信仰，从而使死亡"解毒"，或是以获得象征性永生为目标，来努力克服死亡。基于这些策略，我们将应对死亡焦虑的常见模式分为两种。一种应对模式表现为：坚持自己是独特的、在危机事件中逞英雄、工作狂（无视身体的工作）、自恋、追逐权力、攻击他人；另一种应对模式表现为：努力地与他人融合、寄希望于终极拯救者。但是，个体要真正有效地应对死亡焦虑，需要回归生命的基本立足点。

死亡焦虑的外在表现之一是当下生活的意义焦虑。应对死亡焦虑的基本立足点：合理规划人生并成就当下生活是应对死亡焦虑的基本立足点之一和最有效的策略之一。

另外，依托亲密关系和重要他人。面对死亡，我们都是弱者。死亡焦虑较强的个体，要敢于承认自己面对死亡的脆弱与无助，敢于与人分享自己的脆弱，以便依托亲密关系和重要他人等应对死亡焦虑。

阶段四　死亡反省：从死亡敬畏到安身立命

死亡反省指个体面对死亡所表现出来坦然接受、主动应对，努力做到向死而生的意识状态。死亡反省是个体对死亡认知长期沉淀的结果，它还包括生命回顾和他人视角两个独特的成分。死亡反省能够使个体产生积极的内在成长的动机或特质，也能够减少应对死亡的直接性防御行为。

死亡敬畏的起点是敬畏死亡，通过高于人类的神圣存在的中介作用，最终引导个体敬畏生命。安身立命承载着个体自然生命、社会生命、精神生命的所有意义。笔者认为，个体只有在死亡反省中，从死亡敬畏出发才能更好地走向安身立命，同时这一过程也能够坚定个体的死亡反省。

对处于死亡反省阶段的儿童或成人进行死亡意识教育，要帮助个体深刻认识自身自然生命所具有的历史意义、社会意义和精神意义，对个体开展敬畏生死教育，引导个体拥有坚定的死亡反省，以便能够进一步实现安身立命。

阶段五　向死而生：回归日常关系，迈向意义生活

向死而生，指的是我们生命存在的每一刻既是生命成长的表现，也是我们自身生命趋向死亡的过程，因此我们要向死而生，向着死亡去绽放生命每一刻的价值。

回归日常关系。在此，向死而生不再是一个形而上的哲学观念，也不仅仅是一个具体的真实的个体面对死亡的意识状态，而是落实到个体的生活日常，在日常关系中赋予生命意义。人并不是作为独立的实体存在，人是在彼此关系中的生物。对关系的渴望是与生俱来的。回到关系之中，在关系羁绊中承担责任，拥有价值，实现意义。

迈向意义生活。重构当前生活的意义载体，拥有意义感。每一个人在他的生活中，都需要承担完成特定的责任或使命。生命意义的落实不在虚无缥缈的远方和未来，而在脚踏实地的当下生活，从小到大、由近及远重构当前生活的意义载体，拥有意义感。比如，坚守信念或信仰、树立人生目标、稳固家庭、经营重要他人的社会关系、专注于学业或事业发展等。如何拥有意义感，以下论述可以给我们启发：① 意义感越缺失，个体罹患的心理病理就越严重。② 基本信念和努力实现基本信念是建立生命意义感的必要条件。③ 积极的生命意义感与自我超越的价值有关。④ 积极的生命意义感与参与团体、献身于某项事业以及具有清晰的生命目标有关。⑤ 人持有哪种生命意义随着一生的发展而变化。

对处于向死而生阶段的个体进行死亡意识教育，要进一步帮助个体明确生命意义要落实在脚踏实地的当下生活。

（三）人类濒死体验及其对经历者的影响

濒死体验（NDE：Near-Death-Experience）也就是濒临死亡的体验，指由某些遭受严重创伤或疾病但意外地获得恢复的人，以及处于潜在毁灭性境遇中预感即将死亡而又侥幸脱险的人所叙述的死亡威胁时刻的主观体验。它和人们临终心理一样，

是人类个体走向死亡时的精神活动。同时濒死体验也是人类个体遇到危险后的一种反应。

有研究者认为，濒死体验会给个体带来真正的内在成长。肯耐斯·瑞恩(Kenneth J. Ring)总结了濒死体验者身上经常出现的变化：感恩生命，关心他人，不在意留给他人的印象，不重视物质，高度追求意义。[1] 值得注意的是濒死体验者对宗教灵修非常重视，但不再重视具体的正式的宗教信仰，而是将信仰本身看作人类存在的本质，去发现超越具体世界观的广阔世界。研究发现，对死亡的接受和超越感是濒死体验者的共同特征，他们不再恐惧死亡，对死亡完全接受。[2] 此外濒死体验者普遍将追求财富等外在价值看作虚无的和无意义的。

《西藏生死书》中认为，濒临死亡可以给人们带来真正的觉醒和自身生命观的改变。濒死体验改变了濒死经历者的生命。研究发现：濒死体验降低了经历者对于死亡的恐惧，使其更能接受死亡；濒死体验使经历者增加对他人的关怀，更加肯定爱的重要性；濒死体验使经历者追求物质的兴趣降低，更加相信生命的精神层面和精神意义。[3]

在《西藏生死书》中记载以下三个案例：

有一位妇女告诉研究濒死经验的英国学者玛戈·格雷："我慢慢感受到一股强烈的爱，有能力把爱传递给他人，有能力在我四周最微不足道的事情上找到喜悦和快乐。对于生病和临终的人，我有强大的慈悲心，我非常希望他们多少能够知道，死亡的过程只不过是生命的延伸而已。"

有一个人对肯尼思·林说："过去我是一具行尸走肉，除了物质享受，生命毫无目标。现在我完全改变了，有深刻的动机、生命的目标和明确的方向，坚信不枉此生。我对财富的兴趣和享用的贪欲已经消失了，取而代之的是了解精神层面的渴望，以及希望看到这个世界有所改善的热情。"

重病之类的致命危机可以产生同样巨大的改变。死于癌症的弗里达·内勒医生，勇敢地写下她死前的日记："我必须感谢癌症，让我有一些从未有过的经验。了解生命必死之后，我变得谦卑，我认识到惊人的心理力量，也重新发现自己，因为我必须在人生的跑道上停下来，重新衡量，然后再前进。"

---

① Ring, K. Heading toward Omega：In search of the meaning of the near-death experience [M]. New York：Morrow, 1984.

② Greyson, B. Reduced death threat in near-death experiences[J]. Death Studies, 1992(16)：523-536.

③ 索甲仁波切. 西藏生死书[M]. 郑振煌，译. 杭州：浙江大学出版社, 2011：35-40.

二、传统文化中的死亡及其意义

（一）生生不息的生命哲学与君子"重身、保身"之传统

生生不息。中国传统文化可以称之为生生不息的生命哲学。天地之大德曰生，生生之为易。……易与天地准，故能弥纶天地之道。仰以观于天文，俯以察于地理，是故知幽明之故；原始反终，故知死生之说；精气为物，游魂为变，是故知鬼神之情状。与天地相似，故不违；知周乎万物，而道济天下，故不过；旁行而不流，乐天知命，故不忧；安土敦乎仁，故能爱。

在生生不息的生命哲学中，君子应当效法天地尽人之性，尽物之性，化育万物。因此，为效法天地，儒家认为，君子首先应当重身。《孝经·开宗明义》："身体发肤，受之父母，不敢毁伤"，在儒家所固守与传承的祖先崇拜中，儒家认为应当视已故的先人如同仍活着一般，并且，自己的身体乃祖先的遗体，既要小心谨慎不伤发肤，且要使自我人格不断长进以不辱先人。

因此，儒家祖先崇拜中的个体，绝不仅仅是单独的个体，更是包容在祖先血统脉络中的一部分。在《论语·述而》中，孔子就曾劝诫子路不可"暴虎冯河，死而无悔"，在《论语·宪问》中，亦批评"岂若匹夫匹妇之为谅也，自经于沟渎而莫之知也"。在他看来，为血气之勇或小信小义而轻易牺牲生命，都是很不值得的。在《孟子·尽心篇上》也劝人不要"立乎岩墙之下"，从事不必要的冒险。

《诗·大雅·烝民》："既明且哲，以保其身，夙夜匪懈，以事一人。"这句话旨在赞扬仲山甫的美德和辅佐宣王的政绩。原意为，君子既明辨事理，又聪明智慧，善于应对而保全自身品格，日夜谨慎工作勤奋不懈，忠诚地侍奉周天子。现在可理解为，君子要能够自知也要知人，无论在什么样的政治环境中，要学会保全自身。即，君子要做到：国有道其言足以兴，国无道其默足以容。

（二）超越自然生命局限：重视血脉延续与寻求"三不朽"

父系氏族中祖先崇拜与宗法制度。祖先崇拜是从灵魂崇拜的基础发展而来的。古人相信，祖先的灵魂对于血缘后代的作用是双重的，既可以造福子孙，也可以降祸子孙。因此，为了祖先在另一个世界同样能生活，同时为祈求祖先护佑子孙后代，子孙后代一定要对祖先进行祭祀，这就是祖先崇拜。

在祖先崇拜的文化背景下，为了确保祖先能够享用后代供奉，但同时为了维系现实的父权承继，父系氏族的宗法制度逐渐成熟。宗法制度以血缘关系为基础，是在父权家长制的基础上不断扩大发展起来的，在夏商时期基本形成，西周建立以后，其体系日趋完整、等级日趋严格。周代宗法制度的架构由三项内容组成，即嫡长子继承制度、封邦建国制度和宗庙祭祀制度。在周代，嫡长子继承制的宗法制度形成。在宗法制下，属同一始祖血缘的后代被分为大宗和小宗两个支系。大宗，始祖之下的嫡长

子，及其后代的嫡长子的支系。大宗又称为正宗、嫡亲。在同一代中，嫡长子之外的诸子，则称为庶子。小宗即庶子及其后代之系，也称庶系。宗法制度同样适用于家天下的早期分封制国家。宗法制度下的各级贵族之间，以姓氏区别和建立各自的宗法关系，按其班辈高低、宗族的亲疏确立各级贵族的等级地位。这样组成了"君君臣臣""父父子子"的统治网络，"国"和"家"结合起来，"父"和"子"结合起来，既是政治关系，又是宗族伦理关系。与宗族伦理关系密切相关的伦理道德，诸如忠孝仁义礼智信等，既是氏族家族治理的道德要求和政治要求，又是氏族国家治理的基本要求。在分封制国家，天子与贵族设立宗庙。宗庙是帝王、诸侯、卿大夫、士等祭祀祖宗的处所。庶民则是寝室中灶堂旁设祖宗神位。

延续血脉不绝祖先祭祀，个体融入家族生命长河。"不孝有三，无后为大"出自《孟子·离娄上》，是孟子在评价舜结婚的事情时说的。传说中，舜帝的父母不贤，导致舜帝一直没能娶妻，舜帝最后只好不告知父母，自行娶妻。东汉末年赵岐在所注的《孟子章句》中对此句解释为："于礼有不孝者三，谓阿意曲从，陷亲不义，一不孝也。家贫亲老，不为禄仕，二不孝也。不娶无子，绝先祖祀，三不孝也。舜惧无後，故不告而娶。君子知舜告焉不得而娶，娶而告父母，礼也；舜不以告，权也；故曰犹告，与告同也。"[1]从宗法制度来看，重视血脉延续有着现实权力延续的考量，背后还存在祖先崇拜的深刻影响。在祭礼中也明确规定，宗族庶出的子孙不能主持祭祀，祭祀必须告诉嫡长子。而且祭祀的时候也有要求。《论语八佾》："祭如在，祭神如神在。"通过后代承继祖先祭祀制度，个体不仅完成家族祖先供奉的延续性，自身也在自然生命结束后，进入被祭祀的祖先行列，从而融入家族的生命长河中。

君子追求"三不朽"。三不朽，简称立德、立功、立言。在儒家思想中，它表达了君子追求不朽的三种方式。《左传·襄公二十四年》二十四年春，穆叔如晋。范宣子逆之，问焉，曰："古人有言曰：'死而不朽'，何谓也？"穆叔未对。宣子曰："昔匄之祖，自虞以上为陶唐氏，在夏为御龙氏，在商为豕韦氏，在周为唐杜氏，晋主夏盟为范氏，其是之谓乎？"穆叔曰："以豹所闻，此之谓世禄，非不朽也。鲁有先大夫曰臧文仲，既没，其言立，其是之谓乎！豹闻之，'太上有立德，其次有立功，其次有立言'，虽久不废，此之谓不朽。若夫保姓受氏，以守宗祊，世不绝祀，无国无之，禄之大者，不可谓不朽。"

（三）不畏惧死亡：闻道可死与杀身成仁

《论语·里仁》中，子曰："朝闻道，夕死可矣。"这句话中"道"指的是儒家所追求的"宇宙万物"，包括人类社会运行的大道。士志于"道"，士不可不弘毅，任重而道远。一旦寻到"大道"，即使为它赴汤蹈火也在所不惜。孔子的"杀身以成仁"、孟子的"舍生而取义"正是"朝闻道，夕死可矣"这句话的最佳注脚。

因此，君子并不畏惧死亡，君子也提倡杀身成仁、视死如归。死亡若是成就了君

---

① 李学勤.十三经注疏——孟子注疏[M].北京：北京大学出版社，1999.

子对大道的追求,君子也可以放弃自然生命而成就人生使命或精神生命。

(四) 人生使命的承继与"未知生,焉知死"的死亡禁忌

"未知生,焉知死",并不表示儒家就不谈死亡。子路曾向孔子问及死亡。子路是个鲁莽好勇不善思考的人,孔子为了因材施教,便答以"未知生,焉知死",不愿跟他多谈死亡。同时,孔子认为,一个人唯有知道如何去生活,才能知道究竟为了什么才使我们放弃生命;知道开始,才能知道结束。所以,若不能弄清楚生活是怎么一回事,也就不可能知道死亡是怎么一回事。若再探及更深一层意义,孔子想表达的乃是,一个人若不知道自己为何而生,就不可能知道自己为何而死,唯有知道生命的意义与目的。当然,儒家强调君子的使命乃是承继天地化育万物之道,教化百姓,实现修齐治平的理想。

知道生命的意义和价值所在,就是寻找到个体的人生使命。当然,认识死亡也就是自然而然的结果。《孟子·离娄篇下》云:"养生不足以当大事,惟送死可以当大事。""死生亦大矣。"但是,在重生的文化背景下,民间日常生活中,死亡成了谈论禁忌,只有到了不得不谈的时候,才会被当成话题。

(五) 道家对死亡的超然物外

妻死鼓盆而歌。《庄子》中记述了一个"庄子妻死,鼓盆而歌"的故事。故事说:庄子的妻子去世了,庄子的朋友惠施前去吊唁。惠施来到庄子家,看见庄子正盘腿坐在蒲草编的垫子上敲着瓦盆唱歌呢。惠施很不理解,因而责备他说:"你的妻子与你日夜相伴,为你生儿育女,身体都累坏了。现在死了,你不哭也就罢了,却在这里唱歌,不是太过分了吗?"庄子回答:"你这句话可就不对了。你知道吗? 当我的妻子刚死的时候我怎么不悲哀呢? 可是后来想了想,也就不悲哀了。因为想当初我的妻子本来就是没有生命的,不但没有生命,而且连形体也没有,不但没有形体,而且连气息也没有。后来恍惚间出现了气息,由气息渐渐地产生了形体,由形体渐渐地产生了生命。现在她死了,又由有生命的东西变成了无生命的东西,之后形体也会消散,气息也会泯灭,她将完全恢复到原先的样子。这样看来,人生人死就像是春夏秋冬四季交替一样,循环往复,无有穷尽。我的妻子死了,也正是沿着这一循环的道路,从一无所有的大房子中走出,又回归到她原来一无所有的大房子里面休息,而我却在这里为此号啕大哭,这不是不懂得大自然循环往复的道理吗? 正因为如此,所以我停止了悲伤,不哭了。"

因此,以庄子为代表的道家哲学认为人是由宇宙大道演化而来的,是道在人世间的具体体现形式。人的生命与其他一切生命一样,都只是宇宙演变过程中的一刹之间,人生与人死也就没有什么差别了。既然生死没有差别,人活着也算不上什么乐事,死亡也就没有必要悲哀。因而,最为明智的人生态度是顺其自然。正如《庄子至乐篇》所言:人之生也,与忧俱生。寿者惛惛,久忧不死。何苦也! 其为形也,亦远矣!

三、死亡敬畏与生命伦理

（一）敬畏死亡

敬畏（awe），意指人类或人类个体在面对超越自身存在的权威、庄严或崇高存在时所产生的情绪，带有尊敬、恐惧及惊奇的感受。无论对于人类整体或者人类个体，拥有敬畏之心，乃人类生命大智慧。敬畏，其实就是人类对待超越自身存在时应有的一种态度。

孔子曰：君子有三畏，即畏天命，畏大人，畏圣人之言。小人不知天命而不畏也，狎大人，侮圣人之言。《菜根谭》里亦说："自天子以至于庶人，未有无所畏惧而不亡者也。上畏天，下畏民，畏言官于一时，畏史官于后世。"南宋大学者朱熹在《中庸注》中说："君子之心，常存敬畏。"曾国藩在《诫子书》中写道："慎独则心安，主敬则身强，求仁则人悦，习劳则神钦。"心存敬畏，行有所止。

总之，敬畏死亡，本质上讲就是要敬畏生命，敬畏自身生命的其他存在方式。

（二）向死而生

【生命叙事】

向死而生：把每天当成生命里的最后一天①

2005 年，乔布斯在斯坦福大学演讲时说：我十七岁时，读到了一段引述，大致如下："如果你把每一天都当作生命中最后一天去生活，那么有一天，你会非常确定你是正确的。"这句话给我留下了深刻的印象。从那时开始，过了 33 年，我在每天早晨都会对着镜子问自己："如果今天是我生命中的最后一天，你会不会完成你今天将要做的事情呢？"当连续很多天答案都是"否"的时候，我就知道自己需要改变一些事情了。

"记住我即将死去"是我一生中遇到的最重要箴言，它帮我做出了生命中重要的选择。因为几乎所有的事情，包括所有外部的期待，所有的荣耀，所有的尴尬或失败，这些在死亡面前都会消失。留下的只有真正重要的。你有时候会思考你将会失去某些东西，"记住我即将死去"是我知道的避免陷入这个思考迷局的最好方法。你已经赤身裸体了，你没有理由不去追随本心。

大概一年前，我被诊断得了癌症。我在早晨七点半做了一个扫描，清楚地显示我的胰腺长了一个肿瘤。我当时甚至都不知道胰腺是什么。医生告诉我那很

---

① https://www.jianshu.com/p/ceb8a4a877e6，2018 - 06 - 25.

可能是一种无法治愈的癌症,我还有三到六个月的时间。我的医生建议我回家,然后整理好我的一切,那就是医生们"准备死亡"的代号。意味着你要把未来十年对你小孩说的话在几个月里面说完;那意味着把每件事情都搞定,让你的家人会尽可能轻松地生活;那意味着你要说"再见了"。

那张诊断书伴随了我一整天。那天晚上我做了一个活切片检查,医生将一个内窥镜从我的喉咙伸进去,通过我的胃,然后进入我的肠子,用一根针在我胰腺的肿瘤上取了几个细胞。我当时服了镇静剂,不过我的妻子在那里,她后来告诉我,当医生在显微镜下观察这些细胞的时候他们开始尖叫,因为这些细胞最后竟然是一种非常罕见的可以用手术治愈的胰腺癌症。我做了这个手术,现在我痊愈了。

那是我最接近死亡的时候,我希望这也是以后的几十年最接近的一次。死亡对我来说,曾经只是一个有用但是纯粹是知识上的概念,经历过这次的生死考验,我现在可以更肯定一点地对你们说:

没有人愿意死,即使人们想上天堂,人们也不会为了去那里而死。但是死亡是我们每个人共同的终点。从来没有人能够逃脱它。也应该如此。因为死亡就是生命中最好的发明。它是生命变更的媒介。它将旧的清除以便给新的让路。你们现在是新的,但是从现在开始不久以后,你们将会逐渐变成旧的然后被清除。我很抱歉这很戏剧性,但是这十分真实。

你们的时间是有限的,所以不要浪费时间在活成别人的生命上。不要被教条主义所困,教条主义者是仅仅活在别人的思考结果中的人。不要让别人的意见淹没掉你自己内心的声音。而最终要有勇气追随你自己的本心和直觉。他们已经知道你真正想成为什么样的人。其他事情都是次要的。

确实,正如蒙田写道:无论贫穷还是富有,无论是谁,在地球上的任何地方,死亡都可以找到我们,即使我们就像是在一个可疑而陌生的地方不停地转头设防。如果真的没有什么方法可以躲避死亡的打击,我将义无反顾。但如果你认为可以幸免一死,那你便是疯了。人们来了又离开,忙忙碌碌,吃喝玩乐,却不提一个死字。一切都很美好,可是一旦大限——他们自己的死亡,他们的妻子、儿女、朋友的死亡——出其不意地抓住他们,他们毫无准备,任由情绪如狂风暴雨般征服自己,哭个死去活来,伤心欲绝或垂头丧气,怒不可遏!如果想挣脱死亡对我们的最大宰制,就要采取与此截然不同的方式。让我们揭开死亡的陌生面纱,熟悉它,习惯它,随时想到它……我们不知道死亡在哪儿等着我们,就让我们处处等待死亡。对死亡的修行,就是解脱的修行。①

(三)墓志铭上写什么

在中国传统文化中,墓志铭是刻在墓碑上的一种悼念性文本,一般简介死者的生

---

① 索甲仁波切. 西藏生死书[M]. 郑振煌,译. 杭州:浙江大学出版社,2011:18.

平和主要业绩。墓志铭一般由志和铭两个部分组成。"志"多用来叙述死者的姓名、籍贯、生平事略；"铭"多用来概括或赞扬死者的功业成就。

德国数学家鲁道夫的墓志铭是 $\pi=3.14159265358979323846264338327950288$，没有任何多余的话语，只是圆周率的结果。16 世纪德国数学家鲁道夫，花了毕生的精力，把圆周率算到小数点后 35 位，后人称之为鲁道夫书。他死后，别人便把这个数刻到他的墓碑上，让世人铭记他一生所做出的贡献。之所以有这个墓志铭是因为他是数学家的身份，一生都致力于计算，为数学研究领域做着不断的突破，体现了鲁道夫一丝不苟的精神和他那令人敬佩的耐心。

康德的墓志铭："世界上有两件东西能够深深地震撼人们的心灵，一件是我们心中崇高的道德准则，另一件是我们头顶上灿烂的星空。"

学习、欣赏伟人的墓志铭具有一定的教育意义，但自己模拟写作自己的墓志铭肯定能够唤醒我们自身向死而生的生命意志。接着我们再分享一下无名氏写就的轰动网络的《震撼世界的一块墓碑》。

震撼世界的一块墓碑

世界闻名的伦敦威斯敏斯特大教堂地下室的墓碑林中，

有一块名扬世界的墓碑，其实这只是一块很普通的墓碑，

粗糙的花岗石质地，造型也很一般，同周围那些质地上乘、

做工优良的亨利三世到乔治二世等二十多位英国前国王墓碑，

以及牛顿、达尔文、狄更斯等名人的墓碑比较起来，

它显得微不足道，不值一提。并且它没有姓名，没有生卒年月，

甚至上面连墓主的介绍文字也没有。

但是，就是这样一块无名氏墓碑，却成为名扬全球的著名墓碑。

每一个到过威斯特敏斯特大教堂的人，

他们可以不去拜谒那些曾经显赫一世的英国前国王们，

可以不去拜谒那诸如狄更斯、达尔文等世界名人们，

但他们却没有人不来拜谒这一块普通的墓碑，

他们都被这块墓碑深深地震撼着，准确地说，

他们被这块墓碑上的碑文深深地震撼着。

在这块墓碑上，刻着这样的一段话：

当我年轻的时候，我的想象力从没有受到过限制，我梦想改变这个世界。

当我成熟以后，我发现我不能改变这个世界，

我将目光缩短了些，决定只改变我的国家。

当我进入暮年后，我发现我不能改变我的国家，

我的最后愿望仅仅是改变一下我的家庭。

但是，这也不可能。

当我躺在床上,行将就木时,我突然意识到:

如果一开始我仅仅去改变我自己,然后作为一个榜样,

我可能改变我的家庭;在家人的帮助和鼓励下,

我可能为国家做一些事情。

然后谁知道呢? 我甚至可能改变这个世界。

据说,许多世界政要和名人看到这块碑文时都感慨不已。

有人说这是一篇人生的教义,有人说这是灵魂的一种自省。

当年轻的曼德拉看到这篇碑文时,顿然有醍醐灌顶之感,

声称自己从中找到了改变南非甚至整个世界的金钥匙。

回到南非后,这个志向远大、

原本赞同以暴制暴填平种族歧视鸿沟的黑人青年,

一下子改变自己的思想和处世风格,他从改变自己、

改变自己的家庭和亲朋好友着手,

经历了几十年,终于改变了他的国家。

真的,要想撬起世界,它的最佳支点不是地球,

不是一个国家、一个民族,也不是别人,而只能是自己的心灵。

(四) 不杀生与不自杀的伦理意义

断命曰杀,有情曰生,断有情生命叫杀生(梵语 pranatipata)。不杀生是中国大乘佛教中五戒之一,其所说不杀生,是指不杀"有情众生"。所谓有情众生,实质是指"有灵魂的众生",表现为有眼耳鼻舌身意六根之类和思想感情的生命存在。

当然,在现代文明中,人类不杀生,特别是人类不食用野生动物有着维护生态平衡的意义。

然而,在现代文明背景下,我们可以继续深入思考这个问题,即妊娠女性是否有权利选择堕胎? 事实上,不同国家的法律对胎儿权利有不同的界定。而且这种界定与其自身的文化背景密切关联。在西方文化背景中,灵魂在胎儿形成的一瞬间就被造物主赋予,因而胎儿已拥有正常人的灵魂,自然而然也拥有出生的权利。因此,即使未出生,胎儿的生命权也受到法律保护。堕胎,无论是胎儿父母还是医院医生都触犯了法律。当然,在非西方文化背景中的现代国家通常没有这样的法律规定。

接下来,我们思考一个问题,即我们能否依靠自己的意志结束自己的生命?

几乎所有人类文明从不鼓励自杀,因为它不利于人类物种延续的生命意志。尽管弗洛伊德在解析人类个体的本能时,将生命本能分生的本能、死的本能;而且强调当个体生命遭遇重大危机就会唤醒个体死的本能。但是,人类个体生的本能才是所有生命最根本的本能,即渴望自我生命存续才是最强烈的生命意志。其实,从生命教育的视角来讲,人类个体拥有自然生命、社会生命、精神生命三重生命。放弃自然生

命，其实是同时放弃了社会生命和精神生命。表面上看，自然生命属于我们自身，社会生命和精神生命不属于自身。但事实上，社会生命和精神生命是以自然生命为基础的。因此，自然生命也不完全属于我们自身。我们之所以生活，是因为我们对我们的自然生命所承载的社会生命与精神生命拥有责任。

到此，我们做一下总结。我们每一个人都需要接受死亡教育。需要强调的是，所谓死亡教育，不是自杀指南；其名义上谈死亡，实乃谈论生。死亡教育就是要帮助人们正确面对自我之死和他人之死，理解生与死是人类自然生命历程的必然组成部分，从而树立科学、合理、健康的死亡观；消除人们对死亡的恐惧、焦虑等心理现象，坦然面对死亡。

【生命活动】

主题：计算自己的生命时光

活动目的：通过活动体悟向死而生

活动内容：

第一步：取一张有 0—100 刻度的长纸条，并假设每一个人都能活到 100 岁，而这张纸条就代表你 100 岁的生命岁月。

第二步：每个人都把自己已经走过的人生岁月撕下来抛掉，因为活过了的岁月已一去不返了，比如我活了二十岁了，可以撕掉二十格。

第三步：请仔细思考一下，一般人们通过奋斗达到事业有成和生活幸福的时光大概是哪一个年龄段呢？另外，一般来说，八十岁以后是颐养天年的时光，现在我们把八十以后时光的纸条折起来（表示时光还是你自己的）。

第四步：现在我们手中的这段代表时光的纸条就是你人生中的有效时光。但是，一个人不能不吃不睡吧，所以光睡觉至少还要折掉手中纸条三分之一的时间段。

第五步：我们再仔细看看剩下的不长的纸条，算一算自我真正有效的人生时光，然后写下在这段不长的宝贵的人生时光中，自己最想做的能够带来幸福与快乐的三件事，并与大家分享。

活动目标：通过自己的生命线，引导学生去思考自己的人生轨迹和生命的意义与价值，反思自身的人生目标和追求，并最终提升自己的生命价值。

分享时刻：

1. 面对生命线你想到了什么？

2. 它们给了你什么启示？

【推荐书目】

1. 于娟. 此生未完成[M]. 长沙:湖南科技出版社,2011.

2. [美]谢尔登·所罗门,等. 怕死:人类行为的驱动力[M]. 陈芳芳,译. 北京:机械工业出版社,2016.

3. [美]谢利·卡根. 死亡哲学:耶鲁大学第一公开课[M]. 贝小戎,蔡健仪,庞洋,译. 北京:北京联合出版公司,2016.

第二编

生命的关系性存在

第八章　挑战：生命的存在常态

【生命格言】

自古奇人伟士,不屈折于忧患,则不足以其学。

——方孝孺

人生,就是一个不断挑战的过程,勇于去挑战会让生命充满乐趣。当命运递给我一个酸的柠檬时,让我们设法把它制造成甜的柠檬汁。所谓活着的人,就是不断挑战的人,不断攀登命运险峰的人。

——雨果

【知识导图】

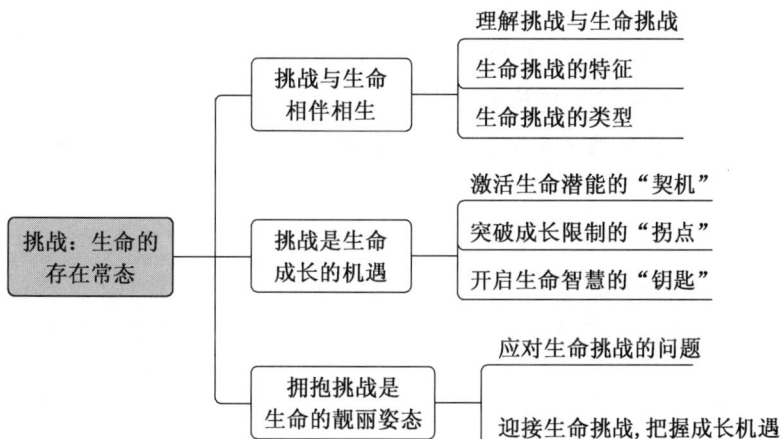

【生命叙事】

"中国天眼之父"南仁东①

"南仁东星"是为纪念我国一位著名的天文学家——南仁东而命名的。他曾

---

① 节选自 https://cpu.baidu.com/pc/1022/275122716/detail/42934667149646510/news? chk＝1.

任我国 500 米口径球面射电望远镜（简称 FAST）工程的首席科学家兼总工程师，是"中国天眼"项目的发起者和奠基人。

南仁东先后毕业于清华大学和中国科学院，曾赴多国访问，受到国外天文界的青睐，他放弃国外的高薪工作，毅然回到中国科学院北京天文台。当时，他一年的工资，只相当于在国外一天的工资。

南仁东与"中国天眼"的缘分始于 1993 年。在国际无线电科学联盟大会上，科学家们提出要建造新一代射电望远镜，以接收更多来自外太空的讯息。南仁东想了想，跟同事们提出一个大胆的方案——在中国建造直径 500 米的世界最大单口径射电望远镜。当时，中国最大的射电望远镜口径只有 25 米。

为了给中国的新一代射电望远镜找到一个最合适的台址，南仁东带着 300 多幅卫星遥感图，亲自率领团队跋涉在中国西南地区的大山里，先后对比了 1 000 多个洼地，花了整整 12 年的时间。最终，他将目光锁定在贵州省的一个喀斯特洼坑，也就是"中国天眼"现处的位置。

选址工作结束后，南仁东团队又迎来一个巨大挑战——索网疲劳问题。2010 年，他们对现有的钢索进行组网结构疲劳试验，均以失败告终。现有索网无法满足工程的使用要求，工程建设却又迫在眉睫。

对南仁东而言，这是一个完全陌生的领域，可核心技术根本买不到，唯一的办法就是自主研发。两年时间里，南仁东废寝忘食，和研究团队先后做了 10 多种方案，历经近百次的失败，最终才打赢这场艰苦卓绝的技术攻关战，研制出满足工程要求的钢索结构。FAST 索网是世界上跨度最大、精度最高的索网结构，也是世界上第一个采用变位工作方式的索网体系。同时，他们还自主研制出轻型索驱动的并联机器人——FAST 馈源舱，实现望远镜接收机的高精度指向跟踪。

2016 年 9 月 25 日，"中国天眼"落成启用，它是我国自主研制、世界最大单口径、最灵敏的射电望远镜，综合性能是著名的阿雷西博射电望远镜的十倍。自运行以来，它已成功发现 44 颗新脉冲星，将在中国乃至世界的天文研究领域中发挥无可替代的作用。

从选址、立项、建设到落成启用，南仁东扎根贵州深山 22 年，以矢志不渝、锐意创新的精神给我国天文事业留下瑰宝。南仁东给自己和世界写下了几句诗：美丽的宇宙太空以它的神秘和绚丽，召唤我们踏过平庸，进入它无垠的广袤。"中国天眼"，是他留给祖国的骄傲！

一、挑战与生命相伴相生

社会每一个生命在其成长过程中会遇到各种各样、大大小小的挑战。这些挑战，有的来源于外部环境，不可避免；有的来源于个体自身，具有可控性。挑战对每一个个体生命成长的作用都具有两面性，一方面可为其成长创造机遇，另一方面也可能使其陷入困境。在生命挑战面前，一个人如何应对，将决定挑战对其是机遇还是困境，将决定其最终走向怎样的生命道路，成就怎样的自我。

（一）理解挑战与生命挑战

"挑战"一词古而有之，在中国传统文化中其基本含义是激使敌方出战。例如，《左传·宣公十二年》："赵旃求卿未得，且怒于失楚之致师者。请挑战，弗许。"《东周列国志》第四八回："越椒连日挑战，郑兵不出。"《现代汉语词典》对"挑战"含义的界定有两种，一是故意激怒敌人，使敌人出来打；二是鼓励对方跟自己竞赛。[①] 百度百科对"挑战"含义界定为四种，分别是主动尝试战胜对方；激使敌方出战；谓首开衅端；鼓动对方与自己竞赛。

生命挑战是指生命个体在成长过程中本体主动尝试应对并战胜生命内在与外在刺激的行为过程，包括生命个体主动应对并战胜自我、自我与环境（包括社会环境与自然环境）之间联系时所遇到的矛盾、困境、突发事件等各类要素、事件。

（二）生命挑战的特征

生命挑战特征主要有以下几方面：

一是客观性。客观性主要是指生命挑战是时时、处处存在的，它不以人的意志为转移，无论个体是否意识到，生命挑战客观而现实存在。

二是发展性。发展性主要是指生命挑战不是固定不变的，而是发展变化的，通常情况下个体在生命成长过程中战胜一个挑战后，会去迎接更高、更新的挑战。

三是差异性。主要指生命个体所遇生命挑战不是完全一致的，具有个体独特性；面临同一挑战，因生命个体应变和处理能力的差异，对其生命成长的影响也不尽相同。

四是依存性。主要指个体在生命成长过程中所遇生命挑战不是孤立的，它与机遇相互依存，辩证存在。一方面使其面临困境，或使其陷于矛盾与冲突，另一方面也为个体生命成长带来机遇。

大学生生命挑战内涵、特征与生命挑战具有同质性，是生命挑战的重要组成。大学生生命挑战是生命个体（大学生）在接受高等教育过程中，主动尝试应对并战胜生命内在与外在刺激的行为过程，其特征除具有生命挑战的共性特征外，具有阶段性特征。大学生生命挑战的阶段性是指在大学阶段所面临和需要战胜的挑战，而在生命其他阶段，这些挑战不具有明显性。

（三）大学生生命挑战的类型

大学生生命挑战类型从不同的视角可以有不同的分类。在此，本文按照生命挑

---

① 中国社会科学院语言研究所词典编辑室. 现代汉语词典［M］. 北京：商务印书馆，2006：1354.

战的来源及生命挑战发生阶段对其进行划分与阐述。

1. 按照生命挑战来源划分

生命挑战的类型,按照其来源,可以划分为两类,一是外部生命挑战,也可以称之为客观挑战,即由于外界环境,包括社会环境和自然环境、人际关系等变化对大学生生命成长带来的影响和困扰;二是内部生命挑战,也可以称之为主观挑战,即由于大学生自我认知、要求的变化而对其自身生命成长及发展轨迹带来的影响及冲突。

其一,来自社会环境的挑战。主要指社会政治、经济、文化的发展及需求,社会的突发事件等对大学生生命成长提出了新要求、新标准,而使大学生面临困境与挑战。新时代,随着社会的发展,尤其是科技文化的进步,大数据、信息化、5G 时代的到来,给当代大学生生命成长既带来了机遇,更带来了挑战。

其二,来自自然环境的挑战。主要指由于自然条件的变化、自然突发事件等给大学生生命成长带来的困境与挑战。大学生在大学学习生活期间,所遇自然环境的变化,包括学习活动场所的变化、自然学习条件的改变,在已经适应的熟悉的自然环境的情况下,给大学生带来陌生感和不适应。自然突发事件,包括一些自然灾害,如地震、洪水等,会带给大学生自然生命与精神生命上的影响。

其三,来自家庭环境的挑战。主要指由于家庭期望、家庭突发事件、家庭矛盾、家庭变故等因素给大学生生命成长带来的影响与困境,使大学生生命成长面临挑战。家庭环境的变化对大学生生命成长具有重要的影响,和睦、幸福、民主、安定的家庭环境,有利于促进大学生学习生活的积极性,激发其生命热情与希望,进一步达成生命目标,实现生命价值。但来自家庭不切实际、过高的对大学生本人的期望,家庭不和睦或突发变故,会对大学生大学阶段乃至未来生命成长产生一定的影响,多数情况下会使大学生产生消极的生命意识,偏离生命发展预期轨迹,因此正确应对来自家庭环境的挑战尤为重要。

其四,来自人际关系的挑战。主要指大学生在接受高等教育过程中(主要是在学校教育中)学业人际关系的变化,带给大学生的矛盾与冲突。具体包括大学生与同学之间(室友、班级同学、本系同学、其他专业同学)、网友之间(微博、QQ、微信、抖音等)、家庭成员之间、与社会其他人之间由于思想、背景、态度、个性、行为模式的差异,产生的相互联系亲疏关系的变化,带给大学生生命成长的影响。

其五,来自大学生自我的挑战。在大学学习生活过程中,由于自我认识、自我标准、自我要求与其所面临的现实之间的差距,对大学生生命成长带来的矛盾与冲突。来自自我的生命挑战,主要有两种表现形式,一种是自我期望高于现实需要,这种情况下,大学生对自我的认识缺乏客观性,对自己要求极高,不能如期达成目标,而造成自我挫败感,使其生命成长遇到困难;另一种是自我期望低于现实需要,这种情况下,大学生不用付出太多的努力,就能达成预定的目标,尽管一定程度上促进了其发展,但实际上没有充分实现大学生个体生命价值,无法体现大学生生命超越性。

2. 按生命挑战发生阶段划分

大学生进入大学后,在不同成长阶段,所遇到的困境与挑战也不尽相同,各有特征。按大学生大学期间的成长发展阶段,其所遇生命挑战可以划分为大一新生所面临的困境与挑战、大学适应期(大二、大三)生命挑战、大学结束期(大四)生命挑战三种类型。

大一新生的生命挑战,主要体现在大学生大一阶段。大一新生,刚踏入大学校园,面临着学习环境、学习方式、人际关系等的变化带来的困惑与挑战,其适应能力的强弱、快慢直接影响着未来生命成长速度和成长空间。

大学适应期生命挑战,主要体现在大学生大二、大三阶段。在此阶段,大学生没有刚入大学时对大学的不适应,没有大学毕业时的紧张与焦虑,可以说是在大学的最美好、最自由的时光。但在这一阶段,大学生所面临的问题,对其未来生命成长会产生重要的影响,例如学习上的问题、网络成瘾问题、安于享乐问题等,使得大学生缺乏奋斗的精神,阻碍其生命的成长。

大学结束期生命挑战,主要体现在大学生大四阶段。这一阶段的生命挑战,指大学生即将毕业,在撰写学位论文、实习见习、就业还是继续求学等现实问题中所遇的困境与挑战。具体表现为:当代大学生拥有信息化、大数据等科技优势,为完成学位论文提供了便利的信息渠道,但同时也对其相关研究创新性提出了高要求;社会的进步、经济文化的发展,为大学生社会实习见习提供了良好平台,但同时对其实习见习能力也提出了高标准;新时代,社会就业形势依然严峻,大学生面临巨大的就业挑战。由于我国经济结构的巨大变化,第三产业的人才需求日益增多,大学生专业结构与此并不适应;高校毕业生人数不断增加,人力资本市场出现供过于求的情况;大学生就业难以实现专业对口,造成了大学生毕业对所学专业的认同困惑,同时大学生择业时易产生失落和畏惧心理;产业的转型升级、技术水平的提升,相关产业的中低层劳动力总需求减少,结构性矛盾愈加突出,均对高校毕业生就业带来一定影响。

二、挑战是生命成长的机遇

挑战在生命中无时无刻不在,伴随生命的整个过程,人的生命就是不断迎接挑战的旅程。在生命的不同阶段,挑战的表现也会有所不同。挑战始终伴随着生命的成长,只是不同阶段,挑战的内容与形式不同,随着生命成长,挑战也会不断升级,生命就是战胜一个挑战迎接下一个挑战的历程。

（一）挑战是激活生命潜能的"契机"

生命挑战能够坚强生命意志，激发生命潜能。生命个体意志的坚定性和顽强性，不是与生俱来的，是在不断的生命实践中塑造并形成的。生命挑战虽然一定程度上会给生命个体带来困境，但只要生命个体具有坚定的信念、顽强的意志，应对策略科学，就能够战胜挑战。生命潜能蕴藏于每一个生命个体中，如果没有外界的有效刺激，生命个体所具有的潜能，很多是无法被挖掘并表现出来的。而生命挑战，能够使个体生命所蕴含的没有被激活的、潜在能力得到激发、展现和升华。

生命的超越性是指生命在绝对的有限性和约束性中，不是完全被动地、本能地在世界中生存，而是可以通过思想、意识、精神对个体生命实践活动的调节和引导，突破有限，扩展自由，实现自我超越，其核心是内在自我生命的超越，包括生命感知、生命意识、生命能力和生命价值等。

（二）挑战是突破成长限制的"拐点"

生命的有限性对于每一个生命个体来说都是绝对的。人的生命有限性主要表现在两个方面：一是人的自然生命长度的有限性。如果把人的出生视作自然生命的起点，死亡是生命的终点，那么从起点到终点的距离是有限的，也就是说人的肉体寿命是有限的，尽管科技和医学可以在一定程度上延长人的寿命，但死亡是每一个人不可逃避的。二是在生命的约束性里，我们也探讨过每个人的个体生命受自然、社会等条件的限制，其生命能力也具有有限性。

个体生命的无限性是指虽然人的自然生命是绝对有限的，但社会生命、精神生命却具有无限性，人可以通过高尚的生命价值、生命意义、生命道德等，使精神生命达到无限，通过促进生命意识觉醒、提升生命应对策略等提高生命能力，改变生命能力有限性，激发生命的无限潜能。例如雷锋，尽管他的自然生命仅有 22 岁，但是他的精神生命是无限的，永垂不朽。生命的无限性不是绝对的，是相对的。突破生命有限性挑战，创造生命无限性，主要表现三方面：一是基于生命长度的有限性，延长个体生命寿命。受自然规律的限制，人生物意义上的生命存在时间是有限的，基于生命的教育无法改变由生到死的生命长度，但可以通过提高人们生命存在能力、丰富生命经验及生命智慧等，来预防、避免和积极应对生命中所遇到的安全隐患，延长个体的自然生命。二是基于人生命能力的有限性，激发人个体生命潜能，提升生命能力的无限性。受遗传基因生物学因素或外界环境因素影响，人的生命能力是有限的。例如有的人天生胆小，遇到突发事件就不知所措，解决困境能力有限，教育的重要作用就在于发现人的这种生命能力的有限性，在实践中对个体加强锻炼及训练，提升其自我能力意识，激发生命潜能，使个体有限能力无限化。三是基于生命自然存在的有限性，拓展社会生命、精神生命价值的无限性。人是一个有意义的生命存在，人生命意义的追求、获得和得到认可，是人生命的最高境界。教育可以通过引导人去追寻有意义而崇高的生命精神，教导人通过自我反思、与人合作、为他人及社会服务等方式促进个体生命境界的提升；通过加强人对自我生命质量的关注，增强生命幸福感，使人追求生命的无限价值，拓展生命的外延和宽度，提升生命的社会价值和精神意义。

（三）挑战是开启生命智慧的"钥匙"

生命挑战能够锻炼生命能力，发展生命智慧。"生命智慧是回到生命本身来看智慧，是生命本身所具有的智慧，是源于生命、护卫生命的智慧。"在迎接、应对和战胜生命挑战的过程中，生命智慧被展现；在应对挑战中生命个体的能力也相应地得到锻炼和提升。

生命挑战能够丰富生命体验，开启生命智慧，促进生命飞跃。"丰富生命是一个实践性、生成性过程"，"个体生命的成长是一个在生命体验中不断推陈出新的过程，是一个不断超越升华的过程"。① 生命挑战一方面为生命发展提出困境或难题，但同时也为生命发展提供丰富生命、超越自我的客观机遇。人的生命作为世界万物生命的组成部分，虽然受自然和社会环境、条件等诸多规定与限制，但在生命智慧作用下能够在不断地改造自然、社会和自我的社会实践活动中，化被动为主动，突破既定走向，唤醒生命意识，提升生命能力，实现生命超越。

三、拥抱挑战是生命的靓丽姿态

（一）大学生应对生命挑战的问题

大学生在学习生活中会面临各种各样的挑战。不同阶段、不同环境，所遇挑战也会不同，即使是相同挑战，不同的大学生、不同的应对和处理方式，对大学生生命成长、生命质量等都会产生不同的影响，导致不同的生命指向。在挑战面前，一些大学生能够积极应对、勇于战胜，变挑战为机遇，促进其生命质量的提升、生命意义的实现，而另一些大学生缺乏对生命挑战的认知，应对策略消极，面临挑战，呈现出各种现实问题。

1. 缺少迎接与应对的积极意识，生命潜能无法挖掘

现实中，许多大学生不能正确认识挑战存在的客观性和不可避免性，不能科学地理解生命挑战的辩证性，单一将挑战看成困境，没有认识到挑战是促进生命成长飞跃的机遇。面临挑战，采取逃避态度，消极应付，不能充分发挥生命潜能、生命智慧去迎接、战胜挑战。例如，一些大学生面临就业的压力，没有树立迎接就业挑战的积极意识，没有认识到就业在其生命成长道路上的重要性，没有做好充分的心理准备，使其求职屡屡受挫，导致很多大学生丧失信心，宅在家中当起了"啃老族"，使其生命成长

---

① 刘慧.生命教育导论[M].北京：人民教育出版社，2015：216－217.

轨迹发生巨大偏向。

2. 适应与应变能力偏低，生命能力提升失败

对于大学生而言，进入大学后，没有了高考的压力，没有了家长和老师的严格约束，他们认为五彩的大学生活应该是人生最浪漫而又最自由、最惬意的一段时光，然而现实中大学生往往会遇到许多困惑、矛盾和突发事件，这都对大学生学习生活带来了一定的影响。如果把大学当成一个战场，大学生要打赢这场战役，总要迎接并应对诸多挑战。在大学学习生活现实中，一些大学生角色转换较慢，新环境、复杂人际关系等适应与应对能力不强，缺乏突发事件应变与处理能力，导致其不能很好地迎接挑战，陷入成长困境。本质上说，无论哪一种类型或内容的生命挑战，对大学生个体能力提升都具有一定激励和促进作用。但由于现实中，大学生不能主动提升应对挑战的能力，导致其无法战胜挑战，使其无法实现高等教育阶段积极战胜挑战的生命能力提升。

3. 发展方向迷茫、规划不明确，生命价值追寻无向

大学学习目标（如就业、考研、出国和创业等）的多样性以及开阔视野、积累知识、丰富人生体验、提高社会活动能力等社会实践目标的需求，使其在目标选择时遇到困惑；由于缺乏足够的知识、经验与能力，大学生在实现目标的发展规划与执行中遇到困难，导致规划制定与目标偏离、规划与现实脱节、规划与自我能力不适；在执行发展规划、实现目标过程中，缺乏坚定的生命意志、毅力，不会适时随现实和社会需要调整目标和规划，导致生命行为低效或无效。成长发展方向的迷茫、规划的不明确使大学生不能积极应对各种挑战，无法实现生命价值，无法达到生命本身应能达成的高度和质量。

4. 成长期望与现实差距明显，生命理想实现困难

外部赋予的生命成长期望与大学生现实能力所能达成的期望值之间的落差，给大学生带来矛盾与冲突。面临生命挑战，外部主体如社会、学校、家庭、教师、家长等，向大学生预设了一个生命成长的期望，这个期望往往是客观而现实的，但由于大学生自身对期望的接受与理解、为期望而在现实中的应对表现的差异，导致期望值达成度存在差异；由于外界赋予大学生的期望，又往往忽视了大学生个体生命差异性，导致期望虽立足现实，却超出或低于大学生的能力范畴，导致期望值未能达成理想状态，大学生的生命成长未能发展到最佳层次。

大学生自身预设的生命成长期望与其在现实中生命发展层次与质量实现度之间的落差，给大学生带来困惑与失落。大学生成长的期望与现实的矛盾非常突出，多数大学生会理想地认为自设的期望是美好且可实现的，是对生命价值与质量的追寻。但大学生在期望预设时，容易脱离自身素质能力和实践需要，过高或过低地设定成长

期望值，导致期望与现实之间产生巨大的矛盾，期望效用未能达成。同时，当发现期望与现实存在差距时，不能在现实中摆正心态，及时调整自我预期，寄托现实的改变成全期望的实现，导致其理想无法实现，从而产生挫败感，丧失信心，对自我生命价值否定，生命高质量发展受阻。

（二）迎接生命挑战，把握成长机遇

根据生命挑战的辩证性，大学生在学习生活中如不能运用科学的态度对待所遇挑战，挑战就会成为大学生生命成长过程中的障碍，使大学生受到挫折，遭受打击，限制大学生生命成长。面对生命挑战，采取积极科学的应对策略，迎接并战胜挑战，将挑战转化为成长机遇，能够促进生命成长，提升生命层次，拓展生命意义，助力大学生成就优质的自己。在大学生迎接生命挑战过程中，社会、学校、家庭等外界需要在给大学生提出标准、要求、期望的同时，也要为大学生战胜生命挑战提供有利而积极的条件，助力其勇于面对挑战。而迎接、战胜生命挑战的核心因素，是大学生本身自我生命的能力。在此本文主要从大学生生命自我的视角，探讨迎接生命挑战，把握成长机遇的策略。

1. 唤醒生命存在意识，全面认识生命挑战

生命存在，既包括生物学意义上的自然生命，也内含生命的精神意义。面对生命挑战，大学生首先要积极唤醒生命存在意识，对自我的自然生命状况要有准确认知，对精神生命，包括生命价值、生命智慧等要有正确的理解和合理的定位，在此基础上，对生命挑战内容、形式、应对策略进行全面分析。这样能够使大学生在自我生命应对能力与生命挑战现实之间进行科学分析，有利于大学生合理调节与控制情绪，保持良好心境，提升良好的适应能力，保持对学习较深厚的兴趣和求知欲望，在现实的基础上迎接挑战，把握机遇，在本能控制的状态下认识自我、调节自我、挑战自我、超越自我，赢得生命发展的主动权。积极唤醒生命存在意识，全面认识生命挑战，是大学生迎接、战胜生命挑战的基础，也是大学生创造和超越生命的开端。

2. 培养生命关怀能力，积极应对生命挑战

培养生命关怀能力，即面对生命挑战，大学生需要学会给生命以爱、以尊重、以赞美。

赞美生命，激发生命成长动力。当面临生命挑战时，大学生在具有理性应对能力的基础上，在外界条件可以满足的情况下，能够积极应对生命挑战，战胜挑战，赢得生命成长和升华的机遇。这种情况下，大学生需要给自我应对生命挑战能力以赞美和激励，进一步提升生命目标层次和生命价值阈值，培养自我坚持不懈的精神、顽强的毅力，激发迎接挑战内在动力，提升大学生自身应对能力。

悦纳生命，保持良好生命存在状态。大学生遭遇挑战失败后，自尊心、自信心等

都会受到一定的打击,容易产生强度不同的消极情绪反应,如焦虑、冷漠、压抑、自卑等,并可能会出现一些危害生命的行为。因此,面临生命挑战,即使陷入困境,大学生要学会悦纳自我,正确认识自身应对能力,理性分析困境产生的原因。对于外因造成的挑战失败,要坦然面对,或适当调解自我生命价值预期,主动适应客观环境(在外在因素不可改变的情况下);对于由于自我因素而没有战胜挑战,要总结经验教训,找出问题症结所在,不能全盘否定自我,发现自己弱点,积极改正,发扬优点,振作精神,建立信心,保持良好生命状态,提高应对失败的能力,避免危害生命的极端事件发生。

【生命叙事】

黄俊玮:生活以痛吻我,我却报之以歌①

黄俊玮出生在一个贫寒的农村家庭,他自幼失去父亲,与母亲相依为命。母亲相信读书能改变命运,靠着微薄的工资供他读书。他也很争气,于2016年考上了海南大学。

但天不遂人愿,一场突如其来的疾病,让母亲瘫痪在床。黄俊玮没有犹豫,选择休学一年,在家中照顾母亲。在他的悉心照料下,2018年,母亲病情好转,生活基本可以自理,他回到学校复学。

然而,意外再一次降临,黄俊玮回校后,母亲在家中不慎摔倒,又变成了生活无法自理的状态。为解决母亲的医药费和家里的生活费,他再一次提出了休学申请,并把母亲接到海口的出租屋里,一边打工,一边照顾母亲。

卖水果、送外卖、做销售、发广告……黄俊玮要打几份工,每天只睡四五个小时。在打工间隙,他都会回到出租屋里,为母亲做一日三餐,喂母亲吃饭。每餐结束后,他就放下碗筷为母亲按摩,防止母亲肌肉萎缩……

"无论如何一定要照顾好母亲。"他每个月都会带母亲去医院复查、拿药,抬着母亲进检查室、化验室、透影室。在夜晚,他还要定时起来给母亲翻身、倒尿……这样的生活,一坚持就是三年。但命运似乎对他格外残忍,2020年12月16日,他在打工后回到家中,发现母亲永远地离开了人间。

"生活以痛吻我,我却报之以歌。"一连串的痛苦遭遇,并没有把黄俊玮打垮。他与小伙伴共同创立了家庭维修平台,从事专业、高效、共享的上门维修服务,并在学校的帮助下,于2021年2月重返校园。

3. 科学设定生命成长规划,勇于战胜生命挑战

生命成长规划,依据生命存在和现实条件而设定,是实现生命价值、提升生命质

---

① 节选自《中国青年报》2021年12月23日04版。

量的重要规划,包括生命存在规划、生命过程规划、生命价值规划三个方面。生命存在规划,即大学生对自我生命包括自然生命与精神生命健康存在、成长所设定的规划;生命过程规划,即大学生在大学阶段的四年时间里,为如何度过此阶段的生命,达成每一个阶段生命意义而所设定的规划;生命价值规划,即大学生对大学期间所追寻的生命意义和目标而制定的规划,包括总远景目标和每一阶段具体目标。大学生生命成长规划对大学生战胜生命挑战具有积极的引导和激励作用。现实中,很多大学生在初入大学时抱着"大一大二轻松过,大三大四再加油"的心态,对自我生命成长缺乏科学的规划,这往往成为他们面对挑战时,感到手足无措的一个重要原因。为此,大学生要战胜生命挑战的一个重要的策略就是科学设定生命成长规划,因为它能够使大学生有目的、有计划、有准备地去迎接大学阶段所遇的各种困境,激发大学生战胜挑战的勇气,并保障健康的生命存在,走过充实而美好的生命过程,达成生命理想。

4. 适机培育生命智慧,化生命挑战为成长机遇

迈克尔·F.斯特利曾说"最具挑战性的挑战莫过于提升自我"。培育生命智慧是大学生提升自我、成就自我的内在生命力量。"生命本身具有智慧。所谓生命智慧是生命所具有的指向生存与发展的智慧,是由生命内在的特性与生存的外在环境相互作用而生成的'活物'。当代人应对生存可能性最为需要的是生命智慧,人的生命智慧具有保障存活、突破限制、生发智慧、安顿心灵、呈现希望、成为自己等价值。生命健康成长离不开生命智慧。生命智慧能够帮助我们认识生命、体验生命、感悟生命,同时也是活出生命意义、实现生命价值不可或缺的重要因素。"[①]可见,在大学生生命成长过程中,生命智慧是其必须具备的生命品质。生命智慧需要在一定生命意识和生命能力的基础上培育起来。在高等教育阶段,大学生有意识地培养和锻炼自我生命智慧,能够使其在挑战面前从容、淡定,拥有知难而进的自信、勇于尝试的魄力、战胜困境的智慧,战胜挑战,更能帮助大学生将困境转化为生命成长的机遇,促进生命升华;与挑战的博弈,能够使大学生其潜在生命智慧得以展现,同时也为大学生生命智慧培育与养成提供实训实练机会。

5. 共同应对突发性挑战,在生命共同体中成就自我价值

在迎接生命挑战过程中,大学生要激发自身认知生命、珍惜生命、关怀生命、尊重生命和超越生命的意识,热爱并发展自我独特的生命,实现自我生命意义;更应将自己的生命融入社会生活之中,与其他生命个体携手一致应对共同的挑战,成全他人生命价值达成的同时成就优质自我。

---

①　刘慧.生命教育的涵义、性质与主题——基于生命特性的分析[J].南昌大学学报(人文社会科学版),2012(2):42.

【生命活动】

主题:面对挑战,正确选择道路

活动内容:列举大学生毕业时会遇到的挑战内容与形式,对每一项所列挑战进行应对选择。

活动目的:了解生命过程中会遇到各种各样的挑战,正视挑战,坚持不屈的信念,选择正确的方向,积极应对,走出困境,学会正确选择生命道路。

活动工具:纸、彩笔。

活动方式:

1. 思维导图式的选择推演:由参加活动的大学生,分析活动所列挑战的现实及表现;对比自身条件,比照应对挑战的优劣势;列举自己所选择的应对挑战路径;分析所选路径对自我生命成长的影响;反思所选路径。

2. 场景模拟:参加活动的大学生讨论并归纳毕业可能会遇到的挑战;按照挑战的类型或内容将参加活动的大学生分成"应对挑战"小组,场景模拟未来挑战表现、应对挑战策略,预演大学生所选择应对挑战的路径对未来生命成长的影响。

分享时刻:

1. 通过活动模拟,你体会到了什么?

2. 面对未来挑战,我们应怎样积极应对?

【推荐书目】

1. [苏]尼·奥斯特洛夫斯基. 钢铁是怎样炼成的[M]. 袁崇章,译. 长沙:湖南文艺出版社,2011.

2. [美]安东尼罗宾. 唤醒心中的巨人[M]. 王平,译. 北京:光明日报出版社,2015.

第九章 适应:生命的存在保障

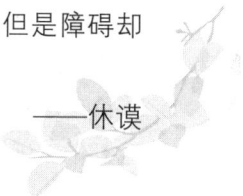

【生命格言】

天行健,君子以自强不息。

——《周易》

顺境使精力闲散无用,使我们感觉不到自己的力量,但是障碍却唤醒这种力量而加以运用。

——休谟

【知识导图】

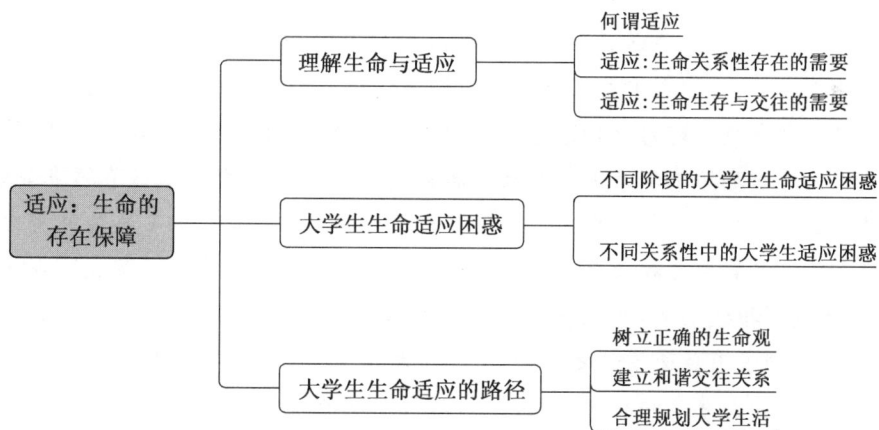

【生命叙事】

卢梭与他的"适应性"生平①

卢梭生于瑞士,出生后不到两周母亲就去世了。这是他坎坷人生的开端。

① 吴式颖.外国教育史教程[M].北京:人民教育出版社,1999:259-262.

卢梭的父亲以钟表业为生,信仰新教,性格耿直不阿,同时又爱读古籍。卢梭自幼聪颖早慧,受到父亲的强烈影响。卢梭3岁识字,7岁可读一些历史和文学书籍,父亲常与他一起通宵达旦地讨论书中的内容。少年的卢梭由此养成像父亲那样的倔强性格和嗜读习惯,初步接触了古代希腊、罗马伟人的思想,也锻炼了自学能力,为他以后的进步打下了基础。

10岁至30岁是卢梭思想形成的关键期。卢梭10岁时,父亲因与一军官发生冲突而为当局所不容被迫离家出走。从此卢梭失去了家庭,处于不稳定的生活之中。先是由舅父送至波塞学习了两三年拉丁文、数学和绘画,这是他一生中唯一的正规学校学习。但舅父一家的蛮不讲理,使他难以感到人间的温暖。后来卢梭在各地漂泊,从事过各种下层职业,广泛地接触了城市和乡村的各种社会阶层,不仅自己受到各种磨难,也亲耳听到了下层贫苦人民对政府官员的诅咒,看到了教会的腐败堕落、政治的黑暗,以及劳动者生活的痛苦和精神的创伤。此后卢梭一直保持着对劳动者的同情和对恶势力的憎恨。卢梭在这一时期还大量地接触了当时最新的科学知识和思想成果,阅读了大量的古代名著。他以顽强的毅力,经过多年的奋斗学习,在众多领域积累了广博的知识,虽未进过任何中学和大学,却也得到了从古代文化到最新思想成果的不断滋润,终于为自己创造了作为一个思想巨人、迈上思想界高峰所必须具备的条件。

卢梭在1754年回日内瓦小住之后回到法国,在巴黎附近的乡村致力著述,相继出版了《新爱洛伊丝》《社会契约论》《爱弥儿》等惊世骇俗之作。《爱弥儿》,不仅包含卢梭此前的革命思想,而且将这些思想运用于教育问题的思考,得出了教育上哥白尼的革命结论。但教育历来是欧洲教会势力盘根错节的重要领地,捅了这个马蜂窝立即给卢梭带来了铺天盖地的迫害。教会动员各地的势力向卢梭进攻。巴黎大主教亲自出面,宣布焚烧《爱弥儿》,随后高等法院也下令通缉卢梭,报刊则推波助澜,甚至一些原来的朋友也与他反目。他虽身心遭受极大摧残,但思想没有丝毫退让之意,在流亡中写出了名著《忏悔录》的第一部。卢梭的思想是法国大革命的旗帜,是巨变的时代以及他坎坷的社会奋斗经历塑造了他的个性,造就了他的思想,启发了他对教育的不同凡响的见解。

一、理解生命与适应

卢梭的一生虽充满坎坷,但他唤醒自己的"生命潜能",开启"生命智慧","适应"挫折人生,完成了多部教育巨著,提出自然主义教育理论,要求教育要遵循儿童自然天性,是针对专制制度下的社会及戕害人性的教育发出的挑战。卢梭在一生坎坷不平和变化无常的遭遇中,常常无处安身,忍饥受渴,但他对豪华富裕和贫穷饥寒的看法始终不变。他从来没有因为贫穷或怕陷入贫穷而发出一声叹息,也不追逐权势与名利。他以顽强的毅力,通过刻苦学习与艰苦奋斗去"适应"自己所处的环境。卢梭对伟大、对真、对美的爱，激发了其生命潜能，对真理的追求成为其"生命适应"的前进动力。

（一）何谓适应

"适应"一词来源于拉丁文，原意是调整、改变。它作为一个生物学命题，指生物特有的普遍存在的现象，它包含两方面含义：生物的结构大都适合于一定的功能；生物的结构与其功能适合于该生物在一定环境条件下的生存和繁殖。[①] 目前，心理学界对适应的解释不尽相同，《心理学大辞典》中对适应的定义是这样的："适应是来源于生物学的一个名词，用来表示能增加有机体生存机会的那些身体上和行为上的改变。"皮亚杰以"平衡说"作为理论基础，认为适应"既可以是一种过程，也可以是一种状态。有机体通过同化和顺应两种作用取得与环境的平衡，这种平衡的状态即适应状态：个体处于平衡—不平衡—平衡的动态变化过程，即适应过程"。从生态学角度来看，布朗芬布伦纳提出了人类发展生态学模型，他认为个体发展的社会环境是由相互联系的四个系统组成的，即微系统、中间系统、外系统和宏系统。他认为人类发展的过程是一种在日益复杂的水平上连续不断地认识和建构其生态环境的过程。生态环境的变化或者"生态过渡"在儿童发展中具有特殊的重要性。因为这时个体由于面临挑战要学会适应，发展就会因此而发生。因此，观察一个人的适应能力如何是理解发展的最好基础。从社会学角度来看，适应是为了生存而使自己的行为符合社会要求的适应和努力改变环境以使自己能够获得更好发展的适应，是个体在社会化过程中改变自身或环境，使自身与环境协调的能力。它是认知和个性因素在个体的适应—发展—创新行为中的综合反映，是个体生存和发展中必要因素之一。

可见，不同理论视角对适应有不同的理解，在生命教育视角中"适应"要基于生命的视角去理解：面对自然环境中的各种生存条件，生物体具有调节生物化学反应的能力。在营养匮乏的时候，生物体可以用较低的精度合成新的蛋白质，从而节省能量。一旦营养充足起来，它可以用较高的精度重新合成这些蛋白质，这样生物体会变得更具有适应性。生命系统之所以善于适应环境，是因为他们远离平衡，远离平衡的物质具有全新的性质，变得善于适应、敏感、智慧。可见，适应性是生命系统的一个重要特征。对于人类个体生命来讲，适应需要和谐的人际交往来实现，交往的有效性可能会影响个体的适应状况。

（二）适应：生命关系性存在的需要

生命的关系性构成生命存在的基础，生命只有在生命与生命的动态关系中才能彰显其价值，同时，生命是个体性和关系性的整体性存在，生命的关系性通过生命与生命的自由交往而显现。

---

① 刘慧.生命教育导论[M].北京：人民教育出版社，2015：28-29.

1. 每个生命都是关系性存在

自然界中每一物种都有生命,并且彼此相互依存,没有哪一物种的生命是孤立存在的,所有生命都处在一个动态的关系中。人的生命过程就是与各种关系互动和体验的过程,人生活中的一切都是由关系构成的。谈到生命的关系性,就离不开人的交往,人需要通过交往获得成长的能量,交往是能量的供给。只要生命活着就需要能量,每一个生物需要从周围环境摄取能量,对于生物来讲,这一能量是太阳,人类个体生命的成长不仅需要来自太阳的物质能量,也需要情感上、精神上的能量,这就是为什么人们需要交往并且与"高能量"的人交往,从中补给自己成长所需要的能量。可见,生命需要交往以增强适应性。

生命要发挥作用,才能体现其存在的价值,生命发挥价值要从关系中得以实现。关系中的人才是有价值的人,在关系中人生的意义才有可能实现。人与人在交往中建立"人—人"关系,人与人之间不是相互占有的关系,需要通过尊重、帮助他人,理解自己和他人的独特性存在。可见,生命是在关系中成长的,人需要在关系中适应,生命的关系性存在需要人与人之间沟通与对话不断提高彼此适应性,需要人对自然感恩、敬畏来增强适应性。

2. 人是个体性和关系性的共在

对于人类个体生命来讲,每个个体都是唯一的(unique)、独一无二的,每个个体都有自己不同于他人的优势潜能。生命世界具有相通性与"共在性",这是世界和谐存在的生命基础,在生命的世界中,人类和个人都是生态性的存在与发展,人与人因生命而相遇,也因生命而相异,彼此之间具有关系性和独立—依赖的共在性,在生命的世界中,生命彼此是内在"共通"地存在着,而不是彼此孤立地存在。因此,人与人之间是关系性的存在,人需要在生命关系性存在中适应。

同时,人也是独特性和关系性的共在和统一。人需要在与自己生命、他人生命、他类生命的关系性存在中不断适应。人与自己生命的关系型存在也是极其重要的,笛卡尔的"我思故我在"体现了一种生命意识,是思考者的存在,是自我的存在。"我思"是"人的心灵对于自身存在的透漏"。① 而人追求最高精神价值的一种理想状态是"超越自我",他认为:"当一个人比较能单纯地把握住自我,他便也比较能够与世界相互交融,并与形式上的非我互相融合。"②大学生的同伴关系是关系性,每个大学生个体又具有个体独特性,因此,研究大学生生命教育要研究关系性存在,可以说,没有恰当的适应,就无法完成生命的关系性存在。生命的关系性存在需要人的适应性,人是一个整体,生命是主体性、关系性的整体性存在,基于生命不是指关注个体,而是关

---

① [法]笛卡尔著,丹明子主编. 笛卡尔谈人生哲学[M]. 北京:中国工人出版社,2011:167.
② [美]马斯洛. 马斯洛谈自我超越[M]. 石磊,编译. 天津:天津社会科学院出版社,2014:138.

注关系性和主体性，关注人在关系中的适应性。

（三）适应：生命生存与交往的需要

古今中外的学者都对生存有自己的理解，在西方，尼采、海德格尔、雅斯贝尔斯等哲学家对生存进行了自己的阐述。尼采认为："我们必须在自己面前对我们的生存负责，因此我们须做这生存的真正舵手，不允许我们存在类似一个盲目的偶然。"[①]生存在雅斯贝尔斯那里是一个专门术语，雅斯贝尔斯认为生存是"可能的生存"，它不能完全现实化，具有无限的可能性。"个体要从实存、一般意识、自我向可能的、大全的自我飞跃进入生存，这种可能性的生存是人的本质"，"当主体大全由意识向生存飞跃时，客体大全同时完成由世界向超越存在飞跃"。[②]作为生存的人完全超出了他所在、所做、所知的一切东西；生存是独一无二的生存，是作为不可替代的具体存在的个体的东西，生存超越了经验世界以及各层次世界的限制，在飞往超越者的过程中获得了无限性；生存还是自由的生存，不服从任何必然性，生存的自由是由飞跃达到的；生存是起源性的生存，它充满创造性、自主性，是每个自我存在的源泉，是内在样式世界的基础。可见，生存首先是属人的东西，是个人的存在，是个人的意识性的存在，它只能部分地而绝不能全部地客观化、现实化；生存还是超出理性范围意识性的存在，它不是经验感觉，不是一般意识，不是精神，而是作为其源泉和基础的意识性存在。

作为个体的人只有在同其他个人的交往中才能体现其自由，并且只有与自由联系在一起才能实现人的真正的自由。交往中人与人之间都是自由的个体和主体，并且主体之间的交往不是单纯的物理学的交换和语言与语言的交换，而是每个个体都能各自成为真正的自我，成为真正的存在。"人与人之间是主体与主体间的生存性的共在关系"[③]，生命在交往中适应，适应是个体生命生存与交往的需要。《学会生存——教育世界的今天和明天》中指出："未来教育的四大支柱是学会认知、学会做事、学会共同生活、学会生存。"学会生存是未来教育四大支柱的基础，大学生需要在学会生存与交往中适应大学校园生活，发展自我，在生命生存与交往中增强自身的生命适应性。通过自身努力"过好每一天"，成为优质自己，即"个体生命之道及所处环境所允许的最佳自己"。[④]

二、大学生生命适应困惑

大学阶段是大学生人生观、价值观以及道德观形成与稳定的关键时期，也是自我

① ［德］马丁·海德格尔.尼采十讲［M］.苏隆，编译.北京：中国言实出版社，2004：154.
② 苗光宇.课堂教学生成应有的特性——基于雅斯贝尔斯存在主义哲学［J］.教育评论，2016（2）：135.
③ 刘慧.生命教育导论［M］.北京：人民教育出版社，2015：232.
④ 刘慧.生命德育论［M］.北京：人民教育出版社，2005：132.

意识迅速发展的时期,这个时期的大学生渴望被人接近和理解。不同阶段、不同关系性以及不同类别的大学生会有不同的生命适应困惑。

(一) 不同阶段的大学生生命适应困惑

不同阶段的大学生在适应性问题上有不同的表现,大学低年级大多是适应大学生活、适应专业学习、人际适应以及找到适合自己的发展目标;大学中年级主要是营造自我的需要和情感的需要;大学高年级主要是社会认同和价值实现的需要。

1. 新生入学适应困惑

刚步入大学校园的新生,要在最短时间适应既新鲜又陌生的大学生活,无疑是对自己心理素质和能力的考验。大学新生在这一阶段容易感到迷茫、困惑、孤独、人际关系紧张、不适应大学学习生活等。其中,学业适应性问题是大学新生常见的适应性困惑。贝克(Baker)等指出,从广义上讲,学习适应性除了包括学生的学习潜力,学习动机、明确的学习目的、为达到学业要求而采取的行动、对学习环境的一般满意感,也是其重要组成部分。

新生入学学业适应面临的困惑,是对自己所学的专业不了解,比如因为不想学习某一科而对大学学习感到焦虑,这是理想与现实的落差致使一些大学生常常怅然若失,忧心忡忡,情绪低落,感到前途迷茫,困惑失望。从生命潜能的角度来看,加德纳认为人类的智能有八个范畴,不同的人会有不同的智能组合,即每个人都有多元智能,每一个生命都有成为优质自己的可能性。因此,要用恰当的方法开发生命潜能,鼓励个人有效和自由地践行,提高学习兴趣,转变学习观,热爱所学专业。可见,适应性的迷茫与困惑是一种正常的生命适应状态的呈现,刚步入大学的大学生应该多与同学接触,培养业余爱好,主动与同学和老师谈心,在一定程度上可以改变心境,提高其生命适应性。

2. 中年级大学生适应困惑

大学中年级学生在这一阶段开始熟悉大学各方面要求,进一步进入专业学习,各方面适应能力逐渐增强,进一步发展自立自理能力;深切关心自己内心世界及其发展,不断增强自我认同感;内心生活渐趋广阔丰富,会设想和考虑未来生活;迫切地希望了解自己,常常通过周围人对自己的态度和评论、周围人的榜样或名人传记的事例来认识自己,有自我实现的强烈愿望,关心自己才能与品德的发展。但同时这一阶段大学生也存在学习、校园文化生活、情感适应等困惑。

跟以往相比,一方面,大学的学习和管理模式有了很大的不同,大学生因为生活背景、观念、性格等不同,情感适应相对比较困难,容易出现情感上的孤独感。另一方面,时间分配的不合理也会导致情感的空虚,大学的学习方式和课程设置与中学相比有了很大的不同,学生的主动性学习大于被动学习,进入大学中年级学业压力增大,部分学生通过情感交往缓解压力,而这种情感交往会在大学生的心理发展尚未成熟、心理敏感期、自制力不强的情境下而走入误区。大学生要明确对自己和他人生命的爱是生命智慧的一种重要体现。爱是原发于生命中的,生命原本有爱。这种爱应是"重生存之爱",应把内心有生命力的东西给予所爱的人,分享身上有生命力的东西。通过给予丰富他人生命,在提高自己生命感的同时提高他人的生命感。①

3. 毕业年级大学生适应困惑

当代大学生正处在大数据、"元宇宙"到来的新时期,特别是在复杂、激烈的求职竞争环境与社会整体的就业压力逐年增大的当今社会,毕业年级大学生面临着个人发展、未来前途上的多重压力,会出现就业或升学困惑,容易对前途、对生活失去信心,在即将毕业阶段出现适应性困惑。

部分毕业年级大学生出现适应困惑,还在于大学生不能很好地适应现实社会,对于社会发展的一些变化感到无奈、迷茫、消沉,不能适时地调整自己的心态。因此,生命教育应加强对大学生生命观、价值观的引导,帮助他们理性思考生命的意义,用积极乐观的心态感受客观世界,正视和承担生活道路上的挫折和考验,使他们能够更好地把握自我,摆正人生方向,顺利成长为适应社会、立身于社会的人,积极努力关心生命、责任生命,发扬自身优势潜能,大胆、主动地面对求职。

(二) 不同关系性中的大学生适应困惑

人际道德是大学生自身调节与同学、教师、父母、社会之间关系的道德。大学生生命在适应关系中获得成长,生命过程就是与各种关系互动和体验的过程,人生活中的一切都是由关系构成的。人与人的关系涉及个人生存问题。人际关系是一个人生存的必需。人际交往是一种本能需求,马斯洛指出,如果一个人被别人拒绝于团体之外,他便会产生孤独感。而良好的交往关系可以舒缓压力、平复情绪,对人们的个人发展、身心健康都起到积极的作用。对于大学生而言,处理好与他人的关系,建立健全的人际网络是生存和发展的必要条件。

1. 同学交往的困惑

大学生在进入大学时面对陌生的环境和来自不同地区的陌生面孔,陌生感成为新鲜感消退后最强烈的感觉。他们迫切需要了解大学生活,了解同学,而这些只能通过与人交往来实现,对大学的新鲜感使得大学生喜欢参加各种活动,在与同学交往时愿意付出,希望获得良好融洽的人际关系,但在交往中即使谨慎小心也会出现各种困惑。

同学交往是大学生交往的基础内容之一,在大学生整个人际交往中具有重要地

---

① 刘慧. 生命教育导论[M]. 北京:人民教育出版社,2015:107.

位。同学群体之间交往的顺畅与否对大学生适应性程度产生重要影响。同学关系的交往包括宿舍、同班、同校同学的交往,而宿舍同学交往如同大学生在学校的家,在大学生整个同学交往关系适应性中具有重要作用。然而由于自我中心、缺乏包容与理解、对他人感知不足等,大学生同学关系交往容易不畅,呈现大学生适应性困惑。

2. 师生交往的困惑

师生关系是教育教学活动顺利开展的基础。师生关系的状况与教育教学活动的效果、人才培养的质量直接相关,也关系到教育目标的实现以及教师自身的健康。大学生与教师的交往包括课堂教学中交往以及课外交往,师生之间通过沟通进行信息传递和情感交流。然而,大学生与教师之间的交往也存在适应性困惑。

大学生与教师的交往也是人际道德中的重要部分。师生双方沟通和交往是一切教育活动实现的基础,假如没有沟通和交往,就没有教育活动的产生。师生之间通过沟通进行信息传递和情感交流,有效沟通对提高教育质量具有重要作用。大学生期待教师的教育和帮助、关怀和热爱,并在此基础上建立起与教师纯真的感情。但是,大学阶段的师生关系与中小学不同,大学教师着重培养学生的系统学习能力、自立能力和独立思考能力,双方交往主要发生在课堂上,课下也多与专业学习有关,对学生的性格、特点等了解不多。相对于与同学交往来说,师生交往相互沟通较少。师生之间只有通过良好的沟通,才能建立健康、和谐的师生关系,大学生才能更好地适应大学生活。

3. 亲子交往的困惑

大学生和父母的交往是一种最亲密、最可靠的交往关系。亲子之间的交往带有浓厚的感情色彩。大学生离开父母独自生活后,在感情生活方面渴望不断得到家庭的温暖,在生活和思想上的独立性很弱,对父母的依赖性强。因此,在亲子关系交往中也会存在困惑。

家庭对大学生生命健康成长具有重要作用,对于大学生和谐人际关系以及适应性程度有着至关重要的影响。大学生与父母之间的关系是大学生交往中重要关系之一。父母作为大学生开展人际交往的最初对象,对子女倾注的情感和理解越多,子女性格就越活泼好动,善于与人交往;父母对子女过度干涉保护,子女则可能较多地表现出孤独、不关心他人、难以适应外部环境;父母严厉惩罚和拒绝否定,倾注情感越少,子女越可能通过掩饰等手段来进行自我保护,更易出现焦虑。大学生要加强与父母之间的沟通,父母要采取尊重、平等的方式与子女沟通、交流,尊重子女的自主性与独立性。

4. 社会交往的困惑

目前大学生进入数字时代、人工智能时代,大学生与社会之间的联系越来越紧密。虽然大学生主要活动集中在校园内，但与社会的交往是无时不在的。尤其是在新冠肺炎疫情隔离情形下，大学生的学习方式产生了变化，大学生的社会交往不再是面对面进行，而是在网络社会中交往，而不适当的社会交往影响大学生自身生命适应性。

通过网络建立的交往具有虚拟化的特点，不适当的网络社会交往会给大学生带来困惑及危害，比如逃避现实，不愿与人交往，对他人漠不关心，个人主义流行，对人与人之间缺乏信任。同时，不适当的网络社会交往会阻滞对生命道德的认识。网络社会交往将熟人社会中的交往迁移到网络中，道德中的他律因素发挥作用的环境发生了根本性的变化，致使生命道德异化。

三、大学生生命适应的路径

（一）树立正确的生命观

人与人之间是主体与主体间的生存性的共在关系，每个生命个体都是独一无二的，每个个体都有自己不同于他人的优势潜能。生命价值体现在追求不断的自我成长与自我发展，成为自己是每个生命个体与众不同的特点。人的生命是物质价值和精神价值生成的存在基础，认识生命价值是生命教育的重要内容。

大学生面对学业、就业、情感、不同关系性交往等方面的困惑，其一，要正确认识生命价值，避免功利主义，要始终关注健康，保持阳光心态，成为热爱生活的强者，成为独特自己，珍惜生命。大学时代是积累文化知识的关键期，大学生要明确大学时光要努力实现的目标是什么，实现目标的同时要处理好个体生命的"实然"态和"应然"态，要意识到不断超越当下自己的重要性，开发自身优势潜能。其二，完善自我认知。不同类别大学生适应性困惑大多是没有正确认识自我，要明确人与人之间的交往不是过分苛求完美的人际关系，能够正视交往中的摩擦和矛盾。其三，要相信自身生命，不局限于当下现实中的自我。相信自己的生命潜能，肯定自己，因为只有我才能决定自己的言行及即将做的事情。相信自己，依靠自己，带着一种坚定的信念实现自我、增加自我认同感，每个大学生需要在大学生活中一直建立与保存相信自己生命观。

（二）建立和谐交往关系

1. 平等、尊重的交往

在人际交往中，平等尊重是建立和谐交往关系的前提，和谐的交往关系要互相平等，一视同仁，要正确地评估自己和他人，客观地看待自己和他人的优缺点。

大学生和谐交往关系的确立对于大学生的发展来讲至关重要。引导大学生确立正确的交往准则，树立正确的友情观、爱情观，是大学生实现生命适应的重要方式。

大学生要意识到人与人之间的关系是平等的,相互之间是独立的,每一位大学生都是以独立的个体出现,平等、尊重的交往是与他人建立良好交往关系的基础,尊重他人的人身权利、自尊心、情感。尊重他人实际上也是尊重自己的表现,只有在交往中尊重他人才会获得他人的尊重。

2. 以自立为基础的交往

在人际交往中,自立作为成长的标志也是大学生生活能力的提升过程,是养成良好道德品质的过程。在这个过程中大学生不断完善自己,学会自尊,增强自信,建构独立思想,做出正确的自我决定。自立是生存的开始,是在关系性交往中和谐的基础。自立,包括经济的自立、思想的自立、能力的自立、情商的自立。大学生步入大学生活,和家庭生活是不同的,在家庭中有父母可以依赖,在校园环境中,每个大学生都是独立的个体,需要在自身自立、独立的前提下与同学、教师、社会交往。要在大学生活中自觉储备自立知识,锻炼自理能力,培养自立精神,提升生命适应性。

3. 合作、互动的交往

在大学生活中,大学生在建立自身自立、独立的基础上要构建合作、互动的交往关系。大学生积极交往是合作的、互动的关系,也就是要形成团结互助、诚实守信、平等友爱、共同前进的交往关系,增强群体凝聚力是促进大学生生命健康成长的必要因素。大学生建立交往关系的根本目的是为自身的生命成长营造良好的交往氛围,因此要避免不积极、不健康的交往心态,在与班级同学、宿舍同学、教师、父母、社会交往中要确立完善的人格目标,学习他人的长处,不断充实自己、完善自己、增强自己的人际吸引力,在互动合作中培养交往能力,提升自身生命适应性,在宽容与诚信中构建互动、合作的交往关系。同时,要处理好合作与竞争的关系,要将个人潜能与群体力量结合起来,具有奉献精神,学会与他人分享成功。

> **生命现象扫描**
>
> 合作在动物界也普遍存在。一只蚂蚁的力量是很小的,它只能搬动一些小的食物,如果碰到了稍大的东西,凭借它的自身条件是无法搬走的。这时候,蚂蚁是不会放弃的,它会把这个东西放在那里,然后去寻找自己的同伴来帮忙,一只蚂蚁的力量是小的,两只也是微不足道的,但是三只四只……很多只就能显示出巨大的力量。它们会一起努力,直至把食物搬到洞口。这时,蚂蚁会面临另一个问题,那就是这么大的东西怎么才能让它进入这么狭小的洞口里呢?它们就会把这个东西一"人"一"口"地咬掉,然后一点点地运进洞里。[1]

---

① 杨富文.影响你一生的习惯[M].北京:新世界出版社,2010:79-80.

4. 以德为本的交往

生命的意义在于以德养心，生命价值也体现在一言一行的德行中，大学生要在立德修身中构建和谐交往关系。其一，真诚是大学生高尚品德的重要体现，亦是大学生和谐交往得以延续和深化的保证。在不同阶段、不同关系性以及不同类别大学生交往中只有彼此抱着真诚的动机和态度才符合交互合作交往的前提，才能相互接纳，才能使交往良性发展，建立良好交往关系。真诚高尚的品德，是开启大学生和谐交往的关键因素。其二，谦虚大度、虚怀若谷、守信宽容地对待周围的人和事也是建立和谐交往关系的关键因素。因为这样良好的品德修养可以给人以信任和安全感。其三，在家庭关系中，作为子女的大学生，应敞开心扉，主动向父母表达思想，接受父母情理交融的指导，并学会对父母感恩，建立良好的亲子交往关系。

构建和谐交往关系的豁达与坦诚，付出自己的真心才能收获友谊。美国一位心理学家曾设计了一种测试量表，列出 555 个描写人品的形容词，让大学生指出其中哪些人品他们最喜欢，哪些最不喜欢。结果，学生评价最高的品质是真诚，在八个评价最高的形容词中有六个和真诚有关，即真诚、诚实、忠诚、真实、信赖和可靠；而在评价最低的品质中，虚伪位居第一位。由此可以看出，大学生在人际交往中最看重的是真诚，只有真诚才能使对方放心，赢得对方的信任，彼此才会建立深厚的友情。成为自己，成全他人是构建和谐交往关系的基础。

【生命叙事】

"热心的姐姐"[①]

小翎是某大学大一新生，独立一人到校报到。报到第一天就与负责接待的学长学姐熟悉了，还主动请教校园环境情况，在学姐的带领下很快地熟悉了食堂、教室、图书馆、银行、小吃一条街等校内环境。在宿舍里，还主动帮助其他刚来的新生，俨然是个小姐姐，宿舍里四个人很快熟悉起来，舍友都管她叫姐姐了。在班里也是个热心的人，积极帮助班里的同学，得到了班里同学的拥护，同学们都推选她当班长。

(三) 合理规划大学生活

1. 做好择业、学业规划，提升专业感知

大学生在毕业阶段会产生适应性困惑，很大一部分原因在于没有在大学入学前

---

① 林英姿.大学生入学教育[M].北京：科学出版社，2015：1.

对自身的发展方向做明确的、前提性规划。因此,大学生在大学生活中要不断充实自己,为更好地胜任未来工作打下坚实基础。从象牙塔进入社会,几乎每位大学生都感到不适。成功的职业规划要不断根据实际情况调整自己的方案,最终接近目标。另外,应结合自己的兴趣和能力制订可行的择业规划,适合自己的职业不仅仅在于高薪,个人兴趣与能力的结合才是必备的因素。

同时,要合理安排学业进程,在入学前大学生需要对学业进行良好的规划与安排。这与良好的专业感知密不可分,专业感知的程度是大学生对专业价值、性质、特征等认同的状态,它包括大学生承认自己的专业身份,认可专业的价值,从心底接受这个专业,对自己所学专业的各个方面做出积极的感知和正面的评价并愿意今后从事与该专业相关的职业。在入学时,大学生要在教师的引导下增强自身专业感知。对不同的大学而言,其专业设置也不同,教师要激发大学生的专业兴趣,引导大学生努力钻研专业,力求精通专业,做到术业有专攻,提升其专业认同度,从而使大学生结合专业特点做好学业、职业规划,在专业学习中收获生命价值,提升生命适应能力。

2. 参与实践、创造生活

理论的学习最终要付诸实践,只有在实践中才能够创造良好的交往关系,完成生命赋予的重要意义。参与实践活动是引导大学生全面发展和生命健康成长的有效途径,是展示当代大学生生命价值的场域。

不同阶段、不同关系性、不同类别的大学生适应性困惑很大程度是封闭性的场域所致,互联网、人工智能的到来,在为大学生带来有效性、及时性的同时,使得大学生处于"封闭的空间"。因此,大学生自身要积极通过参与实践活动,加强与同学、教师、父母的沟通、交流。在不断强调素质教育的今天,社会对大学生实践能力的要求越来越高,高校对大学生的实践活动更加重视。对于教师来讲,要做好大学生参与实践活动的引导工作,同时也要帮助大学生了解多种实践渠道。对于大学生来讲,要树立在参与实践活动中发展交往能力的观念,通过暑期社会实践、寒假社会实践、双休日社会实践、毕业实习等创造生活,提升自身的适应能力。

3. 身心健康,提升生命道德

人是生命的存在,生命是神圣的、尊贵的、庄严的。大学生在各种交往关系适应中,要明确自身生命健康应处于首要位置。身心健康有助于大学生更加珍惜机会、珍爱生命。身心健康的人一般都是开放的、乐观的,他们总是积极锻炼身体,对生活充满热忱,珍惜每一个机会去学习、去面对新事物并乐于与他人分享。面对挫折时,身心健康的人能够坦然面对,不自暴自弃,积极发挥自己的聪明才智,懂得欣赏生命,能够珍惜和享受生命的过程。同时,身心健康有助于大学生的全面发展,提升生命适应性。身心健康能够使之正视自己,提早进行大学生活规划。

生命道德是调整人与生命关系的道德,包括人与自己的生命、他人生命以及他类生命之间的关系。在生命教育视阈中，生命道德在大学生提升生命适应性能力及大学生活中具有重要意义。大学生在构建和谐交往关系中要以德为本进行交往。大学生需要在交往关系中提升自身生命道德，关爱自身生命，增强生命适应性。

【生命活动】

主题：观看奥斯卡最佳影片《当幸福来敲门》

《当幸福来敲门》讲述了一位濒临破产的落魄业务员通过自身的不懈努力、自强不息使自己适应并改变环境，奋发向上成为股市交易员，最后成为知名金融投资家的励志故事。观后请和同学们展开讨论交流：影片中最让你感动的是什么？影片主人公是如何通过自身努力改变环境而获得成功的？

请在纸上写下你目前的适应性困惑，然后把你的困惑放在对面的椅子上，请以他者角度结合"生命适应的路径"告诉自己该怎么做。活动体验后请谈谈你的感受。

【推荐书目】

1. 笛卡尔著，丹明子主编. 笛卡尔谈人生哲学［M］. 北京：中国工人出版社，2011.

2. ［德］卡尔·雅斯贝斯. 生存哲学［M］. 王玖兴，译. 上海：上海译文出版社，2005.

第十章 生涯:生命的职场展现

【生命格言】

　　子曰:"吾十有五而志于学,三十而立,四十而不惑,五十而知天命,六十而耳顺,七十而从心所欲,不逾矩。"

——《论语·为政》

　　如果我们通过冷静的研究,认清所选择的职业的全部分量,了解它的困难以后,我们仍然对它充满热情,我们仍然爱它,觉得自己适合它,那时我们就应该选择它,那时我们既不会受热情的欺骗,也不会仓促从事。

——马克思《青年在选择职业时的考虑》

【知识导图】

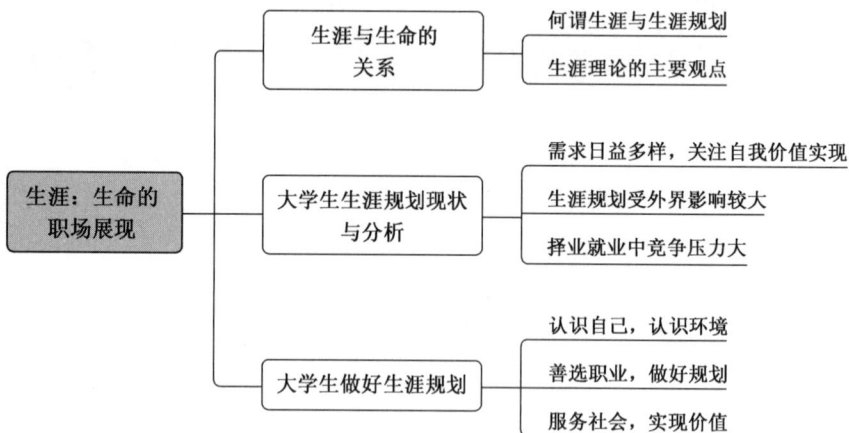

生涯:生命的职场展现
- 生涯与生命的关系
  - 何谓生涯与生涯规划
  - 生涯理论的主要观点
- 大学生生涯规划现状与分析
  - 需求日益多样,关注自我价值实现
  - 生涯规划受外界影响较大
  - 择业就业中竞争压力大
- 大学生做好生涯规划
  - 认识自己,认识环境
  - 善选职业,做好规划
  - 服务社会,实现价值

【生命叙事】

"我心归处是敦煌"①

"舍半生，给茫茫大漠。从未名湖到莫高窟，守住前辈的火，开辟明天的路。半个世纪的风沙，不是谁都经得起吹打。一腔爱，一洞画，一场文化苦旅，从青春到白发。心归处，是敦煌。"

这是 2020 年，中央广播电视总台"感动中国 2019 年度人物"栏目写给樊锦诗的颁奖词。樊锦诗，1938 年 7 月生，1986 年被评为"全国优秀共产党员"，现任敦煌研究院名誉院长。她把敦煌文化遗产保护、研究、弘扬、管理工作当作终身事业，在敦煌莫高窟永久保存与永续利用等方面做出重大贡献，被誉为"敦煌的女儿"。

樊锦诗出生在北京，成长于上海，1958 年考入北京大学历史系考古专业。当父亲知道女儿工作分配的消息后，担心她赢弱的身体无法适应大漠戈壁的恶劣环境，就给学校写了封信，恳请北大不要派她去这么艰苦的地方工作。可这封信被樊锦诗悄悄扣下了。樊锦诗说："报效祖国，服从分配，我选择去敦煌，因为，国家的需要就是我的志愿。"

住土房、睡土炕、吃杂粮、喝宕泉河水……没有电，莫高窟黑得伸手不见五指。厕所离宿舍有五六分钟的路，她不敢自己去，晚上也不敢多喝水……衣食住行苦，工作更苦。每天进洞去做研究，都要跟先生们爬"蜈蚣梯"。令她难以置信的是，前辈们已经在这种艰苦条件下工作生活了 20 余年。樊锦诗深受触动。"他们治流沙、搞临摹、做研究，为研究院打下了坚实基础。""他们也让我明白了自己的使命和责任，从此，守护敦煌是我一生的志向。"

樊锦诗走遍了 735 个大小洞窟，看遍了每一幅壁画、每一尊彩塑。2011 年，她历时 40 年主持编写的《敦煌石窟全集》第一卷正式出版，被誉为国内第一本具有科学性和学术性的石窟考古报告。目前，历时 10 余年编写、30 多万字的《敦煌石窟全集》第二卷正在进行出版前的最后修改。

随着时间流逝，樊锦诗发现了一个严重的问题。"过去几十年间莫高窟的变化很大，现在的壁画很模糊，颜色也在逐渐褪去。"樊锦诗产生了一个大胆的构想——要为每一个洞窟、每一幅壁画、每一尊彩塑建立数字档案，利用数字技术让莫高窟"容颜永驻"。经过不懈努力，2016 年 5 月"数字敦煌"上线，高清数字化的敦煌图像向全球发布。在这项巨大工程最终落地时，樊锦诗已经 78 岁。

劳累奔波半个多世纪，樊锦诗用尽一生守望着莫高窟。在她瘦弱的身躯里，包裹着一颗倔强的心。

---

① 摘选自《人民日报》(海外版) 2022 年 08 月 19 日第 05 版。

一、生涯与生命的关系

生命是有限的,如何度过有限的一生? 创造并实现生命价值呢? 这是值得思考的生命与生涯的问题。明确的生涯规划,能帮助大学生深入探索自我生命个性与特质、明确人生的奋斗目标、促进综合素质能力提升与生涯发展,认清形势,准确定位,适应变化,合理安排大学学习和生活。

(一) 何谓生涯与生涯规划

1. 生涯的含义

生涯(career),原意是指"古代的战车",《牛津词典》解释为"道路,引申为人生的道路或发展途径"。对生涯概念的定义与解释,不同学者不尽相同,但共同之处是都包含职业选择与发展之意。沙特尔提出"生涯是指一个人在工作生活中所经历的职业或职位的总称";舒伯提出"生涯是指一个人终生经历的所有职位的整体历程";麦克·弗兰德提出"生涯是一个人依据心中的长期目标所形成的一系列工作选择,以及相关的教育或训练活动,是有计划的职业发展历程";1976 年舒伯又给出新的定义:"生涯是生活里各种事件的连续演进方向和进程,它统合了人一生中依次发展的各种职业和生活的角色,由于个体的不同而流露出独特的自我发展形式。"可见,生涯概念围绕职业选择与发展,不断扩大内涵范畴,逐渐囊括了相关的教育和训练,扩展到终生的发展,又从工作扩展到生活,观照到工作与生活的平衡,观照到整个生命从诞生到死亡的全部历程。

本章采取较为狭义的理解,即生涯是指一个人的职业生涯,一生从事的职业的历程,一生与职业相关的行为和活动,一生所进行的职业探索、选择与发展。

2. 生涯规划

对于"生涯规划"这一概念的解释有很多,黄天中总结了四种[①]。概括来讲,从辅导学角度,"生涯规划"即指一个人生涯过程的妥善安排;从组织管理角度,是一个人据以拟定的前程目标,及找到达到目标的手段;从发展学角度,"生涯规划"以人的生涯发展为规划对象,它是以想望情形为目的(目标)的一个持续不断的探索过程,是有益于人的终身发展的战略设想和计划安排;而体验式全程生涯规划,则认为生涯规划涵盖全程生涯发展、人生规划与职业规划,是从生命开始到生命成长的最后阶段,是全程的。与黄天中的观点相近,我们认为"生涯规划"是生命个体在对其生命个性进行了全面而深刻的理解和认识的基础上,结合充分分析和认识所处环境,确定生涯发展目标或志向,并为实现它们做出有效的计划与行动的过程,是实现生命价值的

---

① 黄天中.体验式全程生涯规划[M].4 版.北京:高等教育出版社,2022:6.

过程。

3. 生涯规划应根据生命个性与所处环境进行

生涯是生命的创造,彰显了生命的价值追求,我们在樊锦诗的生涯中,看到了她的生命的成长与贡献。反过来,生命又给予生涯不竭的发展动力,生涯规划要根据生命个性和所处环境进行。樊锦诗,从一名大学生到"文物保护杰出贡献者",她的生命因笃定的生涯规划而变得能量强大、价值非凡。她的生涯也因倔强、专注、奉献的生命而书写得波澜壮阔、流光溢彩。在大学毕业时,她不畏艰苦的工作条件,服从分配,报效祖国。因为,"国家的需要就是我的志愿"。在工作中,能够吃苦耐劳,开拓创新,坚守五十年而不变初心。因为,前辈的榜样力量、责任心与使命感的召唤,促使其立下了一生的志向。

生涯是生命主动的追寻和构建。生涯也是可以规划的,生涯应该如何进行规划呢?

生涯规划的步骤,被分为七个基本环节,包括自我评估、环境分析、生涯机会评估/匹配分析、职业生涯目标的确定、制定行动方案/路径选择、策略实施、评估反馈调整。这里,从生命的角度思考和进行生涯规划时,我们需要强调,生涯规划一定要根据生命个性和所处环境进行,做到真正的"知己知彼"。生命个性是什么呢?是一个人通过基因遗传,在一定的社会环境和教育的影响下所形成的比较固定的特性;是贯穿一生的,尽管比较固定,但仍然是可以变化的;具体表现在气质、性格、智力、意志情感、兴趣爱好、价值认同、行为习惯等方面。生命总是处在一定的环境之中,"橘生淮南则为橘,生于淮北则为枳",选择适合自己生命个性的环境生存与发展,利己利人。

美国生涯咨询理论界的领导者克朗伯兹,在 1999 年开始用"生涯行动"代替"生涯规划"的说法,认为规划是动态的,而不是一次性完成的,需要不断评估修订调整。在没有规划的时候,或不知道如何规划的时候,不妨先开始行动。没有生命的渴望,没有生命的行动,生涯规划就无从谈起,无法进行。

(二)有关生涯理论的主要观点

生涯理论从诞生到现在有一百多年的历史,起源于美国,最早是以"职业指导"形式出现。职业生涯管理理论的奠基人、美国波士顿大学教授帕森斯(Parsons)1908 年 1 月 13 日,创立了"波士顿职业局",并于 1909 年 5 月出版著作《选择职业》。20 世纪 60 年代以来,职业生涯理论和实践获得蓬勃发展。20世纪 90 年代中期欧美国家的生涯理论传入中国。

按照职业生涯理论发展的历程来看,有研究者将生涯理论分为三大类别,即职业选择理论、职业发展理论和职业决策理论。也有研究者将其分为四大流派,即特质论、生涯发展论、适应论、建构论。或者,我们也可以简单地分为传统的生涯理论和后现代生涯理论。传统的生涯理论以帕森斯、霍兰德、舒伯等为代表,主要由职业生涯选择理论和职业生涯阶段理论两大部分组成,把人从性格、兴趣、能力、价值观等维度,加以精确测量;相信个体能掌握所有职业信息,可以通过个体特点和职业信息的量化评估,理性决策;有稳定的生涯发展阶段,遵循成长、探索、建立、维持、衰退的轨迹,强调确定和可预测的生涯路径。后现代生涯理论则突破了传统生涯理论的实证主义,接纳生涯的不确定性,反对绝对唯一真理,强调差异性和多样性,重视主观解释,强调适应力和对生涯的主动建构、创造意义等;出现了生涯混沌理论、无边界职业生涯理论、生涯建构理论和生涯咨询领域的叙事取向咨询、生涯教练技术等。如果说传统的生涯理论旨在帮助人们更好地"匹配"职业,找到最"适合"自己的可以稳定发展的职业,那么后现代生涯理论则帮助人们在充满变化与不确定的新时代,更好地"适应"生涯发展的不确定性,更好地去"建构"生涯、"创造"意义。这些理论都有助于我们结合生命个体的实际情况和处境做好生涯规划,实现生命价值。

在生涯理论的学习中,萨维科斯的研究不可忽视。他 2002 年创建了生涯建构理论,2012 年提出生活设计的概念。他认为:每个个体的生命意义,都属于他自己,生涯之路没有固定的路线,却有一个大致的主题,有一个肩负的使命和任务要去完成。他运用"问题外化"的技术,把人和自己的生涯问题分离开,从而使人感觉到自己的能力、帮助人们总结过去的成功经验去战胜当下的困境;运用巧妙的提问技术,从对生命个体的角色楷模、最喜欢的杂志或电视节目或网站、最喜欢的书籍或电影、最喜欢的座右铭、早期回忆等的深入探索中,去认识自己、理解自己、探索生命的主题与使命。他用"我要创造怎样的人生"取代了诸如"我要选择什么工作/生涯"的问题。通过生命故事的叙述,探明生涯之路。启发我们,要更多地回到生命本身去理解生涯、探索生涯、创造生涯。

那生涯理论全是舶来品吗?中国本土真的没有生涯理论吗?其实,早在中国战国时期,庄子在《养生主》中就提出了"吾生也有涯",是中国最早的关于"生涯"的探索。中国古代的经典著作中都蕴藏着生涯发展的智慧,比如《周易》《论语》《庄子》等。一百年前的中国也曾出现了"职业指导"的活动和政策。清华大学校长周寄梅 1916 年指导学生择业。1920 年中华职业教育社设立了职业指导部,开展职业指导活动,帮助"无业者有业,有业者乐业"。20 世纪 30 年代,当时的国民党政府还制定和颁布了在中小学开展职业辅导的规定。然而,战争令中国的职业生涯理论的建立和实践的发展停滞了下来。当代,在学习借鉴西方理论的同时,也有专家学者结合本土文化传统,构建本土化的生涯理论。

生涯辅导专家金树人认为,生涯咨询就是帮助想走自己路的人,找到自己的路。"想"字拆开是"心相",只有看见自己,才能看见自己的路。金教授将中国人职业发展的 5 个转型期,或称职业发展五关,用"工""士""王""主""玉"来阐释。30 岁之前的社会适应期,像工人一样,学基本功,打基础;30 至 40 岁,像士兵一样冲锋陷阵,清楚了自己的努力方向,日益精进;大约 40 至 45 岁,在自己感兴趣的领域做到极致,得到广泛认可，成为该领域的王者；约 45 至 55 岁，能在自己的领域里贯彻自己的意志，拥有身份地位，成为自己生命的主宰；大约 55 至 60 岁，面临退休，从外露到内收，达到天人合一的最高阶段，变成美玉。实际上也有很多人，没有完成不同生涯发展阶段的任务，停留在某个阶段陀螺般原地旋转。

刘惊铎提出生涯规划融通三重生态关系，生涯规划是对影响我们生涯发展的经济、社会、身心等诸生态因子的融通、选择和创造。通常建立在个体对自我及环境全面、深刻认知的基础之上，需要结合自身与社会发展的特点与需求而做出战略性筹划与选择、创造。[①] 依《周易》之生命易变原理（命理），科学的生涯规划既需要筹划，也需要从内到外修养、修行、修炼……在职场和人生发展的一些重要节点，适时反思自己的生涯规划及发展历程，是生涯规划的文化自觉，既有助于及时微调发展步调，也有助于彰显人生发展的战略定力。

黄天中则倡导中西合璧的体验式全程生涯教育，并撰写了生涯规划体验式学习丛书，涵盖幼儿版、小学版、中学版，及写给大学生的《生涯体验——生涯发展与规划》，他强调生涯规划、生涯教育首先要探究生命目的。近年来，他更加倡导以中华优秀传统文化为基石，借鉴西方优秀文化，构建体验式全程生涯规划教育体系。这些学者都更多地关注到生涯与生命的密切关系，对于生涯规划有很大启发。[②]

二、大学生生涯规划现状与分析

生命现象扫描

2020 年，中国青年报社会调查中心一项调查显示，90.9％的受访应届毕业生今年找工作更追求稳定。从单位性质看，受访应届生最青睐事业单位（36.7％），然后是大型私企（35.3％）和国企（34.2％），接下来依次是国家机关（31.0％）、外企（28.4％）、小型私企（24.7％）等。

从求职排序可以看出这届大学毕业生受疫情影响，毕业生"求稳"心态加重，"稳"成为众多高校毕业生找工作优先选项。有的人认为，朝气蓬勃的年轻人，过于追求安稳，不免显得暮气沉沉；也有人认为，趋利避害是人之本性，现在就业形势难，大学生想找个稳定工作，无可厚非。

其实，应届生就业"求稳"存在一些不容忽视的客观原因。除了外部不确定性因素的影响，我国就业市场供求关系依然存在结构性矛盾。随着就业竞争加剧，大学生面临就业难问题。并且，年轻人这一群体，无论是经济实力还是抗风险能力都相对较弱。受多重因素影响，"求稳"心态在毕业生中一直都有市场，只不过今年因特殊的外部刺激，使之更为突出。

稳定的工作带来稳定的收入，固然不错；但有时候，选择"稳定"也可能意味着

---

① 主要引自刘惊铎教授 2017 年 2 月 15 日在潞河中学做报告时所述。
② 主要引自黄天中教授 2018 年 11 月 17 在"2018 北京大学生涯教育论坛"上做报告时所述。

放弃了一些自我"升值"的可能。特别是,有的人为了一时求稳而高才低配,又因"屈就"、才华无法施展而郁郁不得志,实在令人唏嘘。

对个人而言,追求可预期的稳定生活,并没有错。但年轻人正处于人生砥砺奋进之时,如果过于求稳而自缚手足,不敢闯出一番天地,人生的履历未免有些平淡。这个世界上,"只有变化才是永远不变的"。一味追求安逸稳定,从长远看,其实也未必稳当。随着新产业、新业态、新模式不断涌现,职业市场千变万化、职业需求多种多样。即便拿到了所谓的"金饭碗""铁饭碗",也不意味着"一劳永逸",也需要跳出"舒适区"。只有不断提升工作能力,才能适应新需求、新变化。因此,一味追求安稳,试图规避有风险的行业,不如把精力花在自我提升上。唯有成为"硬核型"的职场人,才有能力应对突如其来的变化和挑战,才能在人生道路上走得更有底气、更加从容。能力,要通过历练获得,在安逸稳定的环境中,难以轻松得到提升。①

每个人都是行动中的人,没有人是静止不动的,对于我们的行动,我们要好好反思,我正在做什么? 正在做的事情是为了什么? 它与我的理想、目标一致吗? 它与我所想的、所说的一致吗? 思路决定出路,定位决定地位,而行动将它们完成。

当代大学生生涯规划的现状到底如何呢?

(一) 大学生需求日益多样,更为关注自我价值的实现

正确的生涯规划是大学生实现生命价值和自我发展的基本条件,是实现个体价值和社会价值相统一的重要方式,并且源自个体生命健康成长与价值实现的内在生命需要。新时代大学生成长于改革开放后中国发展的黄金岁月,切身感受着中国从富起来到强起来的时代变迁,对国家、民族、社会和自身都有着更系统、更深入的思考,大学生的家庭成长环境和学校教育环境更加优越,这都影响着他们对生涯规划、职业发展的认知②③。在这个信息爆炸时代,大学生接受新生事物的速度与渠道都日益丰富,其见识更宽广、思维更活跃。除此之外,社会分工日益细化,为大学生提供了多种多样的就业选择。在此背景下,大学生对择业、事业、生涯等方面都有一些独特见解。新时代大学生的职业需求已经不只是"薪酬""环境""稳定"等看得见的指标,同时加入了"幸福""价值""成长"等更加多元和抽象的描述④,职业生涯已经不再仅仅是一种工作,而是更多成为大学生追求人生理想和实现自我价值的途径和方式。

① 原载于《广州日报》,2020-12-18。
② 雷雨. 如何聆听"年轻"的声音? [N]. 人民日报,2018-04-24.
③ 蒋利平. 社会主要矛盾转化视角下大学生"慢就业"现象解读及治理[J]. 当代青年研究,2020(6):70-76.
④ 尹兆华. 职业生涯规划与就业指导课程建设探索和实践[J]. 中国大学教学,2019(Z1):88-92.

因此,越来越多的大学生更加注重双创能力的培养与规划,关注通过自己的努力与奋斗来创造价值和财富,在此过程中,充分挖掘生命潜能、创造生命价值、实现生命意义。创新创业相比传统就业方式具有更广阔的发展平台与更丰富的发展资源,二者融合并行是大学生进行职业生涯规划的加速器。① 可以说,创新创业教育是未来大学生进行生涯规划极其重要的一环。积极锻炼创新创业能力正是大学生积极响应国家战略,解决目前就业问题的重要举措。

(二) 大学生生涯规划受外界影响较大

首先,大学生职业规划受外界影响较大,缺乏一定的自主性与目标性。大学生面对繁多的选择,职业规划受外界的影响较大,社会发展动向、经济科技动态、父母建议、老师指导、朋友选择等,均可以影响到大学生对未来职业的定位,大学生对自我定位还不够清楚,很难准确认知自己到底适合哪种职业,自己到底希望从事怎样的职业。

选择恐惧症,是指面对选择时会异常艰难,无法正常做出自己满意的选择,甚至在几个选择中必须做出决定时感觉很恐慌,属于神经症的一种。

不过,大多数大学生选择困难也不至于如此严重,只是在一些生涯发展的关键时刻或阶段,难以做出选择,难以进行生涯决策。比如选择就业还是升学,比如在几个就业选项中选择哪项等,表现出了纠结、烦恼、犹豫、焦虑、抑郁等状态。

其次,当前学校教育与家庭教育均对大学生职业生涯规划指导重视不够,偏重智育培养,相关课程与规划指导滞后。由于我国生涯规划教育在初高中阶段的缺失,不少学生对于专业和职业的思考与选择是朦胧的,有些学生的选择是家长帮助甚至替代抉择的,另外现行高考制度在录取中以"分数优先、遵从志愿"为原则,不少学生迫于考试分数所限,依分选专业的情况也明显存在。除此之外,当前高校职业生涯指导中存在诸多问题,除了对职业生涯指导重视程度不高,相关课程设置滞后外,还有一项重要的方面就是职业生涯规划教育师资力量不足,不能满足大学生的需求。这均造成了大学生缺乏从外界接受有效职业规划指导,某种程度上造成了他们的择业迷茫与择业拖延。

(三) 大学生择业就业中竞争压力大

随着经济社会发展,科技化程度加深,大学毕业生人数逐年增加,就业竞争更加激烈,就业形势日益严峻,就业难在较长一段时期内将是必然趋势,这给当代大学生

---

① 赵梓丞,曹迎.大学生职业生涯规划指导存在的问题与对策[J].高等工程教育研究,2019 (6):114-117.

的择业、就业带来很大的竞争压力。大学生在生涯规划与生涯选择的过程中竞争压力增大，尽管一定程度上可以促进大学生的竞争意识与奋斗意识，但同时一定程度上也会打击学生的自尊心与自信心，造成逃避现象等。常常听到有学生在做生涯咨询的时候说："我害怕考研失败，就错过找工作的最佳时机了……我害怕选错专业，可能将来不好就业，读了也白读……我想考这个专业的研究生，但我害怕考不上……"

根据一项对应届毕业生就业去向的调查，只有 47.5% 的同学愿意立即就业[①]，超过一半以上的同学选择待业、考研等。大部分高校的毕业生就业工作遭受巨大压力，面临发展瓶颈，学生生涯规划缺乏积极性和主动性，用人单位无法选到合适的人才，这都严重影响大学生的择业选择与就业结果。正如泰戈尔所说："当你为错过太阳而哭泣的时候，你也要错过群星了。"

拖延症是指自我调节失败，在能够预料后果有害的情况下，仍然把计划要做的事情往后推迟的一种行为。拖延是一种普遍存在的现象，不仅大学生，职场人士也有拖延现象。严重的拖延症伴随强烈的自责和负罪感、持续不断的自我否定和自我贬低，并伴有焦虑症、抑郁症等心理疾病。严重的患者可以到精神科、心理科治疗，大多数大学生还不至于如此严重，但时常出现拖延现象，伴有焦虑、抑郁等负面情绪。

表现在生涯发展上，就是不能按照生命成长、成熟和发展的规律去完成不同生涯阶段的任务和主题。比如有些学生到大学毕业时仍未完成学业，未做好求职准备，难以在激烈的人才竞争中进入职场，不能立足社会。比如有些大学生明明完成了职业生涯规划书的撰写，但就是不见行动，甚至背道而驰。

三、大学生做好生涯规划

【生命叙事】

毛相林：从绝壁"天路"走上致富路[②]

向绝壁要天路、带领村民脱贫致富的当代"愚公"毛相林是感动中国 2020 年度人物。43 年坚守偏远山村，坚持苦干实干，带领村民用最原始的方式在悬崖峭壁上凿石修道，历时 7 年铺就一条 8 公里的"绝壁天路"。

重庆巫山县竹贤乡下庄村坐落在一个巨大的天坑里，20 多年前，这个被 1000 多米的高山悬崖包围的村庄仅靠一条羊肠小道与外界连接，交通不便、物

---

① 罗朝晖，等.慢就业心态凸显——来自西安应届毕业生就业签约情况调查[N].中国信息报,2019-07-03(003).
② 本文由编者根据《中国青年报》等报道整理。

资匮乏,成为深度贫困村。没有路就没有出路。时任下庄村党支部书记的毛相林立志改变村庄的命运,要为下庄修一条通往山外的路。

在毛相林的带领下,村民们筹集了近 4 000 元钱购买炸药等物资,肩挑背扛,用大锤、钢钎等工具,在绝壁上开凿希望。2004 年,8 公里的"天路"终于在陡峭的崖壁上修到山外。十年后,在扶贫资金的支持下,这条"绝壁天路"变成了 3 米多宽的通村公路。

出山的公路修通了,如何走出一条脱贫致富路? 毛相林带着村民们发展种植业,在农技专家的指导下,乡亲们学会了种脐橙、种西瓜,村里还成立了专业合作社。2005 年以来,他培育"三色"经济,发展乡村旅游,推进移风易俗,提振信心志气,把绿水青山变成了金山银山,让乡亲们改变了贫困落后面貌,过上了富裕文明生活。如今,收获的果实通过这条"天路"源源不断运往山外,每年带来上百万的收入。

2015 年,下庄村在全县率先实现整村脱贫。2020 年,下庄村人均收入 13 000 多元,比路通前翻了 40 多倍。在毛相林和乡亲们的共同努力下,曾经贫困的下庄村走上了脱贫致富的康庄大道。

大学生的生涯规划要充分激活自身的生命潜能,让生命在发展生涯中绽放光彩。具体来讲,就是要大学生自觉明确人生的奋斗目标和价值追求,这需要以更深入地理解自己和认识外部环境为前提;自觉增强身心素质能力,在关爱生命、服务社会中,实现自己的生命价值;主动拓宽视野,提升格局,在奉献世界中,丰富生命体验。

(一) 认识自己,认识环境

帕森斯最早提出的特质因素理论为我们进行职业选择提供了一个基本的指导原则,就是人职匹配的原则,这就需要做到"知己知彼",对个人特性,对职业要求,都有准确的把握,并进行适配。所以"适合的才是最好的",这对今天的就业指导依然适用。戴维斯,美国明尼苏达大学退休荣誉教授,整理了一套工作适应理论,提出个体与工作相符,则适任并满意。因为人与工作是互动关系,工作环境对人有要求,人对工作环境也有需求。人的素质能力要能胜任工作要求,工作也要提供回报,满足人的物质和精神的需求。在做职业生涯规划时,我们需要从内外两个方向去认知和理解自己与外部环境,做出双向多维的深入剖析,以便掌握生命之真,不被假象或幻想迷惑。

1. 全面认识自我

在认识自我这个方向上,大学生需要从最基本的四个方面去认识,即性格/人格特质、兴趣、价值观与能力。可以通过正式评估和非正式评估来认识。

人格特质是指个人稳定的态度和习惯化了的行为方式,是一个人在各种场合一贯表现出来的某种特征。在这方面,一对母女(凯塞琳·布瑞格斯和女儿伊莎贝尔·

布瑞格斯·梅尔斯)研发了人格类型理论——MBTI理论及测评方式,帮助人们了解自己是哪种类型的人,这样的人有何优缺点,适合从事哪类职业。

兴趣是人们认识事物或从事活动时所表现出来的积极态度与心理倾向。现在被广泛应用的霍兰德的职业兴趣测试可以帮助大学生了解自己的职业兴趣。他提出的六种兴趣类型,即"现实型""研究型""艺术型""社会型""企业型""传统型",均有对应的职业类型。还可以通过回忆职业梦想、回顾开心事件等来体验觉察自己的职业兴趣。这里还要注意区分"感官兴趣""自觉兴趣""志趣"。而志趣才是人类最高的兴趣等级,它融合了生命的感觉和认知,以及志向与价值观,从而产生了最强大的内动力,常说兴趣是最好的老师,也可以说志趣是最好的生涯导师。

价值观是关于价值的一定信念、倾向、主张和态度的观点。生命中你认为什么最有价值,对你来说最重要?价值观是行为的驱动力,它指引我们做出生活方式和职业目标等的选择与排序。价值观是非常主观的,不是生而具有的,是后天习得的,受到社会历史条件、家庭信仰、教育水平、周围环境等因素的影响。大学阶段是价值观形成的重要时期,会影响到生命个体的生活方式和品质,职业选择与生涯发展决策,生涯满意度,以及能够取得多大的成就、收获怎样的人生。大学生可以在自己平静的时候,扪心自问"我希望通过工作获得……"并记在纸上,做个排序。也可以通过施瓦茨价值观量表(Schwartz Values Survey,简称SVS)做个测试。还可以通过拍卖价值观的游戏活动,帮助个体澄清自己的价值观。

能力是人们能胜任某项任务的条件、才能。可以通过回顾成功经历来总结自己的能力。在招聘中,用人单位可能通过能力测验来考察求职者的能力。如公务员考试、教师入职考试、韦氏成人智力测验、斯坦福-比奈特智力测验、奥康纳手灵活性测试,还有一些心理测验、个人能力测试、人际关系测试、成就测试等。能力测试既有书面测试,也有工作模拟测试。能力其实包含三个核心要素,即知识、技能、才干。才干是长期习得和形成的个性品质,可见人的人格特质、兴趣、价值观和能力也是密不可分的,它们是在每个生命个体独特的家庭环境、教育背景、成长经历的熏陶、塑造、锤炼之下形成的。

在认识自我时,我们要从自己生命的全部历程和所处环境中去提炼上述四个方面的特征。同时,作为鲜活的生命,我们还应该充分认识到身心健康是人的职业生涯发展的前提和基础。在做生涯规划的时候,同样要考虑到身体素质和心理素质所能够承受的职业劳动强度和压力。我们的家庭、所受教育、传统和文化、特殊的个人经历等,也在影响着生命对自我的理解,大学生应该意识到这些潜移默化的影响,也可以进行360度的访谈,从他者视角客观评价自己,不过每个他者也都或多或少地带有TA的主观判断,所以我们需要有更开阔和多维的视角,并进行冷静和理性的分析。要知道"自我"并不是静止不变的,"我"是在不断成长和发展中的。心理学家鲁夫特与英格汉提出"周哈里窗"模式,帮助我们探索"公开我""盲目我""隐藏我""未知我"。对自我探索越清晰,就会越来越接纳自我、理解自己,越来越知行合一。

2. 全面认识外部环境

每一个生命都处在一定的环境中生长，个体生命在做职业生涯规划时要全面充分认识外部环境。第一，个体生命所生长的家庭环境，家人的价值观、家庭教育，乃至整个家族世代传承的家风家训，往往潜移默化地影响着个体生命的职业选择，同时也能给个体生命提供直接的支持；第二，个体所成长的学校环境和居住的社区、家乡、民族、国家，乃至世界，这些由近及远的外部环境，既以其政治、经济、文化、观念习俗等影响着个体生命的成长，又为个体生命提供着资源与机遇；第三，个体所将要投入的职业环境，要去认识该职业所属行业的发展现状、发展前景，该职业的社会职业价值观、社会地位与声望，该职业所包含的具体岗位的工作条件、工作内容与职责、薪资福利、发展空间等，该职业所处的组织内部环境，也就是具体的用人单位的组织性质、实力、规模、基本架构、人员状况、组织文化、发展目标等。

在认识了整体外部环境带给我们哪些机遇与挑战后，可以重点深入了解具体工作岗位，特别是该岗位对求职者的素质能力等的要求，比如对学历学位、资格证书、工作相关经验的要求，比如对专业能力、通用能力、品格的要求。大学生可以通过新闻、网络、报刊等获取相关外部环境的信息，也可以通过访谈相关职业生涯人物、到实地参观实习等方式去获取信息，并体验在这种环境下工作生活，是否适合自己。环境养人，人亦养环境。当生命个体做出择己所爱、择己所长、择世所需的职业选择时，就能更好地与环境相互滋养。当自我的人生奋斗目标和价值追求，与外部环境同频共振、和谐一致的时候，外力也会推动你前行。当你还不知道自己要往哪里飞的时候，哪里来的风都是飞翔的阻力。

（二）善选职业，做好规划

每一个大学生无论在毕业时，选择继续升学，还是马上工作，最终都要拥有一份职业，都要步入社会去工作，在服务社会中实现自己的生命价值。职业生涯是一个人一生中实践时间最长的阶段。大学阶段，如果能及早地做好职业生涯的选择，进行好生涯规划，并不断适应社会的新发展，动态平衡好个体生命整个生涯的各个部分，就能够实践生命之善，实现生命价值，获得幸福人生。

1. 做好职业选择，进行生涯规划

大学生的生涯观念对其择业就业行为具有直接的影响，培养科学合理的职业发展观和人生观是解决大学生职业规划难题的重要途径。职业选择的基础，就是上文讲到的认识自己、认识环境，在知己知彼的情况下，进行匹配。如果不能匹配，个体要通过不断学习新知、调整心态先去适应职业，没有任何职业会去适应某个个体。也可以进行创业，去创造满足社会需求和自我理想的职业。一般来说，大学生进行职业生涯规划必不可少的五个步骤是认识自我、认识环境、确定生涯目标、制定行动计划并实施、反馈评估调整。

生涯规划意识,越早树立越好;生涯规划实践,越早行动越好。首先,如果是在高考前通过生涯规划选择的专业,一般都比较适应专业学习,在大学期间的重点就是提高自己的能力,以满足未来职业的要求,获得相应职业的任职资格。在大学的学习阶段中,一定要不断深化对所学专业的科学认识,培养生涯规划意识和对未来职业的期待,培养专业自信,了解专业发展最新动态。其次,最为重要的是认真学习专业知识,掌握专业技能,提升专业理论认知水平和应用能力。再次,珍惜有限的大学实践,积极参加社会实践活动,在社会实践中锻炼组织能力、交往能力、协调能力,提升自身综合素质能力,为成为"复合型应用人才"打下坚实基础。例如,参加学校举办的职业生涯规划大赛,培养职业兴趣和对职业理想、职业发展的理性认知,提高职业生涯规划能力;参加各种模拟招聘活动,提升求职技能,加快角色转变,合理定位求职意向和及时就业。[①]

在此过程中,也有部分大学生是在完全"无概念"情况下做出的专业选择。如果经过了大一一年依然发现自己不喜欢该专业,则可以积极进行补救,结合自己的兴趣和职业愿望,积极在全校范围内探索其他专业,联系老师申请转专业,或者进行跨专业考研。在此过程中需要付出大量的努力,这是每个人成功的必经之路,有了目标,路途再远,也请不要害怕。

2. 正确设置生涯目标

大学生在进行职业生涯目标设定时,要注意把握原则。

第一,内在激励、自我挑战、生命全程。自我设定的生涯目标应当是具有激励作用和挑战性的,是自我生命真正想要追求的,能够焕发生命活力的,符合自我的兴趣、性格、价值观,能够促进生命的成长,成为更好的自己。并且考虑了生涯发展的整个历程,考虑生命全程。

第二,清晰可见、具体可量、切实可行。生涯目标与行动计划,要清晰、具体、可行,也就是要明确化、具体化、细化,可以看见图景化的生涯愿景,也可以量化测量目标的达成,规划设计应有明确的时间限制或标准,以便评量、检查,随时省察执行状况。结合自己的特质和环境实际等相关因素,规划切实可行的行动方案,选择切实可行的途径。

第三,协调一致、合作共赢、动态调整。生涯规划的主要目标与分目标之间是否一致? 远期、中期、近期目标是否一致? 目标与措施是否一致? 个人目标与社会目标是否一致? 是否具有合作性和协调性? 目标和措施是否有弹性,能依循环境的变化而做调整?

---

① 蒋利平.社会主要矛盾转化视角下大学生"慢就业"现象解读及治理[J].当代青年研究, 2020(6):70-76.

3. 顺应社会发展，保持动态平衡

大学生从学生到职业人的角色转换，是生涯发展的一个关键期，能够适应社会发展带来的新变化，适应社会职业提出的新要求，满足社会用人的新需求，就能够顺利进行角色转换，实现生涯的发展，完成生涯的阶段任务。舒伯指出："生涯是生活里各种事件的连续演进方向和进程，它统合了人一生中依次发展的各种职业和生活的角色。"在做职业生涯规划的时候，要注意不仅仅考虑自身职业的选择和发展，还要意识到自身多重生命的角色。同学们可以通过生涯教练工具之平衡轮，进行生涯平衡的省察。通过这种图像绘画，可以觉察自己目前的生涯状态，明确生涯目标，促进生涯行动，并且能够从整体上去觉察自己的全部角色状态，看到每部分都是互相关联的、相互影响的，需要动态平衡，当下所聚焦的一个目标的实现，也是需要几方面的相关支持。

步入职场，大多数毕业生也将逐渐立业成家，其自身的生涯角色也变得更多。作为职业人，要对他人、对团队、对工作负责，作为父母的孩子，要孝敬老人，作为孩子的父母，要生育、抚养和教育子女，还有夫妻、朋友、公民等角色，在诸多的角色中，在工作与生活中，要学会平衡。

(三) 服务社会，实现价值

生命之美，美在创造。陶行知在《创造宣言》中说："处处是创造之地，天天是创造之时，人人是创造之人，让我们至少走两步退一步，向着创造之路迈进吧。"相信每个生命都有无限潜能，在创造中丰盛自己、奉献世界，呈现生命之美。

1. 发展事业和志业，树立职业志向

大学生在进行职业生涯规划的时候，需要意识到职业、事业和志业的不同。职业，是性质相近的工作的总称，通常指个人服务社会并作为主要生活来源的工作。职业是一个客观的概念表述，呈现出个人参与社会分工，用专业的技能和知识创造物质或精神财富，获取合理报酬的事实。事业，是指人们所从事的，具有一定目标、规模和系统的对社会发展有影响的经常活动。事业，同样是客观的概念，但强调了群体性、规模性、系统性和影响力。志业，指志向与事业，因为有了"志"，而更多地强调了主观能动性，强调了人内在的动力。

当一个人能够发现自己的志业，树立职业志向时，其生命能量是强大的。他不仅为着个人的生计和生活，更是为着长远的目标、职业的理想、生命的自我实现而工作。杨国枢教授在《职业与志业》里描述："一个以志业为主的人，他根本不会考虑'就业'的问题，他就是喜欢做这种工作或这类事情，根本不会去考虑工作时间的长短，只要有时间就去做，而且是不计成本的，有时候不但不赚钱反而还要赔钱，他也甘之如饴……因为他觉得这份工作，可以让生命更有价值、生活更有意义，可以感觉到自己

在其中找到安身立命的基础,这就是'志业'。"①

2. 敢于创业和创新,激活生命创造

在中国,改革开放40多年,中国的经济体量实现了跃升,生产力的提升、社会需求升级、科技进步令新旧职业更替、社会分工愈加细化。40多年来,单一职业体系发生翻天覆地的变化,新的职业体系在细化与新生中逐步重构。2015年,人力资源社会保障部等部门颁布的修订后的《中华人民共和国职业分类大典》新增了347个职业、取消了894个职业。职业的变迁映射着社会的发展。

未来已来,人工智能的快速发展是否将逐步取代人类劳动力?英国广播公司BBC基于剑桥大学研究者 Michael Osborne 和 Carl Frey 的数据体系分析了365种职业在未来的"被淘汰概率"。如果你的工作符合以下特点,你被机器人取代的可能性非常小:一是社交能力、协商能力以及人情练达的艺术;二是同情心,以及对他人真心实意的扶助和关切;三是创意和审美。相反,则更容易被取代:一是无需天赋,经由训练即可掌握的技能;二是大量的重复性劳动;三是工作空间狭小,不闻天下事。

当代大学生是在中国深化改革开放、中华文化复兴、中国重新崛起、信息化、全球化的时代背景下学习和成长起来的。在发展的社会中,个体生命也不能停止生涯发展的脚步,要保持终身学习,不断创新创业创造。在中国共产党第二十次全国代表大会的报告中,"创新"出现多达几十次,是最热的高频词之一。习近平总书记强调"必须坚持科技是第一生产力、人才是第一资源、创新是第一动力,深入实施科教兴国战略、人才强国战略、创新驱动发展战略,开辟发展新领域新赛道,不断塑造发展新动能新优势……坚持为党育人、为国育才,全面提高人才自主培养质量,着力造就拔尖创新人才,聚天下英才而用之。"当代大学生应该自觉提升创新能力,激活生命创造力。

创业教育被联合国教科文组织称为教育的"第三本护照",被赋予与学术教育、职业教育同等重要的地位。创业教育重在培养创业精神和创业能力,提高大学生的综合素质。我们所说的创业,不一定是创办公司、从事商业经营。现实中大学生创业成功几率很低,我们鼓励更多的大学生进行"岗位创业",就是以创业的心态与精神去工作,创造性地工作,不断实现创新发展、解决新问题、创造新价值。亚当·格兰特在《离经叛道》中说:"创新者是那些主动采取行动使他们的想法变成现实的人……工作不是静态的雕塑,而是灵活的积木。"带着这样的创新意识,你也可以创造自己想要的工作,成为自己本职工作的建筑师。

3. 珍惜选择,丰富体验,活出生命意义

作为年轻的学子,看似有大把时间可以去试错与思考,但是在高速发展的现代社

---

① 黄天中. 生涯体验——生涯发展与规划[M]. 北京:高等教育出版社,2015:323.

会,"不进则退"适用于每一个社会人。在明确生涯目标之后,大学生应当尽快选择,快速行动,不虚度时间,不浪费青春。这个多元包容的社会给予大学生充分选择的权力,大学生无论进行何种选择,相信都是他们在对环境认识、自我评估基础上理性做出的选择。大学生要珍惜选择的权力,丰富生命体验,在体验中总结与规划,在青春奋斗中活出生命意义,实现生命价值,创造个人财富与社会财富。学校生涯教育的最终目标是帮助大学生建立生涯规划意识,树立长远的生涯目标,丰富生涯认知,拓展择业路径,提升生涯规划和生涯管理的能力,强化就业择业的技能与条件,增强就业自信心,培养优秀个人品格,在职业规划中更好地认识自我、完善自我、发展自我,以行生慧,以终为始,共同促进大学生生命健康发展。

【生命活动】

主题:我的小书①

活动目的:自我探索、反思过去、探讨未来、分享生命故事。

活动工具:每人 A4 或其他纸张 6 张、蜡笔或彩铅等画笔若干、音乐 5 首。

活动过程:伴随音乐,听指导语绘画,每幅画最后都命名,并写上感受。

1. 每人选一支笔,闭上眼睛,随着播放的音乐《隐形的翅膀》,用左手(平时不握笔的手)在纸上自然滑动,音乐停止,慢慢睁眼,欣赏画作。

2. 在空白纸上,伴随音乐《Time To Say Goodbye》睁眼用右手画去年的"得与失"。

3. 在空白纸上,伴随音乐《绿钢琴》,想象或实际画上自己的脚印,想想今年的路要怎么走,用颜色和造型装饰脚印。

4. 在空白纸上,伴随音乐《感恩的心》,先画上自己的左手印,再画上在场另一位朋友的右手印,用颜色和造型装饰,想想如何群策群力实践今年的计划。

5. 伴随音乐《明日恩典》,为小书设计封面封底,并为书命名。

6. 分享与交流。每幅画的命名与感受,可以在绘画中书写,也可以留在最后书写。可以自行选择播放的音乐。

【推荐书目】

1. 吴沙. 遇见生涯大师[M]. 北京:北京大学出版社,2017.

2. [美]亚当·格兰特. 离经叛道——不按常理出牌的人如何改变世界[M]. 王璐,译. 杭州:浙江大学出版社,2016.

---

① 该活动选自纪洁芳等著的《生命教育教学》。

第十一章 责任:生命的内在使命

【生命格言】

　　每个人都被生命询问,而他只有用自己的生命才能回答此问题;只有以"负责"来答复生命。因此,"能够负责"是人类存在最重要的本质。

——维克多·弗兰克

　　人生须知负责任的苦处,才能知道有尽责的乐趣。

——梁启超

【知识导图】

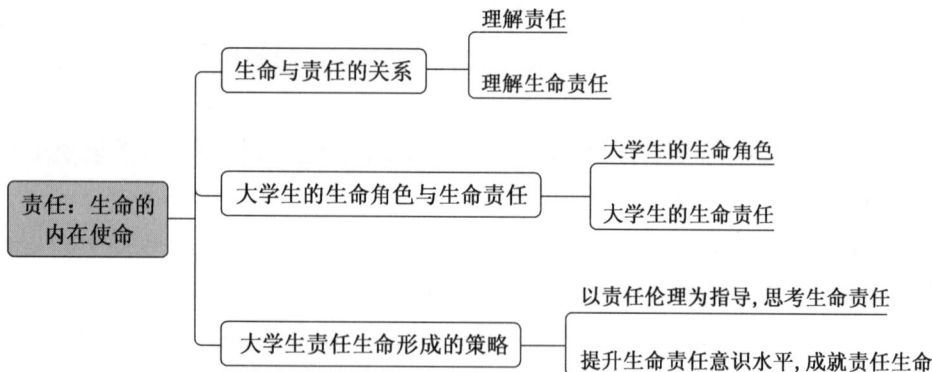

- 责任:生命的内在使命
  - 生命与责任的关系
    - 理解责任
    - 理解生命责任
  - 大学生的生命角色与生命责任
    - 大学生的生命角色
    - 大学生的生命责任
  - 大学生责任生命形成的策略
    - 以责任伦理为指导,思考生命责任
    - 提升生命责任意识水平,成就责任生命

【生命叙事】

生命哲学家——汉斯·约纳斯①

　　汉斯·约纳斯(Hans Jonas,1903—1993),20 世纪著名的生命哲学家。

---

　　① 节选自:陈中奇. 汉斯·约纳斯:在信仰与理性之间踟蹰前行的生命哲学家[J].西北大学学报(哲学社会科学版),2016,46(4):30-35.

1903 年 5 月 10 日出生于德国门兴格拉德巴赫一个传统犹太人家庭。1921 年起先后就读于弗赖堡大学、马堡大学等地，师从于胡塞尔、海德格尔、鲁道夫·布尔特曼等著名教授。约纳斯最著名的代表作品为《责任原理》。他本人被誉为"20 世纪相当有独创性的也是相当重要的哲学家之一"。

1933 年，迫于德国国内的排犹浪潮，约纳斯被迫离开德国，前往伦敦避难。1935 年移居到耶路撒冷（当时的巴勒斯坦受英国保护），以教学和做一些业余出版工作度日。1939 年欧洲战争爆发后，约纳斯加入了英军的犹太旅，他拒绝在军队情报部门任职，而是直接上了最前线，经历了惨烈的战争。1945 年，约纳斯参加了解放祖国德国的战斗，完成了 12 年前发的誓言：只有作为占领军士兵，他才会回到德国本土。1945 年回到耶路撒冷之后，约纳斯才得知母亲早已于 1942 年在奥斯维辛被杀害的噩耗。1948 年，第一次中东战争爆发，约纳斯再次穿上军服，这次他加入的是以色列的炮兵部队。战争结束以后，约纳斯于 1949 年移民加拿大，在加拿大的六年时间里，他先后在蒙特利尔的麦克吉尔大学（McGill University）和渥太华的卡尔顿大学（Carleton University）教书。

1955 年，约纳斯受邀请加盟美国纽约新社会科学研究学院（New School For Social Research），直至 1976 年退休。1987 年，已经 84 岁高龄的约纳斯，获得了德国书商协会颁发的和平奖殊荣。也就在这一年，他还获得联邦德国颁发的杰出贡献十字勋章。1993 年 2 月 5 日，约纳斯逝世于纽约，享年 90 岁。

约纳斯的学术研究生涯大概可以分为"三步走"：第一步是关于诺斯替主义与现代虚无主义的研究；第二步是关于哲学生物学的研究；第三步是关于责任伦理学的研究。与之相对应，约纳斯的代表作也可以称为"三部曲"：第一部是《诺斯替宗教：异乡神的信息与基督教的开端》；第二部是《生命现象：通往一种哲学生物学》；第三部包括两本书，分别是《责任原理——一个技术文明伦理学的尝试》和《技术、医学与伦理学——责任原理的实践》，可以称之为姊妹篇。

综观约纳斯的一生，无论是人生的经历，还是学术的历程，他一直在虚无与永恒、有限与无限、信仰与理性之间艰难地探索着，显得那么犹豫、徘徊、纠结、踌躇、踯躅。即便如此，作为一名生命哲学家，约纳斯一直行走在"思"的路上，虽然这一旅途非常艰辛，但是他从来没有放弃过，而且，他一直面对着这个世界，面向着人类的未来。或许，约纳斯的一生，也就是 20 世纪世界历史的真实写照。

一、生命与责任的关系

(一) 理解责任

1. 何谓责任

《国际教育百科全书》中在陈述"责任"一词时这样说:"责任是一个有争议的术语。"①《现代汉语词典》中对"责任"的一般定义是"分内应做的事;没有做好分内应做的事,因而应当承担的过失。"由此可见,关于"责任"的概念较为模糊。

从词源上看,在中国古代,"责""任"是作为两个词使用的,且意义同今天有所不同。直至现代中国才出现"责任"一词,责任心、责任感、责任意识是由于responsibility翻译转换问题。纵观中国古代词源,"责"主要有义务、责任、职责、责备、责罚的意思;"任"意味着职责、任务。中国传统儒学从社会实际的人伦关系和伦理生活出发,划分出各种各样的角色,规定起相应的责任,即"以名定责"。

在英语中,责任(responsibility)来自拉丁文respondeo,最早可以追溯到古希腊哲学家柏拉图、亚里士多德等人在分析正义、职责和对过失的惩罚时对"义务"一词(accountability/answerable)的使用。意味着有能力履行义务、可以承担、使之满意等,属于哲学范畴,两者如今仍常常被作为同义词来使用。

简单而言,汉语对责任的理解就是完成应尽的义务、做好分内应做的事,以及做不好分内应做的事而应承担的过失。本书将责任的对象定位于具有主观能动性的"人"的生命。

2. 责任的相关概念辨析

(1) 责任意识。责任意识是承担责任的意识,包括责任认知与理解。从哲学层面来看,责任意识是人对自己完成身负职责和任务的负责精神,是基于自我期望与认同的内在精神品质。从心理学层面来看,责任意识是一种事先的主观自觉,涉及责任认知、责任情感和责任行为等方面。

(2) 责任心。责任心在心理学中是一种个性品质,在与教育领域结合过程中,责任心广泛出现在责任教育的相关话语中,它主要是指个体对他所属群体的共同活动、行为倾向及积极负责的态度特征。

(3) 责任感。责任感从术语上属于伦理学的范畴,是指基于人在承担自身责任过程中产生的意识及完成任务后的情感体验。朱小蔓教授在《情感德育论》中,将责任感界定为一种积极的情感体验。②

---

① 国际教育百科全书(第一卷)[M].贵阳:贵州教育出版社,1990:643.
② 朱小蔓.情感德育论[M].北京:人民教育出版社,2005:94.

3. 责任的主要来源

（1）身份角色。身份角色论认为责任首先是一种职责和任务，履行与身份角色相对应的责任，即体现个体的身份角色。在社会生活中，每种角色都意味着一种责任。[①] 每一个体生命在社会中都承担着多重角色，每一个角色都有其要承担的责任，自觉自愿地履行角色责任，是个体生命应尽的义务。

（2）契约承诺。契约论认为责任来自契约的遵守与实现，若没有事先的承诺，就没有责任感。责任也是履行诺言，或是给予他者承诺。责任与诚信、信任密切相关。

（3）人类本性。自然论者认为责任来源于人类的本性，人的责任不限于角色责任，而是他成为一个人本身自然而然应担负的责任。

（二）理解生命责任

1. 何谓生命责任

对生命责任问题的思考，一直贯穿于人类文明的思想史中，自古希腊时期，人们就开始意识到作为"类存在"的生命体与作为自然存在的生命体的区别就在于人类作为自然界的最高理性存在物，有对生命负责的能力。如普罗泰戈拉提出人是万物的尺度，一切实践都应对人的生命负责。苏格拉底则对生命责任的基本问题表明了自己的立场，他认为对生命最基本的责任就在于维系生命的存在，每一个生命个体都要严格审视生活，以对自己的生命和人生负责。到近代，哲学家康德对人本质问题进行了重新回答，对何为生命责任进行了重新诠释，他指出，人是目的而非手段；卢梭也从自然主义思想出发，强调要对生命负责，就应将生命自然对待。到了现代，存在主义哲学强调对生命的关注，注重在现实中对生命负责，如萨特认为"人是自己造就的⋯⋯他通过自己的道德选择造就自己⋯⋯"正是在生命实践的自由选择中，衍生出了对生命的责任；海德格尔认为"存在先于本质"，死亡是一种此在，人是一种走向死亡的存在。既然人活着，就必须承担存在的责任，完成这一责任也就意味着生命的结束，而承担责任就意味着要在有限的生命中活出生命的价值和意义。

2. 何谓责任生命

责任生命是指回归人的生命主体视角，人生存的意义在于成为负责任的生命主体。责任生命主要体现在向外"对生命负责"和向内成为"负责任的生命"两个方面[②]。责任生命即要求个体在成长过程中使自己成为一个负责任的生命。

---

① 周静.责任生命理论及教育思考[D].首都师范大学,2015:14.
② 刘慧.生命教育导论[M].北京:人民教育出版社,2015:117.

二、大学生的生命角色与生命责任

(一) 大学生的生命角色

"角色"这一概念最早由米德从戏剧引入社会学,是指在社会或某一群体中处于一定地位并按相应的行为模式行动的一类人。角色是在互动过程中形成的,角色体现了地位的运动方面,个体在社会中被置于某种地位上并通过对其他地位的关系而占据这个地位。当他实现构成地位的权力和责任时,即当地位所代表的权利和义务发生效果时即为角色扮演。①

角色是人生命存在的一部分,也是人生命存在的体现方式。人的社会性离不开角色的支撑,角色一方面体现着人的社会价值,一方面又体现着人的个体价值。每个人在社会中都承担着多重角色,在某种程度上可以说人是通过角色来完成与他人的联系的,每一个个体生命都同时肩负着若干个角色,拥有若干个角色。履行角色的使命,是生命的义务。

大学生是学生的一种类型,是一群极富青春活力和极具知识探索力的年轻人,都处在人生过渡的关键时刻,其社会地位随着社会而变迁。大学生群体的社会角色具有过渡性、多变性的特征,表现为随着年龄的增长而长大成人,其角色也随之改变。大学生群体的社会角色还有多重性的特征,表现为其在学校生活、社会生活、家庭生活、国家生活领域中扮演"学生""青年""子女""公民"等多元角色②。

"学生"是指全日制国家大中专院校的在校大学生。学生是大学生生命角色的主体,学习者是学生身份的主要体现。学习是大学生的天职,对大学生生命角色的期待中就包含了要求其具有较高的专业水平,以奠定其未来择业、立业的坚实基础。此外,较强的社交能力、良好的心理素质等也是对大学生的基本期待。

"青年"是作为对应于生理的、心理的发展阶段而加以把握的概念。青年人是一定社会经济形态和条件下由少年向成年过渡、发展的社会群体,是处在以性的成熟为基本标志、身体继续发育成长、各种器官和机能达到完全成熟,思维、记忆、情感、意志、兴趣、能力、性格迅速发展,积累知识和形成世界观,社会生活范围日益扩大,开始选择职业并迈进成人生活的特定时期的人群。不仅意味着生理逐渐发育成熟,更重要的是逐步摆脱依赖性,担负起职业和家庭等社会责任,在社会生活中具有独立、相对稳定的地位。作为青年人的大学生集中体现了青年的系列特征和特殊利益。他们虽已成人,却没有直接加入社会生产过程,虽日渐摆脱家庭束缚,却没有真正走向独立,反映了其鲜明的过渡性、边缘性色彩的生命角色。

---

① [美]乔纳森·H.特纳.现代西方社会学理论[M].范伟达,主译.天津:天津人民出版社,1988:441.

② 王晓燕.当代大学生的角色冲突与适应[J].山东青年政治学院学报,2013(11):82-86.

"子女"指的是父母与孩子之间的亲子关系。"子女"是大学生自出生以来即自然生成的一个生命角色。家庭与大学生的关系千丝万缕,对于绝大多数人而言,家庭是他们主要的经济来源和精神后盾,因而对家庭具有很大的依赖性。而作为当代大学生,又以崇尚自由平等、追求民主独立为其价值追求,因此,在家庭中,大学生对父母的态度已经脱离了传统的一味服从和"孝顺",而是呈现出追求独立平等的亲子关系,与父母形成理解、尊重基础上的"朋友"关系。

"公民"指的是具有一国国籍,并根据该国宪法和法律规定享有权利并承担义务的自然人。公民在政治、经济、文化、社会等领域内不同的权利和义务规定性,体现出了公民在不同活动领域内的价值取向;公民参与作为民主政治的核心内容,在一定意义上直接显示着我国民主政治的状况与和谐社会的程度。随着当代大学生主体意识的不断增强,他们对于自身所具备的现代公民身份也越来越有着深刻的认同。他们在注重个体自由、平等的权利的同时,也将自身的发展与社会紧密结合起来,积极关注社会、参与社会,勇于承担社会责任。

【生命叙事】

"90后":这次战"疫",是我们这代人的"长征"[①]

2020年年初,新冠肺炎疫情暴发,在抗击新冠肺炎疫情的战场上,一大批"90后"挺身而出。"90后"医护人员、"90后"志愿者、"90后"警察、"90后"社区工作者……面对疫情,长辈们眼中的"孩子",在坚定逆行中成熟成长。

"护士长,我的婚礼取消了,请让我上一线。"26岁的闫鹏和妻子陈金阳是华中科技大学附属同济医院一对"90后"小夫妻,本打算2月1日在老家甘肃举办婚礼,回家机票、婚礼酒席都准备好了。2月4日,记者连线采访闫鹏时,他刚结束同济医院中法新城院区重症病房的清理准备工作。这是他上战场的第11天,妻子怀孕的第三个月。"领结婚证很久了,一直忙没办婚礼。终于我俩都得空了,但国家需要我们。"闫鹏说。"他总说老婆是第一位的,但我知道,在他心中患者才是第一位的。"陈金阳说,"努力让所有宝宝出生在没有疫情的世界,就是他给我的爱。"

"我未婚,父母未老,无牵挂,我去一线。"这是27岁的东南大学附属中大医院护师李宗育支援武汉的报名"宣言"。在武汉大学中南医院,她已工作了整整8天。"幸有爱女学木兰,不计安危赴前线。时时扶杖倚门望,置酒布宴待凯旋。"这是有着40年党龄的父亲赠别女儿李宗育的诗。"我知道,爸爸是为我骄傲的。爸爸是退役军人,一直教导我'家是最小国,没有国哪有家'。"李宗育说,

---

① 节选自:王婧."90后":这次战"疫",是我们这代人的"长征"[J].今日中国,2020(3):58-59.

家人是后盾,祖国是后盾,有家在就安心。

"如果有万一,请帮忙照顾我的父母。"临行前,28 岁的山东省肿瘤医院重症医学科护师于亚群做好了打算:拜托发小照顾父母,并将银行卡密码、钥匙留给远在大连的姐姐。1 月 28 日,于亚群出发前往黄冈市大别山区域医疗中心。出发前一天,爷爷去世。"现在爸妈正伤心,我又来一线,妈妈流着泪反复叮嘱,一定要平安回来。"于亚群说。"后悔吗?""不后悔。选择了护士职业,这就是职责使命。工作中仔细再仔细,努力救治患者,也保护好自己不受感染,这样才有可能帮助更多人。"于亚群说。

(二) 大学生的生命责任

大学生的生命角色是多样的,生命责任也是多重复杂而又独特的。大学生的生命责任内容包括自己生命、他人生命、他类生命的责任,这些生命责任相互促进、相互作用、相互影响、辩证统一。

1. 对自己生命的责任

对自己生命的责任是指个体发展过程中要对自己的生命安全、健康状况、物质方面、精神方面等给予负责。大学生只有先对自我生命负责,才能承担起对他人及自然生命负责的重担。亚里士多德说:"一个人对邻人的友善,以及我们用来规定友爱的那些特征,似乎都产生他对他自身的关系。"古语云:"身体发肤,受之父母,不可毁也。"爱护身体的每一部分,不仅是出于孝的观念,更是对生命的关爱。马斯洛需要层次理论告诉我们,人具有自我实现的本能,让自我向健康、美好和幸福的方向积极努力。培养的目的是"人尽其所能成为最好的人",让人的生命焕发光彩。一个人首先必须有自我责任之感,他才可能谈得到社会责任。自身生命责任是一切其他生命的基础,同时也促使其他生命的意义。

一名大学生的生命不仅属于自己,还属于家庭、社会。大学生需要完善自身的内在结构,包括身心健康、知识水平和个人能力等方面。大学生既要在确保身体和心理和谐统一的基础上,掌握精深的专业知识和人文素养的文化内涵,也要不断提高发现自我问题和解决自我问题的能力。大学生自我生命责任的发展和完善,使其不断超越自我、走向他人、关爱自然成为可能。

【生命叙事】

"感动中国"的大学生——徐本禹

徐本禹,男,1982 年生,山东聊城人,中共党员,1999—2003 年就读于华中农业大学。2003 年考取该校农业经济管理专业公费研究生,但没有立即就读,到贵州省大方县猫场镇狗吊岩村岩洞小学与大水乡大石村大石小学支教。徐本禹因天涯社区的文章《两所山村小学和一个支教者》而被中国人所熟知，后获选中央电视台"感动中国·2004 年度人物"。2008 年 1 月 10 日荣获"中国第 18 届十大杰出青年"。

徐本禹家境贫寒，考入大学后，学习和生活遇到很多困难，被列入特困生，并得到学校的资助、老师同学的关爱和社会的帮助。在大学期间，他节衣缩食，用自己勤工助学的微薄收入和刻苦学习所得到的奖学金，先后资助多名经济困难的同学，并积极为社会公益事业捐款。从 2001 年起，徐本禹一直在资助一名叫许星星（曾获全国十佳春蕾女童称号）的孤儿，从未间断。他在自述中写道："我唯一能做的就是把爱心传递下去，用自己的行动来帮助那些生活上需要帮助的人。"

2002 年 7 月，徐本禹参加学校组织的暑期社会实践，到贵州省大方县猫场镇狗吊岩村设在山洞里的为民小学支教一个月。这次社会实践使他更加深刻地认识了国情，激发了强烈的社会责任感，决心以实际行动为改变当地贫穷落后的状况贡献自己的力量。返校时，孩子们依依不舍，他向孩子们承诺一年后再回去给他们上课。考上研究生后，他打算放弃深造机会，回到贵州实践自己"阳光下的诺言"。学校经过研究，决定为他保留研究生学籍两年，支持他的行动。

2003 年 7 月，徐本禹重返生活和工作条件十分艰苦的为民小学义务支教。徐本禹每月从微薄的生活补助中节省出一半的钱，用来资助当地孩子上学。他的感人事迹经媒体报道后，社会各界纷纷伸出援手，使当地教育条件迅速得到改善，小学迁出山洞，搬进了新校舍，在校学生也由原来的不足 100 人增加到 250多人。

从 2001 年开始，媒体就开始报道徐本禹的事迹。支教期间他多次应邀在贵州省和武汉市高校做报告，引起强烈反响。2007 年 7 月，反映徐本禹支教事迹的图文报道《两所乡村小学和一个支教者》在网上发表，立即引起巨大轰动。100多家国内外网站转发，30 多家报纸、杂志、电台、电视台做了相关报道。11 月 20日，徐本禹入选中央电视台"2004 感动中国"年度人物候选人。

徐本禹的事迹感动了无数人，尤其感动了广大青年学生。全国各地网友，以及十多个国家和地区的华人华侨和中国留学生纷纷发来电子邮件或在网上撰文，用真诚感人的语言，表达了对徐本禹的赞誉，称他为"新时代大学生的楷模""中华民族的脊梁""知识分子的社会良知"。

徐本禹的事迹不仅充分体现了当代大学生理想信念坚定、价值取向正确、积极进取、奋发成才、勇于战胜困难、乐于奉献社会的精神风貌，也体现了高等学校自觉履行社会责任、积极服务经济社会发展的良好社会形象。

2. 对他人生命的责任

对他人生命的责任是在对自我生命负责的基础上,除对自我以外的他人生命的一种尊重、关心。除了自我本身的存在以外,人的周围还有众多生命存在。法国哲学家列维那斯是倡导"为他性责任"的典型代表,他提倡一种以他人为导向的生命责任意识,主要表现为对身边的老师、同学、生活中其他的一切人的生命责任。巴巴拉·乔丹说:"世界不是游乐场,而是一所学校;人生不是假日,而是上学,有一课是我们每个人都要学习的:我们怎样才能更好地爱他人。"大学生的全面发展离不开他人的帮助,在履行自我生命责任的同时,要为他人生命负责,其自身发展不应危及他人,应为他人提供基础与条件,应在与他人共同发展中谋求自身的发展,从而实现个人和他人的共同进步和发展。

【生命叙事】

用生命诠释职业责任与担当①

2021年8月16日,北京市顺义区顺31路公交司机王舰师傅在运营过程中突发疾病,生命尽头他拼尽全力完成减速、靠边、停车、拉手刹等一系列动作,守护了一车乘客的安全,而他的生命永远地定格在了42岁。有乘客回忆,王师傅发病后不仅稳稳地停下车、打开了前后门,还不忘打开双闪。

这位平凡的公交车司机,用生命诠释了什么是高度的职业责任感,什么是无私忘我的精神。群众纷纷送上最真诚的敬意和悼念:"师傅最后冲着车门摆摆手,好像是在向这个世界告别,热泪盈眶!""师傅一路走好,希望家人平安!""发病时师傅拼命用手捶自己的头,那是在强制自己保持清醒,护一车人安全!"

3. 对他类生命的责任

对他类生命的责任是人在处理与自然关系时所表现出来的对与人类同处于一个星球上的其他生命体的一种生命责任。人之自然生命是人生存发展的基础,自然生命的完善和保全是进行其他一切活动的前提。大学生的自然生命责任是在人类与生俱来的生理特点及身心发展规律的基础上,根据其所处环境在个体生命中的具体表征,具体表现为对自我、他人、动物、植物等所有自然生命之间关系的肯定与接纳。自然生命责任是个体对自然界一切存在着的生物的爱护。②

---

① 摘自《京报网》官方公众号2021年8月20日,有删改。
② 史文欣.广西医学生生命责任意识培养研究[D].广西医科大学,2015.

生命现象扫描

高校为何频发虐待动物事件？

2002 年一二月间，清华大学机电系学生刘海洋先后两次在北京动物园熊山黑熊、棕熊展区，分别将事先准备的氢氧化钠溶液、硫酸溶液，向上述展区内的黑熊和棕熊进行投喂、倾倒，致使 3 只黑熊、2 只棕熊（均属国家二级保护动物）受到不同程度的损伤，给北京动物园造成了一定的经济损失。

2005 年 12 月，一位自称是复旦大学博士的网友曝出内幕，称复旦大学研究生张亮，已经虐杀了至少 30 只猫。而他虐杀小猫的原因是："你知道我没有任何发泄的渠道，把小猫拿过来（养），可以提供一个给我这样发泄的渠道……"

2006 年 12 月 3 日，一只仅几个月大的小白猫溜进北大医学部图书馆取暖，被一名男生抓住。在场学生以为他只是要把小猫扔出图书馆，而该男生做出了更令人惊愕的举动："……只见此人将小猫尾巴狠狠一拽，然后把小猫脑袋摔在墙上。小猫的血、脑浆顿时四溅，死在了一百多个自习的同学面前……"

2020 年 4 月，山东理工大学学生范源庆在短短两个多月里，杀害了 80 余只流浪无家可归的幼小猫咪，他不仅在猫咪还存活的情况下，用多种残忍的方式虐待它们，还将自己作案的一系列过程拍成视频，并通过多种社交平台公开宣传贩卖，以此来营利，种种行为令人发指。引发众怒后，范源庆被学校予以退学作为惩戒。

三、大学生责任生命形成的策略

奥地利心理学家弗兰克提出人对生命负责的必然性，他认为："每个人都被生命询问，而他只有用自己的生命才能回答此问题，只有以'负责'来答复生命。"因此，对生命负责是人类以生命存在的基本形式。人作为责任的发起者与承受者，要建立对生命负责的观念，即"责任生命观"[①]。

责任生命从"责任"本身的约束程度分为保全生命、履行承诺的完全责任和发展生命、助他的不完全责任；从责任对象层面分为对自我生命负责与对他者生命负责。每个生命都应努力成长为负责任的生命，大学生也当如此，具体而言，有以下策略帮助大学生形成责任生命。

（一）以责任伦理为指导，思考生命责任

责任伦理倡导的责任意识对生命发展影响极大，能够使个体在责任的承担过程中追寻生命的意义，从而获得生命成长。生命发展的目的就是在责任的承担过程中

---

① 周静.责任生命理论及教育思考[D].首都师范大学，2015.

追寻生命的意义。要解决大学生生命存在的虚幻，只能是让大学生发现生命的意义。在责任的主动承担下自我生活，只有通过自觉承担生活才能一步一步发现自我存在的价值，因此，以责任伦理为指导，通过不断思考，意识到自我责任从而理性做出价值判断，对自己的生命为何负责、如何负责、向谁负责等问题有不断清晰的认识。

（二）提升生命责任意识水平，成就责任生命

1. 自觉提升对自我生命的责任意识

一是可以通过回忆生命的演化历程，唤起生命敬畏感。在生命教育课程中了解人类的起源、进化过程，认识了解生命进化的不易，从而唤起珍爱生命的意识。体验生命进化的漫长性、生命进化的艰难性，经历无数次的大灾难，人类还存在于这个世界上，足以证明生命的宝贵。珍惜生命，才是对生命负责任的集中体现，是对生命发展的要求。

二是可以通过体悟血缘性生命，增强自我认同感。血缘性生命是指带有部分相同遗传基因的生命体，如父与子的关系。加强对血缘性生命的认识，每个个体都是不单独的生命，他承载着将父母的基因传递下去的重任，每个大学生都要珍惜自己的生命。学习过程中要正确认识生命的来源，领悟生命的来之不易，明白自我生命是父母生命的延续。我们有责任和义务将这种基因保留并传递，那么我们就应该珍惜生命、爱护生命，就应该形成生命责任意识，努力保证我们的生命安全。

【生命叙事】

WWE 巨星陨落

2020 年 5 月，38 岁的前 WWE 巨星沙德·加斯帕德带着自己 10 岁的儿子一起在威尼斯海滩玩耍，可能是对于自己游泳能力的自信，他们游到了稍微离安全海岸有点远的区域，可谁想此时的海面突然暗流涌动，加斯帕德与儿子被一股强烈的水流吸住，惊慌的他们一直在喊救命，在这个情况紧急的时刻，岸边的救生员果断跃入水中前往营救，当救生员靠近他们时，加斯帕德大喊着："先救我儿子！"当救生员把他的儿子送回安全区域后，再去寻找加斯帕德早已不见踪影，之后当地警察出动了直升机进行搜救，潜水员也同时配合在水底搜寻，但依然没有找到加斯帕德。

在真正遇到危险的时刻，真是父爱如山。作为父亲的加斯帕德最后时刻的做法让人感动，为了自己的孩子，放弃了营救自己的机会。

2. 主动提升对他人生命的责任意识

马克思曾经明确指出"个人是社会存在物"，并且提出了著名的命题："人的本质

不是单个人所固有的抽象物，在其现实性上，它是一切社会关系的总和。"社会关系是对人影响最深的关系，人与人的交往能影响人的观念和思想。大学生要积极参与到社会生活中去，如参加社交活动，参与班级组织的各种活动。这样有利于提高大学生人际社会生命意识。

任何一个人都一定是父精母血孕育而就，人由此传承了父母的血脉，同时也要繁衍子孙后代，这就使人之生命与前辈构建了关系，也与后辈密不可分。人只能生活在社会之中，必与社会其他的人和组织结成复杂的关系，其生命必然打上社会的烙印，离开了与社会的关系，单独的个体难以存活。人际关系的和谐是我们获得自由的社会基础，而善待生命又是和谐生成的历史起点。大学生应该积极参与社会活动，从活动中学会与人交往，学习他人对待生命的态度，以此来提升自我的生命意识。

3. 积极提升对他类生命的责任意识

积极提升对他类生命的责任意识，首先就要保护人的生命，使人的生命健康、顺利地生长，从而为其进行社会活动打下良好的基础。通过走进自然，体验他类生命的情意，学会珍惜生命，善待生命。

养成爱护自然、欣赏自然、保护自然的行为习惯，达到和自然的良好互动。如果大学生能积极投身至保护自然的行列中，保护好生态环境，这样无疑能延长整个人类生命，是具有生命责任意识的表现。对他类生命的责任意识培养目标，体现在认识到人的生命与他类生命的相通性及从他类生命中学习生命责任意识。作为大学生的我们更应如此，以自然为导师，学习其坚忍不拔、积极向上的精神。大学生要树立自然观，珍惜自然给予我们的一切，敬畏自然，人与自然的和平相处有利于人类的发展。大学生在诉求发展和进步的过程中注意维护自然生态，达到人与自然和谐发展的境界。

【生命活动】

主题：体验新冠肺炎疫情期间不同角色的生命责任

活动目的：使大学生对生命的珍贵有所体会，对自身所肩负的生命责任更加清晰。

活动内容：通过扮演新冠肺炎疫情期间医生、护士、志愿者、病患，体会面对病魔时的不同角色的生命责任，从而珍视生命。

【推荐书目】

1. ［意］朱塞佩·马志尼. 论人的责任［M］. 吕志士，译. 北京：商务印书馆，1995.

2. ［美］里奇拉克. 发现自由意志与个人责任［M］. 许泽民，罗选民，译. 贵阳：贵州人民出版社，1994.

第十二章　尊重：生命的尊严所需

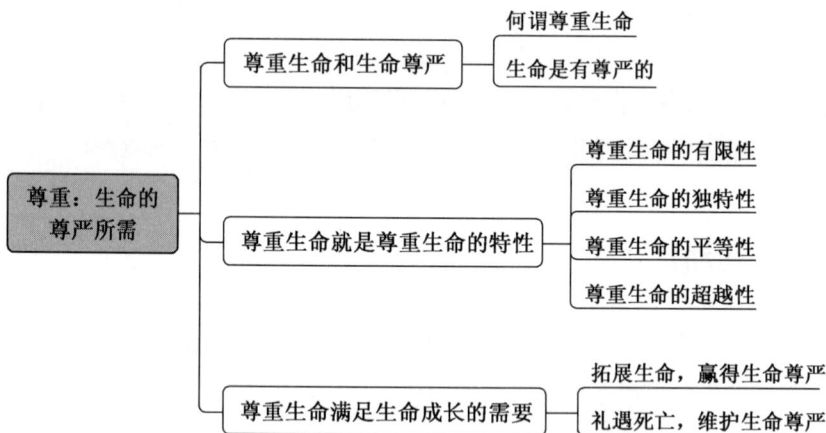

【生命格言】

　　我的生命对于我来说充满了意义,我身边的这些生命一定也有相当重要的意义。如果我想要其他生命尊重我的生命,那么我也必须尊重其他的生命。

——阿尔贝特·史怀哲

　　潜藏在人们内心深处的最深层次的动力,是想被人承认,想受人尊重的欲望。

——威廉·詹姆士

【知识导图】

```
                                        ┌─ 何谓尊重生命
                   ┌─ 尊重生命和生命尊严 ─┤
                   │                     └─ 生命是有尊严的
                   │
                   │                      ┌─ 尊重生命的有限性
 尊重：生命的      │                      ├─ 尊重生命的独特性
 尊严所需     ─────┼─ 尊重生命就是尊重生命的特性 ─┤
                   │                      ├─ 尊重生命的平等性
                   │                      └─ 尊重生命的超越性
                   │
                   │                      ┌─ 拓展生命,赢得生命尊严
                   └─ 尊重生命满足生命成长的需要 ─┤
                                          └─ 礼遇死亡,维护生命尊严
```

【生命叙事】

特蕾莎修女:垂死之人的尊严①

　　特蕾莎修女(1910—1997,又译:德蕾莎修女、泰瑞莎修女),是得全世界敬重

───────────

①　选自孙铁.影响世界历史的 38 位传奇女性[M].北京:中央编译出版社,2007.(有删减)

的天主教慈善工作者。

为了让濒死的人能获得照顾，在爱和尊严中死去，特蕾莎修女创立了"垂死之家"，她由此所显示的精神——对任何苦命人的无条件的尊重，感动了人们。

一天，有一个垂死的人躺在一家医院外面的路上。特蕾莎修女试图对他治疗，但是当她拿着药物从药房跑回来时，那个人已经死了，躺在地上的他无人问津。特蕾莎愤怒了，她说："他们对猫，对狗，都比对自己的同类兄弟好。如果是他们自己心爱的宠物，他们绝对不会让它们这样死去！"

1952年，特蕾莎在一座印度庙旁边建起了"垂死贫民收容所"，以便那些可怜的人在弥留之际能享受一下人间的温暖。至20世纪80年代末，大约有三万名身患不治之症又无家可归的穷人在收容所里度过了他们最后的日子。当记者问到挽救这些患有不治之症的人是否值得时，她甚至根本不能理解这个问题的意思，因为这与她的人生观格格不入。

1979年，诺贝尔奖评选委员会从56位候选人中选出了特蕾莎修女，把诺贝尔和平奖这项殊荣授予了这位除了爱之外一无所有的"嬷嬷"。授奖公报说："她的事业有一个重要的特点：尊重人的个性、尊重人的天赋价值。那些最孤独的人、处境最悲惨的人，得到了她真诚的关怀和照料。这种情操发自她对人的尊重，完全没有居高施舍的姿态。"公报还说："她个人成功地弥合了富国与穷国之间的鸿沟，她以尊重人类尊严的观念在两者之间建设了一座桥梁。"

特蕾莎修女所创立的"垂死之家"，让三万多名无家可归的身患不治之症的穷人获得临终关怀。

一、尊重生命和生命尊严

何谓尊重？弗洛姆指出，尊重，意味着能够按照其本来面目看待他人，能够意识到他的独特个性；尊重，意味着关心另一个人，使之按照其本性成长和发展。由此可见，尊重生命旨在尊重个体生命状态。尊重生命的对象就是尊重个体生命，其内容包括尊重个体生命的独立性存在、成长规律和表现样式、个体生命的差异性，以及尊重生物的多样性及其共在的生命世界。尊重生命的内核即尊严。生命尊严包括生的尊严和死的尊严，其具有客观化、普遍化、至上性和平等性的特性。生命尊严与个体生命存在本身是直接同一的，个体的生命尊严在其根本性上与生命存在的外部条件无关，生命尊严需要个体生命自己去维护和经营。正确维护生命尊严，要勇于承担生命责任。

（一）何谓尊重生命

1. 尊重的基本意涵

在《现代汉语词典（第五版）》中，尊重有两种解释，其一将尊重解释为"尊敬""敬重"之意，例如尊敬师长、尊重长辈等；其二对尊重的意思做出了进一步的推进，解释为"重视并严肃的对待"，例如，我们在日常生活中常常说到要尊重事实、尊重历史等。①

在《说文解字》中，"尊"的本义是指一种酒器，亦作"樽"②，古代用樽来盛酒祭祀神祇和先辈，所以在这里"尊"又带有一种神圣的意义。古代的尊重在主客体之间还带有一种上下的尊卑关系之意，演变至今，原来的尊卑关系逐渐淡化，尊重的主客体之间的关系趋于平等。所以仅从字的意涵上看，我们可以把尊重理解为尊敬、遵从和重视。

在《汉语大词典》中，"尊重"的含义有敬重、敬仰与重视，高贵、尊贵与显赫，庄严与自重的意思。③

在《伦理学大辞典》中，尊重表示对待他人及其价值的态度，它要求人们在与他人交往过程中，承认他人的人格尊严，肯定他人的权利和自由，重视他人的智慧和才能，理解他人的信念和情感，相信他人的处世和为人，对他人富有同情心、正义感，举止礼貌，诚恳谦逊，以礼待人。

在拉丁文中，尊重的意思是"关心你的周围"。关心周围是尊重他人的一种表现，不尊重则是不论做什么事，都没有顾及四周及他人的感受。④

弗洛姆在《爱的艺术》中指出，尊重意味着能够按照其本来面目看待某人，能够意识到他的独特个性；尊重意味着关心另一个人，使之按照其本性成长和发展。

而在马斯洛的需要层次理论中，尊重的需要处在金字塔的上层部分，表明了尊重是人的需要，是一种高级需要。

综上所述，尊重有多层的概念意涵，最为基本的意思是关心周围，做事顾及他人的感受；第二层为一种真诚的认可，对自己、对他人以及社会的价值、能力、行为等的承认与认可，其中也伴随着赏识、赞扬、佩服、肯定、支持、高度评价等；第三层则可以理解为能够遵照一个人的本来面目去看待某人，关心并使他按照其本性成长和发展。同时，尊重并不是单向的，是相互的，也是平等的。它包括自尊和尊重他人。其中，多数学者认为，自尊是在接受他人和社会的评价过程中形成的；尊重他人是个体对他人、社会环境的尊重，包括尊重他人的自由和选择以及客观地看待社会问题，勇于承担社会责任。⑤

2. 尊重与其相关概念辨析

（1）尊重与遵从

《汉字源流字典》中"遵"的本义为顺着、沿着。《说文·辵部》："遵，循也。"引申为

---

① 中国社会科学院语言研究所词典编辑室. 现代汉语词典[M]. 5版. 北京：商务印书馆，2005：18-24.

② 董莲池. 说文解字考证[M]. 北京：作家出版社，2004：593.

③ 汉语大词典编辑委员会. 汉语大词典[M]. 上海：汉语大词典出版社，1998：1283.

④ ［西］埃斯特维·普约尔·庞斯. 20个影响孩子发展的价值观[M]. 林佑珊，译. 南昌：江西美术出版社，2008：1.

⑤ 刘慧. 生命教育导论[M]. 北京：人民教育出版社，2015：138-139.

遵照,依从之意。"从"的本义是跟随,引申表示顺从、依从。如《苟于·子道》:"从道不从君,从义不从父。"所以遵从的意思可以理解为服从、遵守、遵循。

这就和尊重有着明显的区别,"遵从"表明因"遵"而"从",主要指的是行动,"遵从"是主体遵照、依从客体的思想,甚至会外化为相关的行为,是一种主体追随客体的思想而行动的意思。这种追随有三种不同状态:第一,主体盲目地追随客体;第二,主体被迫追随;第三,主体主动追随客体。三种状态中只有最后一种属于尊重,主体因为对客体的尊重而追随客体,表现出遵从状态。"尊重"的着重点在思想,指因思想上的敬重而外化为态度上的尊重行为。只是对某一思想、事物或者现象表现出重视并且严肃的对待态度,至于对客体是否认同、接受和遵从只具有可能性,不具有必然性。

(2)尊重与敬畏

在《说文解字》中"敬"的本义为做事认真、恭敬、端肃。如《说文·苟部》中的:"敬,肃也。从支、苟。"(敬,严肃。由支、苟会意。)从"认真"引申为警惕、戒备、严肃、慎重。又引申指尊重、尊敬。如"敬辞"就是表示尊敬的言辞。还引申指有礼貌地送上。如"敬酒""敬茶"。

"畏"在《说文解字》中的本义为恐惧、害怕,如"不畏强暴"。由此引申为敬服,如"后生可畏"。《说文·由部》:"畏,恶也。鬼头而虎爪,可畏也。"《汉字源流词典》中提到,"畏"侧重指心里感到威压,引申指敬服,如"敬畏"。

由上文可知,"敬"有尊敬之意;"畏"有畏惧之涵。"敬畏"一词在一定意义上可以说是"尊敬"和"畏惧"的结合,"敬畏"意味着值得尊敬又有恐惧感,有恐惧感意味着不可冒犯、不可侵犯,故而可知值得敬畏的事物应该是伟大(值得尊敬)的和崇高、威严(不可侵犯)的。个体在现实生活中一般会面临三种不同的主客体关系:与比自我低下的他(它)者的关系;与自我平等的他(它)者的关系;比自我高尚的他(它)者的关系。其中,个体在与比自我高尚的他(它)者关系的建立与维系的过程中,常常会产生一种试图超越现有不足、渺小的自我,融入高尚的冲动,这便是敬畏。[①]

尊重与敬畏存在一定的区别。一方面,尊重的客体与敬畏的客体有所不同;另一方面,尊重不意味着遵从,事实上,从对自我意识之外的所有事物都应该给予尊重,敬畏则是对真善美或承载真善美的对象报以敬畏。可以说,敬畏是一种个体生命在面对比自身更具有高尚、广博和深厚意义的对象(如自然、上天或者生命等)时,由内而外发出的一种对崇尚价值和意义的崇拜、敬仰和虔诚,并且试图自我净化、提升和超越的内心体验。

总结而言,尊重和遵从、敬畏等概念存在共同点,它们都是主体对客体的一种回应,而三者的不同之处在于主体和客体之间的关系状况。尊重的主客体关系是一种没有高低从属的平等关系,是普遍的不根据特殊关系状态而有所改变的个体对他人作为一个人的重视态度;遵从的主客体关系是个体对他人由于二者之间某种特殊关

---

① 朱小蔓.情感德育论[M].北京:人民教育出版社,2005:180 - 181.

系而呈现的态度;敬畏亦然,遵从和敬畏的不同在于关系状态程度的不同,前者是行为上无条件的遵从,后者是思想上可望而不可即的敬畏。而尊重主客体的关系状态是主体从某种角度,以某种适当的方式对客体做出回应。

在这里,我们可以认为,尊重的主体必须是一个人,换言之,是一个有意识、有情感的理性存在者。这个理性存在者必须具有自我意识,能够认识事物并且对事物做出有目的的回应。(尽管动物可以对事物表示喜爱和害怕,但这并不能说是尊重。)同时,尊重也必然有一个客体,尽管尊重的主体是且只能是人,但其客体可以是大千世界中的芸芸众生,例如,尊重劳动、尊重法律、尊重不同文化、尊重权利等。我们可以看到尊重的客体都能概括到和生命有关的事物,不管是尊重的客体是人、事实、历史、自然还是动植物等不同类型的事物。可以说,尊重的客体是生命,最起码是宏观意义上的生命。

3. 尊重生命的三个层次①

基于前文谈到的尊重的不同层次意涵,以及人们内心对生命尊重的不同程度,李泽龙将"尊重生命"分为以下几个程度不同的层次:交往中对生命或生命现象基本的承认,对生命或生命现象认同、接受和赞赏,对生命和生命现象的敬重。

图 12 - 1 "尊重生命"的层次

(1)承认性尊重

日常生活中人们常常会听到这样两句话:"对于某种现象,我理解而不接受。""我尊重你的意见,但我不一定认同你。"这两句话诠释了尊重的最基本的层次——承认,换言之,对一个生命或者生命现象最起码的尊重就是给予他(它)最基本的承认。这种最基本的承认首先是中性的,不带任何感情色彩的,它和轻蔑、贬低相对;其次,这种承认性的情感仅仅是表达主体对客体生命或者生命状态存在和发展状态的承认,并不一定包含着对其的认同、接受或者赞赏。

例如,我们常常说要尊重不同民族的生活习惯,我们要尊重同性恋者,我们要尊重不同宗教信仰等。我们可能无法按照少数民族的生活习惯来生活,但是我们有尊重不破坏他们生活习惯的责任;我们可能自己不是同性恋者,甚至不能认同同性恋者,但对于同性恋者这样一种客观实然的存在,我们不仅无权贬低,还要给予最起码的尊重;我们可能是无神论者,或者信仰不同的宗教,但是对于其他宗教徒(邪教除

---

① 李泽龙.尊重生命及其教育思考[D].首都师范大学,2015.

外），我们应当给予尊重。康德认为人性是尊严的，故而应该受到尊重，同时他由此清楚地提到我们有尊重每一个人的义务。这种尊重的关键在于承认他人人格中的人性，并将其看作绝对的、无条件且无可比拟的价值。①"在时间和空间的纵横扩展中，每个人都以其独立的个性存在着。"②世界因为多样而精彩，生命因为多样而绚丽，不同和差异的存在使得生命的延续成为可能。因此，不管生命和生命现象与我们的价值观是不是一派相承的，不论我们认同和接受与否，对于生命和生命现象，我们都必须保持一种最基本的尊重。

（2）认同性尊重

尊重生命的第二个层次是认同、接受和赞赏。承认性尊重仅仅是因为人性是尊严的而发生，是尊重生命的最基本的层次，它不能涵盖尊重生命的全部内容。世间万物都逃不开法则的制约，尊重亦然。当一个人的生命行为或者状态符合自然法则或者道德律令时都会让我们产生正面的认同、接受或者积极的赞赏，这便是尊重的第二个层次，对某种生命或者相关的生命现象在承认之后的认同、接受和赞赏。这种认同性尊重在日常生活中也是常见的，我们认同并接受一些符合道德规范的生命事迹，例如，2008年汶川地震时，我们对抗震救灾的官兵不顾危险的救援行为表示认同和赞赏；我们对与自身价值观一致、正向的或者相互促进的生命和生命现象表示认同和接受等。

（3）敬重

尊重生命的最高层次是对生命或者生命现象在承认和认同之后主动的遵从或者追随。在这种最高层次的尊重生命中，尊重的主体已经同客体生命或者生命现象由前两个层次的二分转化为合一了。主体对客体生命或者生命现象的尊重已经达到敬畏情感中所蕴含的尊敬的那种高尚、深刻、广阔的程度，并且追随客体生命及生命现象而去，与其合二为一。

（二）生命是有尊严的

【生命叙事】

一切生命都有尊严，一切生命都有梦想③

在全球数十亿人欣赏了扣人心弦的奥运会开幕式几个星期后，北京再次占据了世界的中心舞台。残奥会开幕式获得了国内外媒体的高度评价，正如总导演张继刚所称，导演组就是想通过这样的演出，展示一种伟大的人道主义，展现

---

① 周治华. 伦理学视域中的尊重[D]. 复旦大学，2007：88.

② ［日］香山健一. 为了自由的教育改革——从划一主义到多样化的选择[M]. 刘晓民，译. 北京：高等教育出版社，1990：16，100.

③ 中国教育新闻网，http://www.jyb.cn/2008/aysp/t20080912_194989.htm.

一种人性的光辉,阐释出"一切生命都有尊严,一切生命都有价值,所有生命都是具有梦想的"这样一个最基本的理念。

残奥会向我们传递出每个生命都有价值和尊严的信息。观赛这几天,每每为运动员所表现出的坚强、拼搏、团结、互助精神所打动。我们知道,残疾人往往有着过人之处,比如,盲人的听力极其敏锐,聋哑人的肢体语言往往丰富而灵动,也正因为如此,在一些欧美国家,人们将残疾人称为"有特别才能的人";同时,残疾人因其不坠青云之志,而使得这个世界丰满与伟岸许多,诚如北京奥组委主席刘淇在开幕式上致辞时所称:残奥会不仅可以激发人们对生活的热爱,也将给人们以激励和启迪。唤起人们对残疾人更多的理解、尊重与关爱,使人道主义精神得到大力弘扬。

一切生命都有尊严,一切生命都有梦想,"我们不是不幸,只是不便,我要不断追求人生的梦想",这是一位残疾人说的。赛场上比拼的每个运动员,都让人肃然起敬。要知道他们为了一个看似简单的动作付出了多么艰辛的努力,他们是为梦想而战。正因为如此,当"芭蕾女孩"李月站在舞台中央;当被称作"刀锋战士"的南非田径运动员奥斯卡·比斯托利斯,连续 26 次打破残疾人世界纪录,成为"世界上跑得最快的无腿人";当"无臂蛙王"何军权,在训练中因触壁过猛撞破头皮,鲜血染红了池水时;当 20 名伊拉克运动员走过战乱与创伤来到中国参赛……我们能体会到有梦想的人是多么幸福,每一个超越自我、超越梦想的人是多么伟大,一切生命都有尊严,一切生命都有梦想。

那么,如何才能保障每一位残疾人都拥有梦想和尊严? 独立! 国际残奥委员会主席克雷文在接受采访时说,对于残疾人而言,独立最重要。克雷文在开幕式上致辞时再次强调,无论你们(残奥会运动员)在运动场上展现风采,还是在国际残奥委会运动员委员会选举中坦陈意见,我们都从中领略你们的自信与独立。克雷文为何如此关注残疾人的独立问题? 究其原因,残疾人没有独立,就难有尊严,即便拥有梦想,也难以将梦想化为现实。比如,他们谋生能力差,如果没有社会救济,他们将因之艰难;他们的学养多数不足,如果不赋予其受教育权,他们的境况只能更差;他们参与公共事务的机会不多,一些环节成了他们参与的瓶颈,在这方面我们有许多改进的空间。

1. 尊严的含义

任何生命都具有尊严。尊严是人类情感高地上的一个堡垒,也是生命与生命之间平等对话、相处、包容和敬重的基础。它无关金钱与地位,只关乎心灵、关乎人格。[①] 在中国,古人很少使用"尊严"一词,但从甲骨文中"尊"的本义以及中国古人对

① 刘慧.生命教育导论[M].北京:人民教育出版社,2015:136.

"天"的敬畏到近现代对尊严的理解可以看出，人们对"尊严"的使用和理解都已非常接近，都认为尊严是神圣不可侵犯的。而在现代"尊严"（dignity）一词，按照《现代汉语词典》[①]的解释包括两层意思：一是指尊贵和庄严，二是指可尊敬的身份或地位。《牛津词典》的解释是自身行为的自重而取得别人对自己的认可。

依据《现代汉语词典》的解释，生命尊严是生命的尊贵和庄严，是自身行为的自重而取得的别人对自己生命存在及其价值的认可。同时，生命的存在包括生、死两面，故而生命尊严也包括生的尊严和死的尊严。个体生命的存在是生命尊严的存在条件。只有在个体生命存在的前提下，才能谈论生命尊严。而死的尊严从某种意义上来说是指生命走向死亡这段时间内享有的尊严。让生命得体地逝去，不仅是对死者的尊重，也是对生命的尊重。

2. 生命尊严的特性

生命尊严具有客观性、普遍性、至上性和平等性的特征。[②]

（1）生命尊严的客观性

客观性是指形成人的生命尊严的条件——个体生命的存在是客观可测的。个人生命的客观标准有两个：第一，必须是人类基因组所表达的生命形式；第二，必须是处在生活状态的个体生命。生命标准与生命尊严的条件直接关联，两者直接同一，使生命尊严的条件客观化和最低化。生命尊严的条件除了个体生命存在之外，不能附加其他主观标准（如品德、政治立场、社会地位等），也不能附加其他任何更高的条件（如种族、性别、身体健全、遗传独特性、智力等）。

（2）生命尊严的普遍性

生命尊严的普遍性是指尊严主体的普遍性。一切生命都具有生命尊严，只要个体生命存在，就应该享有生命尊严的权利，任何人都不能剥夺，也无权剥夺。康德认为，假如让人们把相互之间有差异的目的抽出，那么人们就剩下一个具有共同目的的整体，这个整体就是"目的王国"，"目的王国"中的目的是一种具有普遍性和共同性的目的，这个共同的目的便是对人自身的目的。人对于自身的目的包含很多，但最基本的是对生命的保护，使自己不受别人的侵害或者侮辱，换言之，就是维护人生命的尊严，故而生命的尊严是一种人类普遍的共同的尊严。

（3）生命尊严的至上性

生命尊严的至上性是由生命价值的至上性决定的。生命的价值是最高价值和普遍价值，生命尊严是人的底线尊严，也是最高的尊严。生命是一切价值的基础与前提，没有了生命，价值无从谈起。每个个体生命都是无价的和不可替代的，故而没有

---

① 中国社会科学院语言研究所词典编辑室. 现代汉语词典［M］. 北京：商务印书馆，2012：1742.

② 韩跃红，孙书行. 人的尊严和生命的尊严释义［J］. 哲学研究，2006（3）：65 - 67.

正当理由,任何人不可侵犯别人的生命。生命的特性也决定了生命尊严的不可替代、不可侵犯。每个人都必须尊重自我和他人的生命。

生命权是法治国家公民享有的一项最基本、最重要的权利。法治国家强制性地要求所有人必须尊重他人的生命尊严,同时赋予所有人依法保护自己生命的神圣权利(如正当防卫权等)。生命尊严神圣不可侵犯、不可替代,世上没有任何等价物、没有任何东西可以代替生命。生命处于最高的位置,具有至上的价值。

(4) 生命尊严的平等性

生命是平等的,没有高低贵贱之分,人的生命不应该因贫富、阶层、种族等外在因素而被人为地分割成三六九等。生命尊严的平等性指个体生命所享有的尊严无质和量的差异,他人和社会都应当平等地对待每一个生命。

对生命尊严的关注,首先意味着对个体生命独立性的承认与尊重,而这也意味着个体的生命尊严在其根本性上与生命存在的条件无关,它与个体的生命存在本身直接同一。[①] 这样一来,人们对生命尊严的关注在其起点上除了个体生命存在这一事实,就不能再附加诸如社会地位差异、种族差别、分工差异等各种各样的主观标准。生命体平等的实存性是生命尊严平等的必要充分条件,只要是人,不论生老病死、不论地域种族,也不分文化信仰,都一律享有作为一个生命平等的尊严。这也意味着生命尊严是一项与生俱来的权利,生命本身的存在就是生命尊严存在的必要充分条件。不坚持生命尊严的平等性,就会把人的生命分成高低贵贱,主张给予不同的对待,埋下人道主义灾难的隐患。

二、尊重生命就是尊重生命的特性

尊重生命源于生命本身的尊严。在生命世界中,每个个体生命都是独一无二的,任何人都没有理由,也没有权利轻视、无视、蔑视任何一个生命个体。人是生命的存在,尊重生命是人的一种生命需要。生命是神圣的、尊贵的、庄严的。康德在《实践理性批判》中提道:"每个人都有一种受到其同伴尊重的正当要求,他反过来也必须尊重别人。人性本身就是一种尊严,因为人不能被任何人(无论其他人还是他自己)仅仅用作为一个手段,任何时候都必须同时也被当作一个目的……他(每一个人)有责任通过实践的方式承认其他任何人的人性尊严。由此可见,他承担着一种必须向其他每一个人表示出来的尊重之义务。"生命值得尊重,只有对生命存在抱有绝对尊重,人们才能学会真正尊重人的个性、人的多样性、文化的多元性,才能真正接纳自己、接纳人类以及整个世界。

1. 尊重生命的有限性

日本思想家池田大作说:"最高尚、最尊贵的财宝,除生命外,断无他物。"人的生

---

① 刘慧. 生命教育导论[M]. 北京:人民教育出版社,2015:138.

命之所以宝贵，是由它的有限性决定的。生有涯，死有期，谁也无法摆脱死的结局。生命的有限性表现为：

（1）生命的不可重复性。时间不可逆转，不可重复，人的生命也只有一次，从生物学角度讲，死亡是机体生命活动的终止，是新陈代谢的最终结果，是一切生命不可避免的归宿；人一旦度过了自己的生命流程，就不可推倒重来，没有来生和再世，来生和转世说只是人的主观的需求和期盼，恰恰是人意识到生命有限性的反映。而同时，哲学家则认为人是向死而生的，生命因为死亡的存在而获得特殊的意义。尊重生命，不仅包括对有限的生的尊重，也包括对死亡的尊重。

（2）生命的暂时性。生命的存在以肉体的存在为前提，肉体的消失，意味着生命的结束。肉体的存在，在时间的维度上是有限度的，这就是寿命。人的自然寿命一般来说七八十岁，随着现代生命科学和医学的发展，人类不断研发出抗衰老和延缓生命的技术，但是人的寿命最长也不过百来岁。生命的有限性使得人的存在在历史的长河中显得相当短暂，也正因为这种短暂性，生命变得更为珍贵和独特；正是因为这种短暂性，生命被赋予更多的意义。

（3）生命的脆弱性。"人类的孩童诞生下来时，他缺乏对自然的本能适应，缺乏体力，是所有动物中最无能的，比任何动物都需要更长时间的庇佑。"[1]人的生命是比较脆弱的，相对于动物，人在自然界的生存能力是比较差的，有的动物生下来不久就可以站立、走路、觅食，而人从出生到独立生存却需要比较长的时间，不可控制的疾病、灾难、意外等各种偶然事件都可能使得个体生命变得更加有限，甚至结束生命。

可见，生命的有限性是一种独特的有限，只有当我们认识到生命的有限时，才能在有限中感悟到无限。正是生命的这种特征，才使得人们更加关注、珍惜自己的生命。鉴于此，人们应当在有限的生命里，拓展生命的宽度，实现生命的价值。

2. 尊重生命的独特性

每个人的基因组都是一种独特的基因组合。分子科学与进化论的研究成果表明，个体生命具有遗传型和表现型，个体生命是其自身的遗传型和存在环境相互作用的产物。也就是说，每个个体生命都具有其遗传的独特性。

个体生命遗传的独特性表现在多方面。有些心理学家接受了行为主义者的传承，认为大多数生物体在受到一定训练的情况下，都能学会做任何事情。加德纳从多元智能方面揭示了："一个人在某一领域可以发展自己的强项，在另一个领域却不能。儿童的父母不应相信行为主义者所说，不应依照自己的主观愿望决定把孩子培养成什么样的人。"[2]斯卡尔等人则从儿童认知发展问题研究中揭示了一个人的遗传类型将影响其对环境的选择和经验。也就是说，个体的遗传特征将决定他组织和体验世

① 柳延延. 现代人的精神追求[J]. 上海师范大学学报(哲学社会科学版)，2001(3)：22-30.
② ［美］霍华德·加德纳. 智能的结构[M]. 沈致隆，译. 北京：中国人民大学出版社，2008：53.

界的方式。虽然环境在儿童认知发展过程中起着非常重要的作用,但是,究竟让什么样的环境因素来起作用和怎样起作用,还是要由个体的遗传特征决定。[①]

除遗传之外,每个个体生命的独特性也是以其独特的遗传因素与环境相互作用,并通过其经历与经验、感受与体验体现出来的。而人又是以其经历而形成的自我经验来感受生活、感受他人、感受世界的,也是基于他的生命感受、他的自我经验来理解生活、理解他人、理解世界的。所以尊重个体生命必须落实于尊重其独特的生命经历与经验。

3. 尊重生命的平等性

尊重生命的基本内核是平等,生命的独特性决定了生命个体存在的平等意义。抛开每个人身上后天附着的,比如身份、财富、名望、权力等,仅就生命个体而言都是父母精血而成,都是肉身凡胎,都会经过生老病死,所以每个生命本身没有高低、贵贱、贫富之别,都是人命关天,每个生命的尊严都是凛然不可侵犯,每个生命都是平等的,生命存在的权利都是平等的,任何人都没有权利去随意剥夺他人的生命。尊重生命的原则就是维护生命的权利,使每个生命都得到平等的发展。

4. 尊重生命的超越性

人类学研究表明,人具有极强的自我谋划能力和强烈的内在自我超越的动因,并外在地表现为不满足于已有定论,不断地挑战自己的人生极限。生命的长度是有限的,人在认识世界、改造世界的实践活动中,不断意识到自身生命的有限性,知道生命自产生到终结的限度,意识到生命的存在和它的不可重复性、不可替代性,意识到生命的短暂,意识到生命需要超越才能彰显其意义和价值,然后凭借自我的实践能力改造自然、改造自己,不断实现生命的价值,不断追求生命的完满,不断创造生命的辉煌,使现实向着理想的状态发展。所以超越性是人的生命存在的根本属性,也是人的生命存在的基本生存样态。人的生命就是在这样一个不断超越的过程中得到深化、升华,生成新的自我,同时又客观推动了社会的发展和人类文明的进步。

三、尊重生命满足生命成长的需要

(一) 拓展生命,赢得生命尊严

生命是有尊严的,每一个生命都是值得尊重的,生命尊严是每个人的基本尊严,具有普遍性的特点。那么如何获取生命尊严呢?生命尊严存在于生命之中,生命存在于关系之中,每一个个体生命都在生命体之间的关系中施与自己的作用力并承受

---

① 陈英和.认知发展心理[M].杭州:浙江人民出版社,1996:23-24.

着反作用力①。尊重不只是生命体之间单方面的得到或者给予,它是生命个体的不断追求和双方在平等关系中的共赢。尊重自己的生命存在也就是尊重他人的生命存在,同时我们在尊重他人的时候也得到了他人的尊重。

1. 尊重自己的生命

尊重生命,首先要尊重自己的生命,如果一个人连自己的生命都不尊重,他又怎么可能真正懂得尊重别人的生命。尊重生命就是要热爱生命、珍惜生命、直面挫折,勇敢地承担自己的义务,担负起自身的责任,永不放弃生的希望,做生命的主人,那些对生命的热爱与执着,那些有价值的生命,更值得我们尊重。惊人著作《假如给我三天光明》的作者海伦·凯勒,是一个神话般的坚强女子。在这个残疾人的世界里,没有碧水蓝天、红花绿树,没有鸟儿的歌唱、人们的欢笑,她双目失明,双耳失聪,同时还不能说话,但她并没有就此萎靡不振,自暴自弃,而是以坚强、乐观的态度面对生活,在导师莎丽文的教导下,她渐渐地融入外面的世界,最后写出了《假如给我三天光明》这部感人肺腑的作品。这种对生命的热爱以及坚强的意志,这因坚强而辉煌的生命,值得每个人尊重与感动。

尊重自己的生命,就是要珍惜生命本身,即自己的自然物质体生命——身体。现实中许多人拥有生命,享用生命,却常常并不在意生命,甚至把生命当儿戏,看不到生命的艰辛与伟大,往往注重的是一些身外之物,如金钱、权利、名望等,做一些损害生命的事情。大学生正处在风华正茂的年龄,每一个生命都蕴含着无限发展的可能,放弃生命也就放弃了青春和对未来生活的向往,纯粹是对自己生命的不负责任。珍惜身体要养成健康的生活方式。健康的生活方式能有效促进生命的健康成长。比如,科学用脑、积极锻炼身体、养成良好的学习习惯和生活习惯、合理使用网络、讲究卫生、保持良好的心态、远离烟酒、远离黄赌毒等。

尊重自己的生命,就是要尊重自己的心理。认识自己,感受自己生命的存在,接纳真实的自我,在生活中保持积极向上的态度,努力进取,体验生命的快乐和精彩。受遗传和后天环境、条件的影响,每个人无论在体貌、情感、思想、行为还是在家庭状况等方面都是具有独特现实性的。对于这样的现实,我们首先应该承认,不回避,没有人生而完美,郑丽萍从小失聪,爱因斯坦曾被老师怀疑智力缺陷,美国总统林肯因口吃问题而被人嘲笑,然而,他们都没有因此否定自己的价值。如果不能够接纳真实、不完美的自己,就不可能获得真正的快乐。我们要逐步了解自我,明确自身的优缺点,要接受真实的自己,不自负不自卑,善待自己。当遇到挫折和困难时,要有良好的心态,冷静分析,学会宽容,懂得排解不良情绪,正确认识生命,才能真正热爱生命,理解和实现生命的价值。

尊重自己的生命,就是要对自己的生命负责。生命的价值在于承担起相应的责

---

① 刘慧.生命教育导论[M].北京:人民教育出版社,2015:144.

任,只有自己充分尊重并信任自己,才能得到他人更多的尊重和信任。因此,尊重自己的生命,我们要有一种良好的生活方式、一个健康的体魄、一种乐观的态度、一种平和的心态、一种进取的精神、一份强而有力的责任感,善待自己的生命,对自己的生命负责,通过自己的努力来提高自身生命的价值,彰显出生命的尊严。

2. 尊重他人的生命

生命尊严不单是个体的给予,也是生命体之间相互的给予,我们在善待自我生命存在和珍视自身生命价值的过程中,同样要尊重和爱护他人生命,悦纳他人生命存在的权利。每个人都希望自己的生命不要受到伤害,都希望别人尊重自己的生命。这就要求我们每个人都尊重他人的生命,决不去伤害他人的生命,这是道德的底线,也是最具有普遍意义的道德。那么尊重他人生命的道德基础是什么?

同情心是道德的开端、萌芽。中国和西方的哲学家都非常重视同情这个本能,认为它是人性中固有的因素,是人区别于动物的起点,而且把同情看作是道德的基础。在中国的哲学家里,最强调同情心的是孟子,"人皆有不忍人之心","恻隐之心,仁之端也"。道德是从这里发展出来的。例如,你看见一个小孩在井边玩,快掉下去了,你会着急。你为什么会着急呢? 因为你能推己及人,在看到小孩危险情景的那一瞬间,你仿佛感觉到了自己如果掉下井里是什么滋味。那么,同情本能实际上是以生命本能也就是利己本能为基础的,在这个基础上将心比心,推己及人,才发生了同情。所以,一个人要能够对别人有同情心,就必须具备两个条件。第一个是要有健全的生命本能,对自己的生命有一种敏锐,爱自己的生命。如果对自己的生命是麻木的,他的心已经变得像石头一样,这样的人对别人的生命就必然是冷漠的。第二个条件是要能够推己及人,爱自己的生命而体会到别人也是爱他自己的生命的,这样才能够对别人的生命怀有一种同情。周国平认为,爱惜自己的生命,这可以说是本能,但人不只有这一个本能,人还应该有另一个本能,就是同情别人的生命,同情一切生命。如果只有前一个本能,没有后一个本能,那就和动物差不多。①

同情心就是在感情上与别人和谐一致。同情是爱的种子,苏霍姆林斯基指出,没有同情心的人是冷酷无情、灭绝人性的,他不会爱别人,也不懂得爱自己。同情心使我们的情感能溢出我们的身体而与别人的情感交汇。因此大学生要学会换位思考,即站在对方立场设身处地体会他人的情绪和想法,理解他人的立场和感受,并站在他人的角度思考和处理问题。换位思考可以让我们不仅站在他人的角度考虑问题,还能感受这个事件给他人带来的内心体验,进入对方的内心世界;它所表达的是一种理解、接纳、平等、关爱与尊重。学会换位思考,学习以宽广的态度接纳不同的人、不同的事和不同的物,才能彼此尊重和体谅。

每个人都要抱有对生命的尊重,学会换位思考,认识到你的生命不是你一个人

---

① 周国平.尊重生命[J].新远见,2011(4):116-124.

的,同样的,别人的生命也不是他一个人的,当你在伤害他人生命的时候,你伤害的不是个体的单纯生命,而是对对方整个关系层面的伤害,进而对整个社会产生不良影响。只有每个人都从尊重别人的生命出发,构建安全可信的社会环境,你、我、他的生命存在才可能有保证。只有你、我的生命在相互尊重的前提下,才能获得我们必需的安全需要。尊重他人的生命,他人尊重你的生命,你的生命因彼此相互尊重而获得完善和成长的基础。只有当大家生活在可信任的安全的社会环境中,才可能去追求更高级别的需要,以获得每个人的自我实现,每个人的自我实现又推动着社会的进步,社会的进步又为每个人的自我实现提供条件,在更高的条件下个人的自我实现进一步发展。就是在这样一种不断的良性循环中,推动社会的发展。

3. 尊重自然

生命是自然界的奇迹,人类本身也是生命形态之一,这种生命形态与其他的生命形态息息相关,并不能脱离其他的生命形态而独善其身。因此,人类不仅要尊重自己的生命,还要尊重他人的生命以及一切生命形态。

地球生物圈是一个复杂却秩序井然的网络结构,每一个物种都对其生存环境有所依赖,人类的生存和发展同样依赖于其他生命形式的存在。我国古代就有“天人合一”的观点,人类创造的物质文化、政治文化和精神文化都是建立在曾经我们对自然的占有、利用和消耗的基础上的。自然界提供了人类活动和人类生存的全部需要,就像母亲抚养自己的孩子一样,给予了人类衣食住行等全部生活资料和环境:食物如肉类、蔬菜,家具材料如皮革木材以及生产生活原料如羊毛、棉花等。甚至,我们的生活规律和习惯,也是来自大自然,大自然存在着白天和黑夜、日出和日落,人类“日出而作,日落而息”;大自然存在着春夏秋冬,人类也顺应着这个规律“春种秋收”。自然是人类依存的整体,人类是自然的一部分、是自然生命共同体的一员,人与自然是一种“一体关系”。正如美国生态伦理学者罗尔斯顿所言:“地球……是一个有机共同体,是生存的单元。地球不属于我们,相反,我们属于地球。”尊重自然就是尊重人类自己,保护自然就是保护人类自己,决不能将自己置身于自然之外,把自然视为异己,更不能凌驾于自然之上,把自然当作人类的征服对象。

生命是崇高的,在自然的生命面前,一切生命都是平等而珍贵的。人类与地球上的动物、植物甚至微生物一样,都是自然界的物种之一。每种生命都有其存在的意义与价值,各种生命相互依存,相依为命。其他一切生命和人都有同等的生存权利,生命需要彼此尊重,保护它们就是保护我们人类自己。地球上要是没有人,其他生命照样生存;但是要是没有植物、动物和微生物,就不可能有依赖大自然而生存、从大自然中索取物质和能量的人类生命,即使有了人类也会消亡。由此可见,人类并不具有超越自然的优越性,人与自然万物是平等的。

近代社会,随着人们改造自然的能力迅速增强,人往往把自己摆在自然的对立面,宣称要战胜和征服自然,人类对生物界造成的悲剧,如过度开采、过度开垦、过度放牧、过度捕捞,已经成了人类的悲剧,导致大自然资源短缺、森林减少、不少牧场荒芜,水土流失、塌方滑坡增多,沙漠扩张,沙尘暴肆虐,水源枯竭,等等。后工业社会的到来,导致污染加剧,垃圾如山,废气冲天,全球变暖,海平面升高等,地球在呻吟,环境危机和生态危机已经严重影响到人类社会的协调发展和人类的生活质量。自然是人类生存的家园,地球是养育人类的母亲,动植物是人类的朋友。自然界的命运决定着人类的命运,人类必须抛弃人类中心主义,遵从自然的规律,在合理使用自然资源的同时,更加负有回报自然、维护自然生态平衡的崇高使命。

(二) 礼遇死亡,维护生命尊严

1. 认识死亡,向死而生

在生命科学的视野下,死亡是生命的必然特性。衰老是命运,它是生物学上的必然性。通过衰老,无活力物质会退化,通过死亡和腐朽,它们融进万物之流。在穿越混沌区域后,在进化领域中重新变得有序。世界从死亡中孕育了自身,然后又将归于死亡。

透过别尔嘉耶夫在《论人的使命》中的论说,我们可以看到死亡的生命意义主要体现在:一是死亡使人超越生活的日常性和庸俗,提出生命的意义问题。只有死亡的事实才能深刻地提出生命的意义问题,假如在我们的世界里没有死亡,那么生命就会丧失意义。二是死亡使生命高尚,赋予过去美与魅力。三是死亡的道德意义在于使人意识到个体生命随时都可能消失,死亡使生命的力量、紧张与丰满彰显,并在爱中显现。①

海德格尔认为,死亡作为一种存在是生命存在意义的源泉。"向死而生"是海德格尔死亡观的中心论点。他认为死不是此生的结束,死就发生在此生并且死与生是同时的,死是生的组成,死亡是生命不可或缺的组成。

我国道家的"生死两忘,与道为一"也表达了类似的观点。庄子主张"以道观物",平等地看待生死,他认为"生也,死之徒。死也,生之始。"即死是生的开始,生是死的继续,生与死相伴相随,相继相续。生与死是一物所化,生与死是相通的。庄子的话质朴但微言大义,与海德格尔的阐释有着异曲同工之妙。

当代著名社会学家莫里·施瓦茨说:"学会了死,就学会了活。"死亡既是人类的终点,又是建构人类价值的出发点。正是有了死亡,人类才会思考生存的价值与意义,也正是因为有了死亡的毁灭,才有了活的灿烂。我们正确看待死亡,应对死亡的挑战,直面死亡,把死亡作为生命历程中不可或缺的部分,才能探索出生死问题的终极意义。

---

① 刘慧. 生死教育:学校生命道德教育中的重要之维[J]. 教育研究与实验,2003(2).

2. 尊重死亡，丰富生命

死亡彰显着生命的意义，尊重死亡并不是消极地等待死亡，而是在死亡来临之前，因生命本身的能量产生力量，从而去体味和实现生命的意义。尊重死亡就是要我们拓展生命，提升生命质量，承担生命责任。前文谈到，生命尊严是个体生命的需要，正确认识与维护生命尊严，可以提高生命质量。但同时也要警惕生命尊严的误区。大多数人都能理解生命尊严的意义，但不代表所有人都能正确理解生命的尊严。有些人为了自己心目中所谓的"生命尊严"，从而选择了自杀、对他人的暴力等，这些恰恰是对死亡的不尊重。美国学者柏忠言在其著作《西方社会病》中，把自杀看成一种"社会病"。他认为，自杀既是缺乏社会责任感的结果，也是缺乏社会责任感的典型表现。

生命承载着许多责任，与生俱来或后天萌发的责任，对国家利益的责任、对社会发展的责任、对父母家人的责任、对维护个体生命尊严的责任，而保存自我生命的存在既是生命最基本的责任之一，又是实现众多生命责任的必要前提。作为社会中的一员，任何人没有权利结束自己的生命。因为，人的生命一旦产生，它不仅属于自己，也属于社会，属于父母亲人①。一个随意放弃和侵犯生命的人是一个对生命不负责任的人。对自己，形式上的解脱其实质是对自我生命的放纵与亵渎；对于亲人，它带来了无尽的悲伤与失望；对于社会，它给积极向上的人们带来了负面的影响。

尊重死亡，就是要求我们在生命的时限内，通过体验、经历、感悟去开阔生命视野，通过横向扩展生命广度，纵向扩展生命深度，去丰富生命、享受生命、精彩生命，提升生命质量。对于大学生而言，我们可以通过读书、学习以及工作和娱乐等各种生活方式来增加自己的生命体验，丰富自己的人生阅历。人必须去经历才能体验到一切快乐、痛苦和幸福，所以，通过各种经历、体验去拓展生命的广度与深度，在死亡到来之前，要好好地活着，活得有意义，活得更精彩。

3. 善待死亡，呵护生命

生命尊严具有生的尊严和死的尊严两方面，对死的尊重实质上也是对生的尊重。尊重死亡，一方面体现在个体对自己生命尊严的维护上，另一方面体现在他人对即将逝去的生命的尊重与礼遇上。这实质上就是在呵护和礼遇活着的生命。

在现实中，很多人被生命之外的各种标签所迷惑，将人分为三六九等，迷失其中，失去了对生命本身的尊重。当记者问特蕾莎修女挽救这些患有不治之症的人是否值得时，她甚至根本不能理解这个问题的意思。其本质是因为特蕾莎修女与记者的价值体系不同。记者是从功利的角度思考问题，用有用无用的标准来评价事情，用值不值得来评价生命，生命的价值在记者这里被掩盖了，他不懂得对生命的尊重是不能用

---

① 梅萍，等. 当代大学生生命价值观教育研究[M]. 北京：中国社会科学出版社，2009：80.

物化的标准去衡量的。而特蕾莎修女却没有想过值不值得的问题,在她心中,生命是无价的,是不能赋值的,生命没有高低贵贱之分,每个生命都应得到尊重,不管他是穷人还是富人。所有的生命都是平等的,生命应有体面的死亡。

特蕾莎修女对穷人救助的行动切实地呵护生命的存在,彰显了生命尊严及其对生命的尊重。她的行动代表了人性的光辉和人类发展的方向:人们之间应互助、有爱,生命没有高低贵贱之分,所有的生命都是平等的,生命价值是至高无上的。对于大学生而言,保持健康的生活作息,保持稳定的情绪,努力延续自己的生命时长,并在力所能及的范围内,帮助他人,关爱弱小,救助他类生命,都是对生命尊严的维护。

尊重生命是贯穿我们人生的一项重要使命。在这匆匆的岁月里,我们应该珍爱生命,善待生命,掌握生存技能,养成良好的生活习惯,在健康、快乐中成长,感恩、回报父母和社会,用生命的音符谱写出幸福快乐的生命乐曲。从现在开始,学会尊重每一件事物,尊重每一朵花的恣意开放,尊重每一个生命的独立与自由,这样,你的生命也会在他人的尊重中绽放。

【生命活动】

主题:角色转换

活动目的:体验农民工的生命尊严。

活动内容:在寒暑假里,到建筑工地、快递公司、垃圾压缩中转站等部门参加社会实践,与农民工一起工作、生活,反思自己参加社会实践前后对生命尊重的理解。

主题:体验自然,认识自我

活动目的:欣赏自然生命之美。

活动内容:安排 1—2 小时的远足,并进行观察、记录与分享。

1. 生态观察:生命物种的种类,它们之间的关系,彼此的影响等。

2. 地理环境观察:不同的生命物种如何适应生存的环境,它们面对什么样的挑战。

3. 人与环境观察:人类的生活怎样改变自然环境,人与环境之间的关系。

【推荐书目】

1. [日]池田大作. 人生箴言[M]. 卞立强,译. 北京:中国文联出版社,1995.

2. [美]维吉尼亚·萨提亚. 尊重自己[M]. 朱丽文,译. 北京:世界图书出版公司,2015.

第十三章　生态：生命的存在之家

🌱 【生命格言】

　　"人直接地是自然存在物"，是"有生命的自然存在物"。"人靠自然界生活。这就是说，自然界是人为了不致死亡而必须与之处于持续不断的交互作用过程的、人的身体。所谓人的肉体生活和精神生活同自然界相联系，也就等于说自然界同自身相联系，因为人是自然界的一部分。"

——《马克思恩格斯文集》①

　　绿水青山就是金山银山。我们要像保护眼睛一样保护生态环境，像对待生命一样对待生态环境。

——习近平

🍂 【知识导图】

```
                                          ┌─ 生态的本质是生命
                        ┌─ 生命与生态的关系 ┤─ 生态是生命伙伴
                        │                  └─ 生命促生态和谐
                        │
  生态：生命的           │                  ┌─ 丰富的元生态
  存在之家      ────────┼─ 人的三重生态   ─┤─ 多元的类生态
                        │                  └─ 个性的内生态
                        │
                        │  大学生"三重生态   ┌─ 遵循活动、体验在先
                        └─ 圆融"的实践路径  ─┤
                                           └─ 领悟、反思提升在后
```

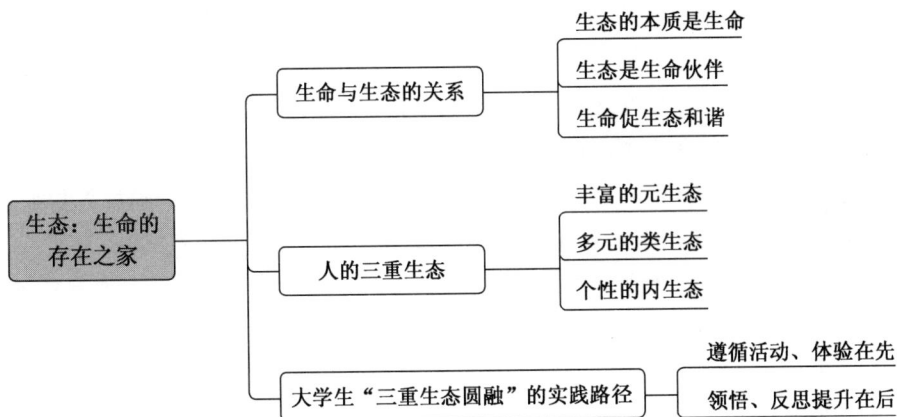

　　① 中共中央马克思恩格斯列宁斯大林著作编译局.马克思恩格斯文集(第1卷)[M].北京:人民出版社,2009:161.

【生命叙事】

"地球文明"与"人类文明"

古生物学家在化石研究中发现，地球上出现过五次绝种潮，最大的一次是2.5亿年前的二叠纪大灭绝，其间，有约77%到96%的物种被淘汰，造成地球千万年的寂静。但在刚刚过去的二十世纪区区百年间，地球物种灭绝的速度比工业革命前至少加快了数十倍，未来十年，世界现有的约一千万个物种又会减少10%。据权威部门估计，到二十一世纪的后半叶，将有1/3到2/3的物种从地球上消失。目前，地球表面超过一半的原始形态已经被人类的各种活动改变，地球几无净土，甚至连遥远的南极的企鹅体内，都能检测出DDT（滴滴涕农药）。臭氧空洞、温室效应、人口爆炸、物种灭绝、资源枯竭、土地荒漠等，恶化了人类生存环境，加剧了世界社会危机。不同人类群体之间，为了改变各自的生存环境和追求自己的生活利益，不断地相互争斗和残杀，也不断地掠夺和侵害其他生物，激化了人与人、人与自然界其他生物之间的矛盾，在人类欺侮其他生物的同时最终伤害乃至毁灭自身。2002年1月18日，《中国环境报》刊文认为，过去，军事手段往往被运用于意识形态和地缘政治领域。随着全球性环境恶化所带来的危害，因环境退化导致纠纷而引起的暴力冲突，将成为世界未来新的重大安全威胁，环境安全也将成为西方国家继人权之后干涉别国内政的又一个新的借口。本世纪以来，种种或自然的或人为的巨大灾难次第出现，从中可以看出：人类所面临的灾难逐渐从纯自然性、区域性发展到人为性、世界性。与古代劫难大多体现在物力、人力的耗损和毁灭，以及文明成果的丧失相比较，现代劫难则直接指向整个人类本身的生存基础，人类面临彻底毁灭的深渊。可以预见，如果人类不能正视自身的生存危机，矫正各自的生存情态，建立正确的生存智慧，必将遭受更大的灾难。地球是我们的家园，我们只有一个地球，我们不能流离失所、我们不能麻木不仁、我们不能袖手旁观。

面对人类共同的生存危机，世界各地的仁人志士们都不断地吸取人类文明成果，贡献出各自的思考和智慧。二十世纪六十年代末，以净化生存环境为宗旨的罗马俱乐部的创始人贝恰博士等人在《增长的极限》的调查报告中，就提出了人类命运与生态环境息息相关。1972年，联合国颁布的《斯德哥尔摩人类环境宣言》认为，为了世世代代保护和改善人类环境，"需要各界人士和许多领域中的组织，凭他们有价值的品质和全部行动，将确定未来的世界环境格局"。这一观点不同于那种只是亡羊补牢式的机械方法，而把思维的触角伸到了解决问题的精神领域。1992年，联合国环境与发展大会通过的《里约宣言》，向人们展现了新的生存理念，从世界观上反对人类中心主义，在实践上反对以牺牲环境来追求经济和社会发展，主张全人类共同承担保护环境和其他生命体的责任义务，在保护"地球文明"中同时实现"人类文明"的发展。

一、生命与生态的关系

（一）生态的本质是生命

1. 生态的含义

目前，已经被普遍使用的"生态"概念，一般都具有两种词性。作为形容词，它的基本含义主要指，有利于生物体生存的，对一切生命存在有所帮助的，如在生态食品、生态住宅、生态社区、生态城市词汇中，"生态"即指"生态的"。而作为名词，"生态"则指环境总体以及包括人在内的物与物的相互关系，如在自然生态、社会生态、生态环境、生态保护词汇中，"生态"即指一种利生性的总体关联。于是，从意义上看，作为现代汉语的"生态"一方面始终保持着具有与生存、生命、生产的密切关联，另一方面，又具有总体性、整体性和全面性的指称。

值得指出的是，现代汉语的"生态"一词，与西文 ecology 一词及其学科内容的传入有很大的关系。早在 18 世纪末，日本学者首先用平假名"生态"翻译了西文的ecology。但现在的日本社会基本上已不再使用"生态"一词，而代之以片假名"イコロジ"。英文的 ecology 还附有"环境适应""系统均衡"的含义。H. 萨克塞在《生态哲学》一书中指出，作为德文的 Ökologie（"生态学"）是从希腊语 Oikos 中衍生而来的，而希腊语 Oikos 的原意则为房子、家，蕴涵着整体、全部、系统的意思。而 Ökologie 似乎也可以译为"家务学"。[①] 德文中，Ökologie 还指涉"生物与环境之间的关系"。于是，生态就像一个家，家是什么？ 实际上，家始终不可能只是一套房子、几件家具摆设或者纯粹的人口数量总和，显然，家应该首先是一种关系复合体，家里面蕴含着深厚的并且难以被我们作知性认识的关系结构。人在本质上都是家的产物，我们始终是一种离不开家的动物。可见，词源学上的追溯，可以帮助我们很好地理解源于西方的"生态学"及"生态"一词的实质。[②]

2. 生态文明

对于人类世界来说，无法忽视一个重要概念——生态文明，其中文明指一种先进的社会和发展状态，有益于增强人类对客观世界的适应和认知；而生态文明是"生态"和"文明"二者有机融合的产物。从广义上来说，生态文明是继农业文明、工业文明之后更高级的文明形式，是人类社会发展到一定阶段的必然产物。它不同于农业文明

---

① ［德］汉斯·萨克塞. 生态哲学［M］. 文韬，佩云，译. 北京：东方出版社，1991：1.
② 余治平. "生态"概念的存在论诠释［J］. 江海学刊，2005（6）：6-11.

时期人们对自然的敬畏之情,也不同于工业文明时期人们对自然的占有与控制,而是设法和自然和谐相处,建立一种和谐的人、社会和自然之间的关系。由此可见,生态文明是一种高级的文明形式,有利于促进人的全面发展。狭义的生态文明指的是现代文明体系中的一部分,体现着现代公民在处理人与自然的关系时的文明状况,生态文明社会中的公民应该具有保护生态环境的意识、具有利于生态良好的行为、遵守生态制度与规范等等,人们继物质文明、政治文明、精神文明后提出生态文明,显示了人们更高层次的需要,即对生存环境质量的要求明显提升。可见,生态文明的核心就是人类必须遵循人与自然、人与人、人与社会的客观规律,是以和谐共生、良性循环、全面发展、持续繁荣为基本宗旨的社会形态。

在我国,由于经济发展的不平衡不和谐,资源减少、环境污染等生态问题若不能得到有效解决则会影响我国特色社会主义建设的步伐,更会对人民生活造成困扰,不利于建设小康社会以及和谐社会。因此,从十七大报告首次明确提出建设生态文明,到十九大报告中将生态文明提升至"千年大计",不仅体现了我国生态文明建设发展的决心与毅力,更是体现了生态文明发展建设的重大意义。

由此可见,生态的观点,从根本上说就是生命的观点、有机的观点、自组织的观点、内在关联的观点,它把世界包括人、自然、社会看作鲜活的生命体。而生命的重要特性就是有机性,有机性的本质就是内在的关联,"生命有机性"是生态合理性的首要原则。[1]

(二) 生态是生命伙伴

1. 生态是生命之本

生命是以蛋白质的方式生存着,并以新陈代谢的特殊形式运动着,人体通过新陈代谢和周围环境进行物质交换。在正常环境中,环境中的物质与人体之间保持动态平衡,使人类得以正常生长、发育,从事各种劳动和创造活动。相反,生态环境受到污染,人们就会感到不适、厌烦,甚至发生轻度或重度的中毒反应,注意力不集中,工作效率低,患病率上升。

空气、水、土壤和食物是环境中的四大要素,都是人类和各种生物不可缺少的物质。环境污染首先影响到这些要素,并直接或间接地造成对人体健康的危害。环境污染对人体健康的危害,是一个十分复杂的问题,有的污染在短期内通过空气、水、食物链等多种介质侵入人体,或几种污染物联合大量侵入人体,造成急性危害。也有些污染物,少剂量持续不断侵入人体,经过相当长时间才显露出对人体的慢性危害或远期危害,甚至影响到子孙后代的健康。

可见,生态乃生命之本,其不仅是生命健康成长的基础,也影响着生命的质量。

---

① 刘贵华,朱小蔓.试论生态学对于教育研究的适切性[J].教育研究,2007(7):3-7.

2. 生态决定生命状态

良好的生态环境,促进生命的健康发展。人的健康包括身体健康和心理健康。习近平指出:人民身体健康是全面建成小康社会的重要内涵,是每一个人成长和实现幸福生活的重要基础。人体各种生理功能在某种程度上对环境的变化是适应的,如解毒和代谢功能往往能使人体与环境达到统一,但是,这些功能有一定的限度。如果大量的工业"三废"、农药等毒物进入环境,并通过各种途径侵入人体,当超过了人体所能忍受的限度时,就会引起中毒,导致疾病和死亡。某些元素在自然界含量过高或者偏低,会造成地方病。有毒物质通过呼吸、饮水、食物等直接或间接地进入人体会造成疾病,影响遗传甚至危及生命。因此,生态就是生命的现实状态,各种生命体之间共生共荣的理想状态就是生态平衡的基本含义。由此可见,生命健康和生态环境是不可分割的辩证统一关系,在历史的长期发展过程中,形成了一种生态决定生命状态的关系。

(三) 生命促生态和谐

1. 生命影响生态

地球生命的定义:具有能量代谢功能,能回应刺激及进行繁殖的开放性系统。生命来自能量:能量→植物、微生物、动物等。生命个体都要经历出生、成长和死亡。生命种群则在一代代个体的更替中,依靠基因的随机变异不断地向现实做趋同演化。生命是以繁殖为目的,以自发熵变为具体方式的进化和适应过程。生命体当然是要降低自身的熵值,但这不总是成功的:有时因为内环境的稳态被破坏,比如衰老;有时因为无法完全抵抗外界的高熵压力。

日常大家所谈的生命实际上专指有机生命,但其仍然符合生命的基本定义,所不同的(类的扩展)是此类具有动态对外界做出反应的能力。生命就是生长变化的物质系统。有机生命是地球这样的星体环境中所特有的,以水为载体组成的,具有自行吐故纳新、精度复制、温和分裂等能力,不可逆转但总是持续不停地重复着或延续着这些能力的物质系统。

根据人类的约定俗成,有机生命简称为生命。一般人不难区分什么东西是有生命的,什么东西是没有生命的。但给生命下一个科学的定义却是千百年来的一个困难问题,至今没有完全解决。这个问题直接关系人类对自身的理解。

生命是由核酸和蛋白质等物质组成的分子体系,它具有不断繁殖后代以及对外界产生反应的能力。现代生物学给出的一般的科学定义大致上是这样的:生命是生物体所表现的自身繁殖、生长发育、新陈代谢、遗传变异以及对刺激产生反应等的复合现象。在这里,其中任何单一的现象都不是生物所特有的。人的生命是处于一定社会环境关系中的具有自我意识的生物实体。人的生命是生物属性与社会属性高度的统一体,人的社会性是人区别于其他动物生命的最本质特征,在人的生存中应强调生命的物质价值、精神价值和人性价值的统一。

"山水林田湖草是生命共同体"的整体系统观与"共谋全球生态文明建设之路"的共赢全球观,都是习近平生态文明思想的重要组成部分。保护自然生态的生命共同体既是人类共同的利益,又是人类共同的责任。生态文明作为人类文明发展的一个新阶段,是遵循人、自然、社会和谐发展这一客观规律而取得的物质与精神成果的总和。

2. 生命受制于生态

"生命从孕育到凋零,和自然生态牢牢把握在一起。"生命是组成生态之必不可少的因素,生态环境作为一个客观的存在,又是一切生命所延续的基础,生态是底线、是底色;生态是红利、是机遇。所有人拥有的仅仅只有地球这样一个蓝色的星球,人类需要学会如何同大自然和谐相处。

"生命系统"与"生态系统"的区别是:生命系统顾名思义有生命的系统,不含无生命的无机自然环境。而生态系统包括生物和生物所生存的自然环境,换句话说,生命系统指的是能够独立完成生命活动的系统,而生态系统,则是在一个特定环境内,其间的所有生物和此环境的统称。

人民群众是历史创造者,是环境保护的生力军和生态文明的建设者,人民群众身心健康是保护生态环境的根本保证。周恩来早就指出:"把环境搞好了,人民身体健康了,就是保护了最大的生产力,是最大的财富。"

【生命叙事】

库布齐沙漠变成了绿洲①

美国宇航局等机构的研究人员曾在英国《自然·可持续发展》杂志发表论文说,他们在分析了美国航天局"特拉"号卫星和"阿卡"号卫星的观测数据后发现,地球比20年前更绿了,全球从2000年到2017年新增的绿化面积中,25%以上来自中国,中国对全球绿化增量的贡献比居全球第一。

聚沙成塔,集腋成裘。这些绿色成绩单的背后,离不开无数中国治沙人夜以继日的坚守,王文彪就是其中一个。从沙漠深处的"挖盐工"到联合国的"地球卫士",他用了30多年的时间,带领库布其人把6 000多平方公里的沙漠变成了绿洲,描绘出了享誉世界的库布其模式。一路走来,无数次非议,无数次嘲讽,无数

---

① 靠坚守,他实现了治沙人的中国梦![EB/OL]. (2019 - 08 - 12)[2022 - 08 - 10]. http://news. youth. cn/gn/201908/t20190812_12038475. htm.(有删减)

次不解，王文彪坚持的仍是自己的路。

在沙漠中修路花了 3 年，在沙漠中植林种草花了二十多年，王文彪带着"愚公移山"的精神，经过 30 年的植树造林，如今库布齐沙漠 18 600 平方公里的土地，有 6 000 多平方公里得到治理，绿化面积达 3 200 多平方公里，库布齐沙漠从祖国正北方的一块"黄褐斑"变成了一枚"绿宝石"。

"我们要守住每一寸土地，让更多的沙漠变绿。"时至今日，王文彪和无数"王文彪们"让沙漠变绿的脚步从未停歇。"坚持、坚韧、坚守"的血性，已成为他们骨子里的东西，永远不会变。

2013 年 9 月 23 日，联合国防治荒漠化公约第十一次缔约方大会在纳米比亚首都温得和克召开。王文彪迈着坚实的步伐走上全球瞩目的领奖台，接过了"全球治沙领导者"奖牌与证书。

王文彪说："我想把这块奖牌献给我的祖国，这个古老的国度有个年轻的'中国梦'，那就是我们习近平主席提出的'绿水青山就是金山银山'，这就是我们治沙人的'中国梦'。"

二、人的三重生态

【生命叙事】

孪生陌生人，被设计的一生①

今天看的这部纪录片名为 Three Identical Strangers，中文翻译为《孪生陌生人》。这部纪录片由 CNN FILMS 制作，于 2018 年 1 月 19 日上映，获得了美国纪录片评审团特别奖。

纪录片讲述的是三个同卵三胞胎在 6 个月大的时候被三个家庭分别收养，19 年后重逢发现颇具争议的故事。孪生兄弟鲍比的性格比较保守，他被一个富裕的家庭收养，父亲是医生，母亲是律师，住在富人区，但父母非常忙碌，鲜少有时间陪伴孩子；孪生兄弟艾迪的性格可爱、容易情绪化，他被一个中产阶级家庭收养，父亲是位老师，非常的严厉，对孩子们要求较多；孪生兄弟大卫的性格则介于两位兄弟之间，他被一个蓝领家庭收养，英语是父母的第二外语，经营一家小商店，但是家庭温暖和睦，父慈母爱，有很多时间陪伴孩子。三个人在 19 岁偶然相遇后，发现彼此之间有很多相似之处，如说法的方式、坐姿等，几乎都一模一样。

相聚后的三人过了很长一段时间的快乐时光，他们上电视节目、接受采访、

---

① 孪生陌生人，被设计的一生[EB/OL].（2018 - 12 - 01）[2020 - 07 - 01]. https://www.sohu.com/a/279023171_534593.（有删减）

参演影视剧、一起开餐厅、共享结婚生子的喜悦,等等。

他们之所以在毫不知情的情况下被分散到三个不同的家庭,原因是他们是一项研究的调查测试对象,该项调查研究的课题是:我们是如何成为我们的,到底是先天因素(nature)还是后天因素(nurture)成就了今天的我们?

1979年,这项秘密实验被宣布结束,被终止的原因也不得知晓。随后,实验的主导者——美国著名的精神病医生彼得·纽鲍尔及其团队将1960年—1980年期间的所有相关研究档案存放在了耶鲁大学档案馆里,这些资料直到2066年才能被公之于众。

这是一个真实的故事,是一个至今仍饱受争议的心理学研究。本片的导演蒂姆·瓦德尔想通过这部纪录片告诉世人:我们的本性并非天定,而是由我们每个人身体力行、亲手塑造的。城市之于人,恰如生态之于生命,城市是母体,是人生存成长的源泉;生态是生命能量的源泉,其为生命服务,滋养着生命的成长。换言之,生命的健康成长离不开生态的和谐稳定。不同的生命在不同的生态中有着迥异的样态,调和好生命与生态的关系,在三重生态圆融互摄中优化生命样态是生命健康成长的有效途径。

从生态体验理论的视角看,生命存在是有一个生态系统的。一个健康完整的生命,生存于三重生态系统之中,即元生态、类生态和内生态(见图13-1)。其中,元生态指的是人与大自然的关系,是人生命的物质滋养、休憩身心的栖息地,是生命回归的故乡。类生态指的是人与人、族群及文化的关系,是人生命的社会依托、心智模式的经验源、生命发展的平台。内生态是指人与其身心灵的关系,是生命存在(寄居)的载体、生命安顿的心灵居所、放飞梦想的无限时空、精神家园。[1] 人的生命要想真正健康、平安、舒心、靓丽、可持续地存在下去,就必须臻于"三重生态圆融互摄"的生命生态平衡与和谐境界,而不能陷于生命生态的失衡、紊乱状态,如此不断优化生命生态系统。[2]

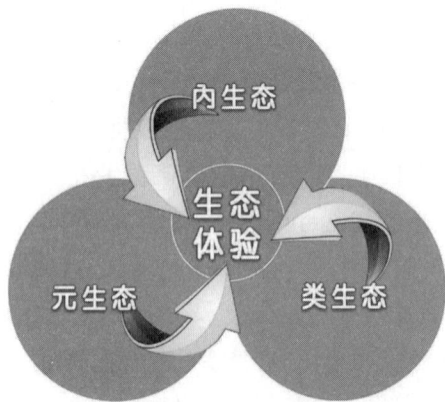

图13-1 生态体验理论图示

---

① 刘惊铎,姚亚萍.生态体验模式论[J].中小学德育,2013(9):10-16+44.
② 与刘惊铎教授的对话。

（一）丰富的元生态

在运演形态中，元生态因子主要指影响师生活动和课堂教与学的物质环境和活动时空，包括水土气生、草木瓦石、声光温湿味、墙门桌椅窗，黑板粉笔、教材讲义辅导书、纸笔电脑及网络社会、录音机投影仪、各种实验器材、师生服装以及师生所知觉的周围物质时空等，都是基础性的元生态因子。[①] 处理好人与大自然及蕴含其内万物的关系，是人在丰富的元生态中健康成长的重要环节。也就是说，如果人的发展符合自然之道，人类则心情舒畅，享用无上福祉。反之，人类则会焦虑、浮躁，幸福指数骤降。马克思就反复强调："人是自然界的一部分，不以伟大的自然规律为依据的人类计划，只会带来灾难。"[②]

【生命叙事】

少年派的奇幻漂流[③]

故事开始于蒙特利尔，也结束于蒙特利尔。故事讲述了一名在找寻灵感的作家，无意间得知派·帕帖尔的传奇故事。派成长于 20 世纪 70 年代的印度，他的父亲开了一家动物园，派整天与老虎、斑马、河马和其他异国动物为伍，对信仰与人的本性自有一套看法。然而他试图与孟加拉虎理查德·帕克交好的举动，却引来父亲勃然大怒。派的父亲当场以血淋淋的教训让他知道：动物与人的思考模式不同，一旦忘记这一点就会送命。这次的教训冲击了派对世界无止境的好奇心，也最终影响了他被迫经历的旅程。

在派 17 岁那一年，他的父母决定举家移民加拿大，以追求更好的生活。移民能带来新世界的新冒险，却也代表派必须离开他的初恋情人。在选择移民之后，派的父母关闭了动物园，收拾了所有家当，这也包括部分动物园里的动物，并搭上一艘日籍货船。在船上，与他们同船的还有动物园里的一些动物，因为父亲打算把它们趁机以高价卖掉。在茫茫大海中，当天深夜原本令派感到刺激无比的暴风雨，一瞬间就成了吞噬货船的大灾难。

派和救生艇被船上掉落的斑马砸进海里，他侥幸落在救生艇的舱盖布上得以逃生，于是，便被迫开启了在太平洋上漂泊 227 天的历程，与他同在救生艇中的，除了那只断了一条腿的斑马外，还有一只鬣狗、一只猩猩以及孟加拉虎理查

---

① 刘惊铎，姚亚萍. 生态体验模式论[J]. 中小学德育，2013(9)：10-16+44.

② 刘惊铎，姚亚萍. 生态体验模式论[J]. 中小学德育，2013(9)：10-16+44.

③ 少年派的奇幻漂流剧情[EB/OL].（2020-07-01）[2020-07-01]. http://movie. mtime.com/63105/plots. html.（有删减）

德·帕克。在救生艇上的最初三天，鬣狗咬死了受伤的斑马和猩猩，理查德·帕克咬死了鬣狗，并将他们吃掉。接着，这头过去曾在派的面前展露本性的猛虎，似乎成了派的最大敌人。然而，随着与理查德·帕克相处的时间越来越久，派由最初的与理查德·帕克相互提防、想要杀死对方的状态逐渐变为相互依赖、和谐共生，最后也变成了派生存下去的一种动力和重返人类社会的最大希望。

《少年派的奇幻漂流》是根据扬·马特尔于 2001 年发表的同名小说而改编的一部电影，由李安执导，于 2012 年 11 月 22 日在中国内地上映。17 岁少年派与一只拥有人类姓名的孟加拉虎——理查德·帕克，在救生艇上漂流百余天，逐渐建立起了一种奇特的人与自然的共生关系，二者最终携手共同战胜困境而获得新生。

将奇幻故事投射在现实背景下的生命生态系统，我们很容易就可以发现，在这个系统中，存在着相当程度的失衡、紊乱现象。人类生命的承受力、适应性、共生性，已经受到了空前的极限挑战。发生了疫情的国家和地区，都纷纷取消了聚集性活动，甚至停产、停工、停学，陷于空前的紊乱以至瘫痪状态。在我国，一些地区的大学生无法返校，许多高校被迫举办了云毕业典礼；加之网络平台的不稳定、线上课程的不完善等客观因素，更是加剧了大学生的倦怠感，这不仅降低了学习效能，更是增加了生活的混沌感，割裂了生存的幸福感。

生命生态系统的失衡、紊乱，归因于人类长期忽视、无视、反生态文明的行为之后果。多视角、跨领域研究发现，许多目前人类已知的病毒不仅危害大，而且可以突破"种间隔离"而在人际传播，这其实是生态限制性法则在起作用，深层原因是受人类文明程度的限制，源于人类族群之间、种群之间以及人类与大自然之间生态文明认知缺陷，源于人类的文化、教育及其制度设计的缺陷，是"有因必有果"的因果链循环的结果之一。与此同时，为了尽量避免恶性的因果循环，应该遵循卡逊、莱奥波德、罗尔斯顿和纳斯等人反复强调的人对自然的责任，并将其作为人类价值观的核心。可见，在人类的生存实践中，元生态中人与自然的和谐共生，是人身心灵健康成长的最基本条件。

（二）多元的类生态

在运演形态中，类生态因子主要是指人与他人、人与族群、人与文化等的关系，包括教师、学生及其父母、社区，以及由此而呈现出来的师—生、生—生、组—组、亲—子等关系和学校的制度、教室的文化布置、教材所隐含的文化观念以及教师的专业素养和人文精神，教师与学生之间的提问对话、写写画画、实验操作，生生之间的合作交流、演练展示活动等，都是有益有趣的类生态因子。[①] 随着人类社会的发展，科技的进步，人工智能的兴起，某种程度上说，人与人的关系越来越紧密，跨越族群和文化的

---

① 刘惊铎,姚亚萍.生态体验模式论[J].中小学德育,2013(9):10－16＋44.

交流与融合也越来越频繁。尽管对于全球化是否仍会进一步发展争议渐多,尤其是新冠肺炎疫情影响下的全球格局时时都在发生变化,各国各地区文化间的交流也同样随之受到一定的影响,然而从发展的眼光看,人类作为一个生命共同体,其内部的交流将更加密切且多元。对于新时代的大学生而言,处理好与他人、其他族群和其他文化的关系,以更加包容的心态、宽广的视野、友善的态度与他人共建和谐共生的生存环境,那么将有更多的机会攀至云端穿行于繁华的世界,也将有更大的机会鸟瞰升维,拉伸生命的深度和宽度,提升生命的质量。

【生命叙事】

一个人的毕业典礼①

自己的大学毕业典礼正值周一,支教的巴塘中学和就读的大学相隔千里,但大学毕业典礼一生只有一次,怎么办?

西华大学理学院2016级数学与应用数学专业毕业生顾文迪做出了这样的选择:利用学生体育课的时间,她把定制的学士服穿上,在2500米的甘孜州巴塘县中学内,和学生们在一起,为自己举行了"一个人的毕业典礼"。

6月下旬,西华大学2020年毕业典礼暨学位授予仪式举行,而在距离成都千里之外的甘孜州巴塘县,因为正在巴塘中学支教,西华大学理学院2016级数学与应用数学专业毕业生顾文迪错过了班级毕业照、毕业典礼。

不过,顾文迪在巴塘中学校内也有自己的毕业典礼。这场毕业典礼上,没有校领导,没有同学和老师,只有顾文迪和她支教所在班级的藏族学生们。

6月下旬一天下午,体育课时,七年级英语老师顾文迪身着印有校徽、自己名字和学号的学士服,走到孩子们中间,顿时引起一阵欢呼。"我想和你们拍个毕业照,好吗?"顾文迪的请求,得到学生们的一致回应。在顾文迪师弟的帮助下,顾文迪和学生们一起站在了镜头前。

"毕业前最有意义的事,就是来到巴塘认识了这群可爱的藏族娃娃,成为他们的老师,看着他们围绕毕业典礼问个不停的样子,我觉得很欣慰,希望我的这场毕业典礼能给他们打开一扇更大的窗户。"顾文迪说道。

下个月,顾文迪支教就将结束,她说,巴塘这座美丽的城市和这个独特的毕业典礼,自己将永生铭记。

在中国,每年有数以万计的顾文迪们积极投身于教育公益事业,许多大学生都不同深度地参与了教育性和公益性的社会实践活动。有些人作为志愿者,周而复始、不

---

① 甘孜海拔2500米高原上女大学生举行"一个人的毕业典礼"[EB/OL]. (2020 - 07 - 08)[2020 - 07 - 08]. http://sc. people. cn/n2/2020/0708/c345458-34140446. html. (有删减)

知倦怠地支持社区工作和公益活动；有些人深入养老院、特殊教育学校，用真心和热情"交换"孤老和折翅儿童们的笑容；有些人扎根支教事业，把青春韶华献给大山里的孩子，身体力行地给孩子们打开了一道通往世界的窗户。新时代的大学生比祖辈们有更多的机会与世界交流，也有更大的胸怀和责任感与世界和谐共生。可见，类生态的安定和谐是人的发展和社会进步坚实的重要基础。

（三）个性的内生态

在运演形态中，内生态因子主要是师生肉身生命的存在样态、精神家园的茂芜状态、心灵感受的时空流变、灵魂皈依理想信念，师生的阅历梦想、意识精神、志向态度、注意意志、意念行动、方式方法、情感态度价值观等及其耦合，都是充满灵性的内生态因子。[①] 一个人内生态的和谐肥沃，将会引导其激发生命潜能，促进生命健康成长；反之，紊乱荒芜的内生态会让人产生"中毒"反应，精神萎靡，意志消沉，甚至罹患精神疾病，损害身心健康。有的人说，人是孤独的，只身来世，数十载后又独自离去；对所有人而言，生命时长看似一个定值区间，但是生命的质量决定了各人的差异。追求成为优质自己，持续优化自己的生命样态，是一个人内生态和谐的表征之一，也是决定其人生高度与厚度的关键因素。

【生命叙事】

秦岭山里的大学生护林员[②]

2015年7月，1991年出生的延安小伙刘国晨从大学毕业。在校学习林业技术专业的他，一毕业就参加了大学生志愿服务西部计划，来到安康市岚皋县农林科技局，成为一名林业技术干部。这一干就是3年。

"在我心里一直有一个绿色的梦想，希望能与青山为伴，一展所学。选择到岚皋县的林业一线工作，是我做过的最勇敢的，也是最正确的决定。"刘国晨说。岚皋县位于陕西南部的鄂、渝、陕三省交界处，地处秦巴山区，全县森林植被覆盖率达85%，是国家南水北调中线工程重点水源涵养区。

前脚出校门，后脚进深山。刘国晨上班的第一天就被安排到森防站参与全县的病虫害普查工作，去的地方都在深山老林。据刘国晨回忆，当时正值7月，炎炎酷暑，连动物都懒得出来活动。在老林业技术干部的带领下，他拿着普查图纸在烈日下翻山越岭，翔实记录，任凭汗水流在脸上、背上。为了弄清整个地形

---

① 刘惊铎，姚亚萍. 生态体验模式论[J]. 中小学德育，2013(9)：10-16+44.
② 秦岭山里的大学生护林员[EB/OL].（2019-09-25）[2020-07-08]. http://www.forestry. gov. cn/main/72/20180921/165721129581126. html.（有删减）

地貌,哪里山高他就往哪里爬,哪里沟深就往哪里下。林密荆深,无路可走,他只能四肢着地,顺着荆棘底部、贴着地面往前钻;为了让测量结果更精确,他背着仪器,在平均海拔1 500多米的大山里翻山越岭,反复测量,手臂上、脚上甚至脸上都留下了道道被荆棘划破的血痕;为了尽快完成任务,晚上他干脆就住在当地群众家里,在煤油灯下绘图、设计、记录,早上5点多又起床上山继续工作。两个月下来,刘国晨参与的病虫害普查工作顺利完成。

"岚皋山里的泉水比想象中要甜。晚上,我们挂起捕虫灯,去捕捉考察点常见的昆虫,早上5点多就起床抓紧制作昆虫标本。如果耽搁时间稍长一点儿,虫子就会变僵,前期的工作就都白做了。两个月里,我们共踏看路线22条,调查森林面积12 427公顷,采集各类标本2100号,其中病害标本220号,虫害标本1880号,拍摄生物学、形态学及危害状影像资料280张。"刘国晨说,"经过那次普查工作,我改掉了大学时期懒散的习惯,同时我也很开心,自己在大学里的所学用到了实处。这比任何物质奖励都让我感到高兴。"

刘国晨说:"3年的时间,我已经不记得自己磨破了几双鞋,受过几次伤,但我不后悔选择来到这里。林业工作虽然辛劳,但也是一种磨炼。我体验到了人生的真趣,锻炼了自己的能力,实现了人生的价值……"

从表面看,这是一个大学生关于职业选择和环境保护的故事;然而,当我们升维鸟瞰,不难看出这是一个新时代大学生关于价值体认和人生追求的故事。作为体验者的刘国晨,在深山中扎根农林事业,无形中将自己置身于一定的三重生态关系及生态情境之中,健康的元生态和类生态为其提供了充分且多元的养料,予以滋养和促进他经历全息感受、理解和领悟三重生态关系,当其内心历经感动,并逐渐开启生态智慧、生态意识和生态能力之时,刘国晨就开始不断领悟自己内部世界与外部世界之间错综复杂的矛盾关系,人类及其个体与自然界、社会和文化精神保持多样性的内在之"道",自觉调整和优化人类的生存态度与生产、生活方式,渐次臻于生态和谐,进入澄明之境。① 可以说,元生态与类生态的和谐,为内生态的稳定健康提供了坚实的基础和大环境,反过来,和谐的内生态又激潜了元生态与类生态的健康生长。可见,大学生三重生态圆融互摄之时,也是优化生命样态之时,只有这样才能在追求成为优质自己的路上"道阻且长,行则将至"。

三、大学生"三重生态圆融"的实践路径

生态体验是一种臻于和谐美善境界的教育模式。它从元生态、类生态和内生态之三重生态圆融互摄的意义上反思和重构教育过程,凸显营造既适合于知识学习又有利于人格健康成长的教育文化氛围,使导引者和体验者双方全息沉浸、全脑贯通,

---

① 刘惊铎,姚亚萍.生态体验模式论[J].中小学德育,2013(9):10-16+44.

激发生命潜能,陶养健康人格。其实践路径是遵循活动、体验在先,领悟、反思提升在后的逻辑线索;实践环节为营造体验场＋全息沉浸感受＋开放式对话＋反思性表达。

大学生在理清生命与生态关系的基础上,可以由元生态、类生态和内生态之任一向度为切入点,在一定的时间、空间、文化环境和实践活动中,将生态体验法的理论原理与作为体验者的大学生生命内部的内化、外化机理进行对应分析,并将生态体验法的体验流程或环节进一步具体化、具象化,以便融入于优化其生命样态的实践指引中。[①]

具体来说,生态体验法的流程是:在历经生态阅历、理解、表达、共鸣、唤醒、移情、行动、比较、选择、反省、领悟等环节,直至道德境界生成的过程中(见图13-2),领悟三重生态关系中那些真善美的因子并围绕这些生态因子开展开放性对话,解析生活中那些假、恶、丑的因子,并展开反思性表达,由此逐层认知和体悟三重生态关系的深层内涵及其真谛,触发和生成生态意识、生态智慧和生态德行[②],进而优化生命样态,在成为优质自己的征途中更上一个台阶。

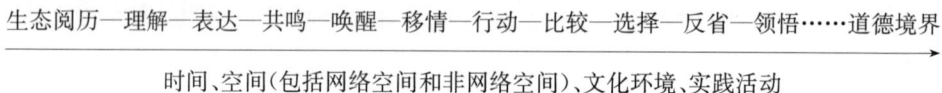

生态阅历—理解—表达—共鸣—唤醒—移情—行动—比较—选择—反省—领悟……道德境界

时间、空间(包括网络空间和非网络空间)、文化环境、实践活动

图 13-2　生态体验法的体验流程(环节)

(一) 遵循活动、体验在先

【生命叙事】

不走的大学生村官[③]

3 192 平方米的农产品电商物流中心已经投入使用;3 000 平方米的鲜切花育苗中心初具规模;5 000 立方米的冷库已经投入运营;人均年收入由 2016 年的不足 9 000 元增加至 2019 年的 21 000 元,贫困户和村集体"双脱贫"……眼下,曾经闭塞、贫穷的江苏省东海县三铺村正在焕发生机,发生着脱胎换骨的变化。

这些显著变化的背后,源于该村有一位致富带头人——扎根农村的大学生村官、村党总支书记郝大宝。在日前揭晓的 2019 年度全国脱贫攻坚奖奋进奖名单中,郝大宝名列其中。

---

①　刘惊铎,杨晓丽.生态网络社会[M].北京:国家开放大学出版社,2020:3.

②　刘惊铎.生态体验:道德教育的新模式[J].教育研究,2006,27(11):64-68.

③　不走的大学生村官[EB/OL].(2020-06-15)[2020-07-08].http://www.ccdi.gov.cn/yaowen/202006/t20200615_220131.html.(有删减)

初到三铺村时，村里有贫困户 163 户 536 人，村集体经济负债近百万，支部凝聚力不够，村里道路泥泞、环境脏乱。

"不管有多大的困难，我都要克服。"带着这样的信念，郝大宝走访了三铺村的 1 000 多户村民。一边走访，一边解决实际困难。半年时间下来，郝大宝的 5 本笔记本密密麻麻记满了党员群众的意愿和诉求。

在他的动员下，流转土地工作得到了多数村民的支持，唯有老李家不愿意流转土地。郝大宝到老李家做工作，老李不但不领情，还当场撕毁了《土地流转合同》，并把他赶了出来。虽然遭遇挫折，郝大宝也不想放弃，愣是在老李家门口等了三个小时。待老李出来喂牛发现他还站在家门口时，被郝大宝感动了："郝书记啊，您一个外村人能把工作做到这份上，我服了。我同意流转土地，支持您的工作！"

经过两年多的时间，郝大宝带领农户年均增收 5 到 7 万元，村集体收入过百万元。现代农村是一片充满希望的田野，现代农村更需要花一样的生活。郝大宝说："我要继续通过增加土地附加值来增加村民收入，用实际行动让每一个村民都能闻得见花香、过上花一样的幸福生活。"

大学生村官郝大宝在扎根于带领村民走上幸福生活之路的同时，也在和风暖阳、花香鸟语的和谐场景中，沉浸于三重生态圆融互摄之境，不断地优化着自己的生命样态，实现着自己的价值。

根据中国青年网上的一份大学生村官工作统计数据显示，截至 2017 年年底，全国在岗大学生村官共 6.6 万人。此外，全国大学生村官进入村"两委"班子达 34 127 人；进入乡镇领导班子 10 339 人，县直部门领导班子 1 249 人，其中担任正职的 135 人；有 1 557 名大学生村官当选各级党代表、人大代表、政协委员。① 可见，像郝大宝一样扎根于基层的大学生村官且有所成就的案例比比皆是，他们中许多人都在日复一日的体验中找到了自己的人生方向，实现了自己的生命价值。

当然，体验并尝试着做大学生村官，只是大学生体验世界、寻找事业与生活方向、优化生命样态、追求成为优质自己的实践路径之一。尤其是对于仍处在大学就读阶段的大学生而言，实践路径还有很多，不过归根结底，其原则是遵循活动、体验在先，这也是大学生调和其内生态和谐安定，并在类生态与元生态中，明智且恰如其分地定位自己，处理好与他人、自然之关系的先决条件。

生命现象扫描

改革开放 40 年来，中国社会经历了全面而深刻的变化。在改革开放的伟大进程中，志愿服务事业逐渐成为弘扬践行社会主义核心价值观的有效依托，为提升国

---

① 2017 年大学生村官工作统计数据［EB/OL］.（2020 - 07 - 18）［2020 - 07 - 08］. http://cunguan. youth. cn/cgxw/201804/t20180420_11602793. htm.

民素质、促进社会发展做出了卓越贡献。青年大学生在志愿服务精神的感召下,积极投身参与志愿服务,成为我国志愿服务事业的主力军。截至2017年6月30日,在全国志愿服务信息系统注册的学生志愿者人数已达5 344 911人,具有大专或以上学历的注册志愿者人数已超1 000万。大学生志愿者与其他志愿者相比,具备的知识储备和可支配时间较为丰富,参与志愿活动的优势也较为明显。在过去40年中,我国社会得以加速发展,公益活动得以大范围推广,大学生志愿服务组织日益增加,大学生志愿服务形式趋于多样化。①

大学生志愿服务是大学生社会实践最常见的一种形式之一,也是大学生可以走进社会与自然,走近他人世界较便捷的一种途径。许多高校甚至将大学生社会实践作为毕业的门槛之一,将其与学分挂钩。

生态体验的实践着力点,一是挖掘校内外的自然生态资源,二是充分调动类生态资源,引导代际沟通、理解、感恩、互助,三是唤醒生态阅历等内生态资源,悬置既往,感受并承认生命的无限多样性,向自然、他人、族群及一切原来外在于自己的生命开放。导引者和体验者体验同一生态关系的结构性变动,展开体验诉说和零距离对话,交互提升、共同臻于蓝海遨游的道德境界。②

因此,大学生可以从以下几个方面,在不同种类的活动中提升体验,以便更好地在三重生态中运用生态体验法,优化自己的生命样态。

1. 自我学习与自我参与

大学生都有较强的自学能力,在学好本专业的基础上能关注生态、责任生态,可以通过借阅图书馆资料、网络学习、自觉听讲座、自觉选修相关课程等方式自我学习生态科学知识,提高生态文明素养。

保护生态环境是每个人的责任与义务,更是大学生不可推卸的责任,每个大学生都应强化个人生态环境保护意识,提高自我参与性,从日常生活小事做起、从身边做起。正所谓"不积跬步,无以至千里;不积小流,无以成江海",自我参与是一种动力和意识,是一种主动状态,这个非常重要,也是培养大学生"美丽中国梦、和谐世界心"主人翁精神的重要标志。社区和社会上有不少环保公益组织,大学生可以利用课外或者寒暑假参与志愿服务活动,体验生态、宣传环保、参与节能、奉献爱心。

2. 积极参加学校课程与活动

课程教学是接受环境教育的重要途径,有些学校开设"大学生环境教育"必修课,

---

① 严惠敏,陈鸿佳.改革开放40年来大学生志愿服务的发展与启示[J].当代青年研究,2018(5):74-79.

② 刘惊铎.由多样性模式而来的德育新格局[J].中国德育,2014(5):15-22.

大部分高校都有环境类的选修课，大学生可以自觉选修课程、参加研讨。其实很多非环境类的专业课程中一样也会涉及环保的知识和理念，只要大学生有一颗环境保护的热心，再加上大学生的自主学习和触类旁通，每个大学生都可以成为环境卫士、生态使者。如果某些大学没有开设环境类的必修课或选修课，在"易班"网、慕课平台等也有一些免费的环境类课程。

新时代高校中一般都具有绿色社团组织，要定期开展相关活动。环保公益活动包括美化校园、卫生大扫除、清除垃圾、植树造林、衣物回收等。大学生所在的各级党团学班级组织可以把"参与环保、关注生态"作为日常大学生校园文化或者公益活动的一个重要部分，有计划有组织地开展垃圾分类、植树造林、废物利用、创意设计、节能减排大赛等提升环保意识和保护环境的活动。

(二) 领悟、反思提升在后

1997 年上映的日本动画电影《幽灵公主》，其故事背景设定在日本的室町幕府时代，在原始森林的边缘地带和一座古老的钢铁冶炼厂之间，人类和神明精灵共存，为了生存，他们之间爆发了一场大战。电影传承了导演宫崎骏长久以来对人与自然关系的深邃思考，描绘了自然对于人类与社会的重要意义，也是对人与自然关系的一次重构思考，通过摧毁与重生的关系，达到二者之间的终极和谐状态。同时，影片也鲜明地表达了人是自然环境所生，人的生存与生产离不开自然，如果没有自然的和谐，人类将无法生存，因此顺应和调和与自然的关系，是人类最好的生存之道。

按体验的存在形态，可以将其分为"亲验"和"想验"。所谓"亲验"，是指体验者亲自置身于一定的关系世界和生活情境之中，经历或受过感动，对自身及其他存在的生存状态及其意义有所体验。儒家所强调的"践履""体悟"是亲验，佛教所讲的"修行"也是亲验。所谓"想验"是指体验者通过自己的亲历、感受和观察，在积淀了一定的生活阅历的基础上，借助别人的表达和自己的想象去领悟表达者的生活阅历、生存状态及其人生意义。[①]

走出电影故事，环顾四周，你我皆可成为剧情中的主角，皆可将"想验"化为自己的内心体验。对于大学生而言，尽管无法像电影中的人物那样披荆斩棘，激烈地挽救生命与生态环境，但是可以在"想验"的途中，基于自身阅历和经验，借助电影中的表达和自己的想象全息沉浸、全脑贯通地领悟故事中的人、事、物，领悟电影或故事中人物的生存状态和人生意义，进而诱发自己的生命潜能，进行反思性表达，凸显生命中的美善和谐因子，优化自己和周遭世界的生命样态。

---

① 刘惊铎. 体验：道德教育的本体[J]. 教育研究，2003(2)：53－59.

【生命活动】

主题：体验三重生态圆融之境

活动目的：选择自己感兴趣的活动，体验三重生态圆融之境。

活动时间：一天或一周。

活动内容：

1. 选择最感兴趣的活动，如在泰国清迈旅行时可以参加当地由国际非政府组织机构运营的大象营地相关活动，悉心关爱和照料因人类活动而受伤害的大象。

2. 记录当下感受，撰写心得感悟，拍摄照片或视频分享到社交平台。

活动目标：

鼓励学生在感兴趣的活动中亲验人类对生态的影响，引导学生理解并思考生命与生态的内在联系，深刻认识和领悟人的三重生态，进而通过擅长和喜爱的表达方式进行生命展示，体验到三重生态圆融之境。

活动过程：

一、体验三重生态圆融之境

每位同学选择最喜欢的活动，体验三重生态圆融之境。

二、分享时刻

1. 你为什么选择这个活动？

2. 在活动中你体验到了怎样的一种三重生态圆融？

3. 在活动中你有怎样的思考？

【推荐书目】

1. 中共中央文献研究室. 习近平关于社会主义生态文明建设论述摘编［M］. 北京：中央文献出版社，2017.

2. 刘惊铎，杨晓丽. 生态网络社会［M］. 北京：国家开放大学出版社，2020.

参考文献

[1] 埃里希·弗洛姆.爱的艺术[M].刘福堂,译.北京:人民文学出版社,2018.

[2] 埃德加·莫兰.迷失的范式:人性研究[M].陈一壮,译.北京:北京大学出版社,1999.

[3] 埃里希·弗洛姆.占有还是存在[M].李穆,等译.北京:世界图书出版公司,2015.

[4] B. F. 斯金纳.超越自由与尊严[M].方红,译.北京:中国人民大学出版社,2018.

[5] 比尔·博内特,戴夫·伊万斯.斯坦福大学人生设计课[M].周芳芳,译.北京:中信出版社,2017.

[6] 常素芳,等.生如夏花——大学生生命教育学概论[M].北京:清华大学出版社,2017.

[7] 陈海燕.大学生人际交往能力的培养路径研[D].山西农业大学,2013.

[8] 陈辉.生命价值与教育情怀[M].北京:中国海洋大学出版社,2017.

[9] 陈开明.大学生生命教育的内涵与特点[J].教育与职业,2014(5):71-73.

[10] 池田大作.青春寄语[M].长春:吉林人民出版社,1986.

[11] 笛卡尔著,丹明子主编.笛卡尔谈人生哲学[M].北京:中国工人出版社,2011.

[12] 董炯华.大学生生命教育的现实挑战与实践创新[J].中国职业技术教育,2013(12).

[13] 恩斯特·迈尔.生物学思想发展的历史[M].涂长晟,等译.四川教育出版社,2010.

[14] 冯建军.生命与教育[M].北京:教育科学出版社,2004.

[15] 弗里德里希·克拉默.混沌与秩序——生物系统的复杂结构[M].柯志阳,吴彤,译.上海:上海科技教育出版社,2010.

[16] 弗洛姆.为自己的人[M].孙依依,译.北京:生活·读书·新知三联书店,1988.

[17] 高宣扬.福柯的生存美学[M].北京:中国人民大学出版社,2015.

[18] 海德格尔.尼采十讲[M].苏隆,编译.北京:中国言实出版社,2004.

[19] 韩跃红,绪宗刚.尊严的价值内涵及伦理意义[J].伦理学研究,2011(1):22-26.

[20] 黄家兵.当代大学生爱情观与心理健康[J].经济与社会发展,2005(6):87-89.

[21] 黄天中.生涯体验——生涯发展与规划[M].北京:高等教育出版社,2015.

[22] 卡尔·雅斯贝斯.生存哲学[M].王玖兴,译.上海:上海译文出版社,2005.

[23] 克里希那穆提.重新认识你自己[M].若水,译.北京:群言出版社,2004.

[24] 拉菲尔·A.卡沃.情感与学习技术的新视角[M].黄都,译.上海:华东师范大学出版社,2020.

[25] 李祥俊.儒家亲情观念的普遍化维度考察[J].北京师范大学学报(社会科学版),2019(1):121-128.

[26] 李泽龙.尊重生命及其教育思考[D].首都师范大学,2015.

[27] 凌宗伟.教育的积极力量[M].上海:华东师范大学出版社,2019.

[28] 刘恩允,等.大学生生命教育研究[M].北京:中国社会科学出版社,2012.

[29] 刘慧.生命德育论[M].北京:人民教育出版社,2004.

[30] 刘慧.生命教育导论[M].北京:人民教育出版社,2015.

[31] 刘慧.生命教育的涵义、性质与主题——基于生命特性的分析[J].南昌大学学报(人文社会科学版),2012,43(2):39-43.

[32] 刘慧.生命教育内涵解析[J].课程·教材·教法,2013,33(9):93-95.

[33] 刘慧.生命之美:生命教育的至臻境界[J].教育研究,2017,38(9):23-27.

[34] 刘慧.陶养生命智慧[M].北京:教育科学出版社,2008.

[35] 刘慧.学校应注重"生命之美"教育[J].当代教育科学,2016(19):22-25.

[36] 刘惊铎.道德体验论[M].北京:人民教育出版社,2021.

[37] 刘铁芳.生命情感与教育关怀[J].湖南师范大学社会科学学报,2000,29(5):65-72.

[38] 龙海霞.大学生生命教育研究[M].成都:成都大学出版社,2017.

[39] 路杨.当代大学生生命教育[M].武汉:武汉大学出版社,2014.

[40] 露易丝·海.生命的重建[M].徐克茹,译.北京:中国宇航出版社,2008.

[41] 马斯洛.马斯洛人本哲学[M].成明,编译.北京:九州出版社,2017.

[42] 马斯洛.马斯洛谈自我超越[M].石磊,编译.天津:天津社会科学院出版社,2014.

[43] 莫里斯·梅洛-庞蒂.知觉现象学[M].姜志辉,译.北京:商务印书馆,2001.

[44] 尼采.成为你自己[M].陈永红,译.南京:江苏凤凰文艺出版社,2017.

[45] 欧文 D.亚隆.存在主义心理治疗[M].黄峥,张怡玲,沈东郁,译.北京:商务印书馆,2015.

[46] 潘志平.学校亲情教育的行动路径[J].中国德育,2017(23):70-72.

[47] 塞缪尔·H.奥西普,路易丝·F.菲茨杰拉德.生涯发展理论[M].顾雪英,等译.上海:上海教育出版社,2010.

[48] 生态体验教育总课题组编.生态体验式职业生涯规划[M].北京:中国宇航出版社,2011.

[49] 叔本华.人生的智慧[M].韦启昌,译.上海:上海人民出版社,2016.

[50] 斯科特·派克.少有人走的路[M].于海生,译.长春:吉林文史出版社,2007.

[51] 孙利天.死亡意识[M]长春:吉林教育出版社,2001.

[52] 索甲仁波切.西藏生死书[M].郑振煌,译.杭州:浙江大学出版社,2011.

[53] 田海平.中国生命伦理学的话语、问题和挑战[J].吉林大学社会科学学报,2016(1).

[54] 王定功.生命价值论[M].北京:教育科学出版社,2013.

[55] 王鹏,王晓田,高娟,黎夏岚,徐静.适应性时间管理:死亡意识对时间知觉和跨期决策的影响[J].心理学报,2019,51(12):1341-1350.

[56] 王晓燕.当代大学生的角色冲突与适应[J].山东青年政治学院学报,2013(11):82-86.

[57] 威廉·狄尔泰.历史中的意义[M].艾彦,译.南京:译林出版社,2014.

[58] 魏书生.魏书生与民主教育[M].北京:北京师范大学出版社,2006.

[59] 吴洪艳.当代大学生心理健康与生命教育研究[M].北京:地质出版社,2017.

[60] 吴新颖.青年价值观构建的重要力量:亲情[J].伦理学研究,2009(4):60-62.

[61] 雅斯贝尔斯.什么是教育[M].邹进,译.北京:生活·读书·新知三联书店,1991.

[62] 亚伯拉罕·马斯洛.动机与人格[M].3版.许金声,等译.北京:中国人民大学出版社,2012.

[63] 亚伯拉罕·马斯洛.需要与成长:存在心理学探索[M].3版.张晓玲,刘勇军,译.重庆:重庆出版社,2018.

[64] 亚当·格兰特.离经叛道[M].王璐,译.杭州:浙江大学出版社,2016.

[65] 闫方洁.自媒体时代大学生的媒介话语机制解析[J].思想理论教育,2015(4):78-82.

[66] 张启树,王爱菊.体验·表达·理解:狄尔泰精神科学教育观述论[J].安庆师范学院学报(社会科学版),2007(26):119-121.

[67] 赵飞.池田大作生命道德教育思想初探[J].教育评论,2017(7):159-164.

[68] 周国平.生命的价值与追寻[J].刊授党校,2009(5):60-61.

[69] 周晓燕,李小燕.大学生的责任之一:尊重自己的生命权[J].中国青年政治学院学报,2007(5):1-6.

[70] 朱小蔓.关注心灵成长的教育[M].北京:北京师范大学出版社,2012.

[71] 朱小蔓,刘慧,刘惊铎.德性成长与生命中的情感体验[J].教育参考,2002(12).

[72] 朱小蔓,梅仲苏.儿童情感发展与教育[M].南京:江苏教育出版社,1998.